山

その日この人

上

斎藤一男

Saito Kazuo

論創社

はじめに

昔、人間は、山は天空が地上に落下しようとするのを支えている超自然的な存在だと考えていた。中天に高々と屹立《きつりつ》する山の頂上は、天に最も近くにあり、神々が天界から降臨する聖地、神秘な御座として信じてきた。暴風雨や雷雨、洪水などのおそろしい襲来は、いつでも山頂を中心にして発生すると見てきた昔の人達は、山を畏敬に満ちた神と自然との接点だと思った。

山に向けた人間の畏敬の念は、ごく自然の成り行きであり、そこからいつしか山岳信仰が生まれるようになった。胸を衝く峻嶮な山勢、人を寄せつけぬ深い渓谷、雲は巻き、霧は閉ざし、変幻自在な山界は神が支配する絶対的な霊地として恐れられ、人びとはただ遠くから遙拝するばかりであった。

天の一角に鋭く突き出した山の穂先からしたたり落ちる一滴、一滴の水は、次第に集まり集まって流れ下り、広く大地を潤し、地表にさまざまな動植物を育成させてきた。

古来、〝山は万物を産す〟といわれてきた。〝ただそこに山があるから登るのだ〟という個人的なものではない。

山は、未知と危険に満ちていたが、四時《しじ》（春・夏・秋・冬）の美しいよそおいは、人びとに限りない魅力を投げかけている。

秀麗な山岳を朝に夕に仰望し、賛嘆した民族の生活に、山岳崇拝の思想が淵源したのは当然であり、幾多の神霊の名が伝えられ、説話が生まれ、歴史が流れたのは、このためであった。

日本の山岳文化はそのはじめは口から口に伝えられ、定まった形をしたものではなかった。口誦伝承の神話・伝説・民謡の類が文書の形態に記されるようになったのは、大陸から文字が移入されてからのことで、『古事記』や『日本書紀』などに地誌が記され、山が位置付けられてからである。その後今日に至るまで、日本の山岳文化はこの島国の中で、長い年月を経つつ伝統を形勢してきた。

明治維新によって日本は鎖国状態を脱し、海外の文化を自由に摂取するようになった。そのとき成熟の域に達していた欧米の近代文化は潮のごとく流入してきて、日本の近代国家としての体制は次第に整っていった。

山岳文化もこうした時代の変化に大きな影響を受けながら、現代に及んでいるのだ。それが今もなお山国日本の歴史の中に生きていることは、いうまでもあるまい。

日本は四つの大きな島を中心とした総面積三七万平方キロメートルの狭い島国だが、山の多い国土である。山地の面積は国土全体の七六パーセントを占め、残りの平坦地は山地に隔てられ、その間に割り込む形で各地に点在しているので山島国ともいう。さらに日本は火山国でもある。日本列島の地殻には、火山脈が縦横に走行して大山を隆起させ、いまも濛々と煙を吐いてやまぬ著名な火山がある。

いつの時代に、誰がつけたか分からないが山にはそれぞれ固有の名が呼び継がれている。山の名――それだけでも私達は独自の魅力を感じる。今日のように自然が侵害され、俗化されても、山の名は自然の古典として今なお存在しているのだ。

山の名の最大の特徴は、ある個人によって与えられたのではないということだ。むかしの山国の人達が、共同で名付けたのが、記録に先行した口碑《こうひ》として伝承されてきたのである。山名が比較的に単純素朴な音韻を持つ理由はそこにあり、名勝奇景に対して後代の学者文人が冠した新名とは、当然差異がある。

山の地名学――という面を考えただけで、山と人と文化の三部曲を聴く気になって興味をそそる。

山と人との交渉が発展したとき、もっとも原始的な形態に「山の伝説」が考えられる。そうした山岳伝説の様式と分布をつなぎ合わせると、一つの文化的系統が編み出されるのだ。伝説というと現代人は即座に非科学的と撥ねつけるだろうが、それは実感から生まれた人間らしい叙事詩なのだ。もちろん後世の人の修飾改作が加えられているだろうが、その内部には古人の心が潜められていることを看過すべきではない。

山を崇拝する心の根底には、天に近い山頂は天上界と相接する場所であり、神々の聖座となるもの、神々の降臨の場所と信じたからである。上代人の山岳崇拝は単に山を神格化して祭祀を行っただけではなかった。すすんで山頂を登拝して神威を感得し、神人融合の境地に達しようと志した。た。

そうした素朴な山岳信仰の熱意が、勇敢な僧侶達に名山大岳を開頂させ、宗教的登山の開始となった。

山岳宗教の実践派となった修験道は、世に山伏行者と称され、勇敢な修法の力によって大衆の信仰を得てひろく諸国に伝播した。とくに南北朝時代から戦国時代にかけて、修験道の組織網は完備し、ときには武力まで兼備して政治史上の抗争にも参画した。

招福除災の利益を求める一般の人達に、これまで山岳登拝を誘導し、山の神仏（権現）に祈願し、加持祈祷や施薬、呪符などを行い、霊験を与えてきた修験道に、慶應四年（一八六八）の太政官布告による王政復古令で「神仏分離令」が下された。さらに追い打ちをかけるように明治五年（一八七二）、ついに修験宗廃止令が発せられ、伝統の幕を閉ざされた。しかし明治一五年（一八八二）教部省布達によって修験道の復活が認められた。その背景には、明治政府の神仏分離という目的が達成されたことがあるからだが、根強い山岳信仰で結ばれた民衆の講集団が、依然として山岳登拝を伝承してやまなかったためでもある。

山の信仰が生まれ、説話が生まれ、文学が生まれ、そして歴史が流れたのは当然のことだった。たとえば山の頂上に神社があり、そこに何千、何万という参拝者が訪れるという有様は、外国人には大変な驚きであったにちがいない。

日本列島は南北に長く延び、国土が山がちであり、大陸にも大洋にも面している結果、位置により、高さにより、気候は著しく多様である。山岳地域は、冬は大変住みづらい。寒い時期、住民は温泉から供給される熱い湯に入り、浴室から離れようとしないのが、一般的な風習だった。夏は雨が多い。大陸側は濃い霧に包まれ、湿気が高いので汗が乾かない。

一般に登山といえば、夏季が一般に考えられ、実施されている。だから富士山をはじめ各地の山開きは、七月一日を中心に行われている。そして登山とは、都会の煩雑さ、喧噪な生活を逃れて原始的な自然、文化の匂いが最も希薄な荒涼とした山に攀じることを意味している。〝ならば登山と文化とは相反し、矛盾したものだ〟、と考えるだろうか。否。実際には登山は文化的行為であり、文化人の行為なのである。それは登山の本質や、登山の発達史を眺めると理解できるところだ。

昔の日本人は、スポーツには縁が薄かった。たのしむことを罪悪視し、児戯とし、武士の教養として水泳・乗馬・弓術・撃剣、少し遅れて射撃などが発達した以外では、蹴まり、角力が日本流といえようか。

全スポーツ分野の中で、「山」ほど社会の全面にわたって関係し、研究され、書かれて、文献の豊富なものは、ほかにはない。

世界の中でも山地の多い日本は、朝に夕にどこからでも遠く近くに山が眺められ、私達は子供のころから山と親しみ、大人になっては山につながる知識や経験、とくに多くの書物の類に接して成長してきた。

しかしそれらは、学術書の類を除くと、山岳紀行文や感想文など、つまり個人の登高記録や回顧録的なものが断然多い。

私達はなぜか山を平たく、文化社会の面で広く取り上げる地道な一冊には、なかなか出会えないでいる。

そこでいささか力不足と思うが、あえてこの一角に踏みこむことにした。

本書が少しでも、「山の日本」を理解し、明るい将来のため何かの参考になるならば幸いである。

目次

【上巻】

【下巻】

第三部

第一部

第一章　世界文化遺産の山

静岡・山梨の県境に聳える富士山は、日本一高い山である。その秀麗な山容は、日本を代表する名山として、世界的に名高い。

『万葉集』の歌に、

天地の分かれし時ゆ 神さびて 高く貴き

とあるように、この山は太古以来尊厳崇高な神の鎮座まします霊山と考えられ、日本総鎮守の山、国宝として讃美されている。

古代における富士信仰は、『万葉集』の讃辞で言いつくされてきたが、とりわけ富士山を女神としてとらえた『常陸風土記』には、原初的発想がうかがえる。これによると、富士山は美しいが心の冷たい女神だ。祖神尊《みおやのみこと》が一夜の宿を乞うたのを、「新嘗《にいなめ》で物忌みしているので……」と、すげなく断った。尊はやむなく筑波山に向かい、そこで飲酒歌舞の饗応をうけて喜び舞い、その反対に富士山には一年中雪を降り積もらせ、人間の登らぬ所にしてしまったという。こうした神話上の富士山は、孤高で人間の介在を許さず、人びとの関心をひきながらも近付きがたい美女として、東海の天に凝立してきたのであった。

　今から約二万五千年前、富士山の前身（小御岳《こみたけ》火山）が突如噴火し、高熱の泥流を押し流し空には火山灰をまき散らした。この間に成長した山体は、古富士火山と呼ばれ、その後は溶岩と火山灰を交互に吐き出しながら、約一万年前に現在の姿になったと考えられる。富士山はこのような若い火山なので、有史時代に入ってからも、たびたび噴火して人びとを驚かせた。その結果、〝鎮火〟への祈りのために浅間神社を建て、アサマの神〝火を噴く山〟をつかさどる荒神を祭ったのだ。

　富士山に山岳信仰を最初にもちこんだのは、役行者というが、これは伝説にすぎない。しかし、平安時代に富士山をきわめた人物がいたことを、『本朝世紀』は記している。末代上人が山頂に大日堂を建立し、富士修験の先駆者だというが、まだそれ以前に山頂まで登攀した人や山頂火口のありさまを伝えた九世紀の漢詩人京都の都良香《みやこのよしか》の『富士山記』がある。霊峰富士が日本の象徴として祭神を木花咲耶《このはなさくや》姫《ひめ》とするのは、秀麗な富士の姿を木花（桜）の美しさにたとえたためである。

　〝富士は日本一の山〟と歌われているが、あまりの高さのゆえか、寒冷のせいか、千年前から登られているのに、富士修験が育たず、江戸期の半ばになって、〝富士講〟の民間宗教が江戸を中心として関東一円に大流行した。化政《かせいぶんか》時代（一八〇四～三〇）には、江戸八百八講などといわれるほど隆盛をきわめたが、幕府はその集団性を警戒し、講禁止の町触れを百年間に十回も出している。執拗に押しつぶされても踏まれても民衆の根強い信仰心は続いたが、その繁栄は、大正一二年（一八二三）の関東大震災までだった。

「世界第一の名山といえば、日本人は何人も必ず富士山の事なりと気付くなるべし。日本を代表する名山といえば、西洋人とても東洋の事情に通ずる者は、必ずそれと合点するなるべし」

と、文豪大町桂月は大いに富士山を礼賛し、〝日光を見ずば結構というなかれ〟にちなみ、〝富士に登らずんば山を説くなかれ〟と述べる一方、「富士八海廻り」をすすめ、さらに富士五山の一つ日蓮宗大石寺を訪れて、

酔覚の喉に一杯また一杯

またまた一杯御華水《みず》哉

泉水を汲んで、酒仙らしい狂歌を楽しんだ。

富士には吉田口・須走口・御殿場口・大宮口の主な登山道のほかに、まだ多くの登山道やその名残がある。これらのうち古くからのものは室町時代、あるいはその以前から存在していた。地の利に恵まれた吉田口に最も登山者が多く、半数以上は吉田口を登り、御殿場口または須走口へ下るのを例とした。しかし吉田口は、七合目付近から八合目へかけてが急坂で、ゴロゴロした石塊で足場が悪く、五合目の位置が他よりも低く、六〜八合目が猛烈に長い欠点がある。

「富士の姿の髣髴せらるる地域は非常に広い。富士見十三州の古図があるが、十三州どころか、もっと遠くからその端麗な姿は眺められた。流石に名山だ。流石に東海の富士だ」

富士山（谷文晁画）

作家田山花袋はそう言いながらも、富士山そのものとしては、決して面白い山ではない。暑い思いをしたり、汚い石室の蒲団にくるまったりして、わざわざ登って行って見たところで、別に心を惹くところもないような山である。森林帯も日本アルプスや日光に比べられないし、七・八合目以上はただ頑石磊々《らいらい》たるばかり、頂上の日の出も世間的な好奇心に留まる、とけなしている。しかし、また、

「富士は決してその大を失わない。名山たる資格を失わない。富士はその周囲にあらゆるものを持っている。山・海・湖水・平野・河川、すべて天然の持ったあらゆるものを持っている」

というのを忘れてはいない。

富士は到る所から見える。大都会の煤煙の中から、または絶海の孤島から、埋もれ果てた萬山の中の峠から……。

「富士山」が世界遺産登録になるまでに、約二十

年の歳月がかかったことは、日本国民には大きなショックであった。

「自然遺産」への登録ができなかった理由は、し尿やゴミ投棄などの環境保全に問題があり、当時の富士山は、し尿は垂れ流し、裾野にはゴミが放置されたまま悪臭を放っていた。ユネスコの担当者は、そうした富士山を見て驚いたという。麓まであまりにも開発されすぎた。これでは世界遺産登録後に義務づけられる自然保全のための管理などに問題が山積するのは当たり前。もし入山者を制限して減らせれば、自然保全は容易になるだろう。しかし、現在の観光登山の隆盛を維持しながら世界遺産へ登録されるのにはどうしたらよいのだろうか。相矛盾する問題に関係者達は頭をかかえこんだ。

さっそく富士山をきれいにする運動が始まった。おかげでトイレの垂れ流しがなくなり、登山道に落ちているゴミもかなり少なくはなった。

世界遺産には、「文化遺産」と「自然遺産」の区分がある。日本には文化遺産として姫路城や原爆ドームなどが、自然遺産には白神山地、屋久島、知床などがすでに登録されている。富士山は当初、自然遺産としての登録申請を検討していたが、なにぶんにも開発が進みすぎ、自然が保全されていないため申請できない状態だった。

〝日本一のフジの山〟と胸を張りたいが、富士山のようなコニーデ型火山は、世界には珍しくないし、貴重な自然も残っていないので、登録基準を満たしていると言えなかった。そこで一時期、富士山を自然遺産としないで、中国の五岳のように文化的景観という意味を兼ねそなえた「複合遺産」としてはどうか、との検討がなされたりした。

五岳とは、いうまでもなく中国の五岳を指している。すなわち東岳の泰《たい》山、西岳の華《か》山、中岳の崇《すう》山、北岳の恒《こう》山、南岳の霍《かく》山（衡山）をいう。

日本では〝泰山鳴動して鼠一匹〟の古語で有名な泰山が、いち早く複合遺産として登録されていた。泰山は山頂に孔子廟のある景勝地で、山頂までロープウェーで登れるし、そこにはホテルや映画館もある。そこまで人間の手が加えられても世界遺産に登録されているのなら富士山はどうなのか——。

だが日本の関係者達は世界に誇る富士山の独自性を強調し、文化遺産としての登録申請に切り替えた。以来紆余曲折の年月を経て、ようやく二〇一二年一月、推薦書をユネスコに提出し、二〇一三年六月、富士山が世界文化遺産として正式に登録されたのである。


雪を戴いた富士山の景観は美しい。日本を代表する名山の筆頭だ、と言い切ってよい。円錐型の容姿はどこから見ても端整で、どっしり裾野を広げた姿は、私達に安心感を与えてくれる。とくに富士五湖から眺める富士山は秀逸だし、三保ノ松原を前景にした海からの遠景も捨て難いものがある。

噴火を繰り返した富士山は、古くから「神が宿る山」と畏れられ、噴火を鎮めるために富士山麓に浅間神社が建立されている。平安時代後期になると、古来の山岳信仰と密教などが習合した「修験道」の場となり、修行僧や修験者が修行のため富士山に登るようになった。永禄年間（一五五八〜七〇）、役行者の夢告を得て江戸に流行した奇病を救済した長谷川角行《かくぎょう》が富士山信仰を教義にまとめ、その教えが弟子から弟子へ伝承された。これが江戸時代に栄えた「富士講」へ発展し、多くの人達が富士登山を行うようになったのだ。

江戸富士講は講員十数万を擁し、江戸八百八講と呼ばれるほど多くの講が町々に生まれた。

いい天気　高田に富士が二つ見え

こんな川柳があるように、各所の富士講が人工の富士山を築き、それぞれが工夫をこらしたのが、今でも各所に残されている。

最古の歌集といわれる「万葉集」(巻三)に不尽山と詠んだのは、不老不死の神仙思想をあらわしたものである。また、謡曲「富士山」では、不老の薬を求めて山号を「不死山」と称している。その後、「竹取物語」「古今和歌集」などの古典にも取り上げられている。そして絵画といえば、江戸時代の浮世絵が有名だ。とりわけ葛飾北斎の「富嶽三十六景」や「絵本富嶽百景」、歌川広重の「富士三十六景」の錦絵などは、日本人の心だけでなく、海外の人々にも多くの影響を与えた。このように富士山は文学や絵画などの芸術を生み出す源泉として、偉大な価値(文化)を持っていることを忘れてはならない。

古代の人は、狩りをしたり木の実をとって暮らしていたが、しだいに農耕生活が行われるようになると、適当なときに雨が降らないと作物が育たないため、水が非常に大事になった。天候は農耕を絶対に支配するので、そういう生活をする社会が広範囲に成立してくるにしたがって、川の水、雨が降る、日照りの太陽が非常に関係があることを知った。とくに天候を左右し、川を発生する高い山の存在に注目するようになってきた。

そうなると、それまでは山に近づいて神威に触れてはいけないという怖ろしい神であった山の神が、自分達の生活を守ってくれるのだ、といった考えに変ってきた。

そして次第に山の神への信仰が、山の麓にいてこれを仰ぎ見る地域一帯に広がっていった。しかし、そうなっても依然として山は神聖な地域であって、人がそこへ踏み込むことは許されなかった。そこに入れば神の怒りに触れて異変を起こす、とかたくなに信じられてきた。

人はいつでもどこでも登れる平易な山には、あまり憧れや尊敬をいだかない。名山といわれるのは人々の憧憬と尊敬をあつめる山なのである。なかには登山ルートが危険で、人を近づけないために名山になる山もある。これは自然条件そのものがタブー（禁忌・禁制）で、禁足状態になっているからだろう。


名山とか霊山と呼ばれる山は日本の各地に散らばっている。このうち、越中立山、加賀白山、富士山は比較的登山の山として歴史の古い山々で、日本三大名山に挙げられている。

立山は、火山から熱湯、噴煙が噴き出す凄絶な印象が、独特の地獄信仰をつくり出した。「日本国の人、罪を造れば、多く立山地獄に堕つ」と古書にある。立山修験道はこの地獄に堕ちた死者の霊を救済する目的もので、近親者は、ここで亡者に再会できると信じ、江戸時代の立山登山者は、東は江戸から、一部は奥羽地方、西は九州までおよび、旧六月下旬の山開きから二か月間に例年六千人を記録した。

白山は、奈良時代に泰澄《たいちょう》が開山し、主峰大御《おおご》前《ぜん》に白山神社（奥社）がある。白山三所権現とは、大御前峰の白山名理《みょうり》権現と、大汝峰《おおなんじ》の越《お》南知《なんじ》権現と、小白山別山大行事《だいぎょうじ》の三神三仏をいう。登山路は大きく三方に分かれ、山麓には三大修験者集団ができて天下に飛躍した時代があった。泰澄は実在した山伏で、日本の修験道の夜明けを告げた一人である。

富士山は、日本一の名山であるばかりか、世界の名山の一つだといえるだろう。この山には不老不死の神仙思想があったため、古代は登ることを禁じられていたので、聖徳太子や役行者の飛行説まで生まれた。

江戸時代になると、江戸に近いことから、富士登山は庶民に身近なものとなり、いろいろな登山口が開けて富士講ブームをおこし、とくに庚申の年には登山者がどっと殺到した。

東北地方にも古くから山岳信仰の山々が無数にあるので、代表的ないくつかを選んでみよう。

南部下北半島の恐山は、霊魂が集まる山だ。この地方では人が死ぬと恐山に行く、といわれている。円通寺の地獄盆には本堂のまわりに津軽、南部地方のイタコが数十人も集まり、参詣者が求めると、死んだ家族を甦らせて話をさせてくれることで、全国的に有名だ。寺を巡る賽の河原は、無邪気なあの世を見るようだ。

岩木山は、津軽平野にそびえる端麗な山だ。山そのものを神体山として、昔はむやみに登る山ではないと言い伝えられ、お山が農耕を守ってくれるとの信仰が篤い。旧暦の七月二五日が山開きで、八月一日から一五日間の「お山参詣」は地方の大行事であった。

鳥海山は山形・秋田県境の高山で一名を北のお山・出羽富士と呼ぶ。鳥海にかかる雲の様子で天気を知り、残雪の形を見て農作業をすすめ、海の漁師は沖から山を眺めて漁をした。山中の高峰七高山には祖霊を慰める供養塔婆や墓碑があり、死ねば魂は鳥海山へ登って住む、と言い伝えられている。

月山は、羽黒山と湯殿山を含めて出羽三山といい、東北地方における修験者のメッカである。すでに奈良時代から山で修業する僧が多かったが、鎌倉時代には多くの修験衆徒を擁した。関東、東北、信越にまたがる修験者を収め、大峰や熊野にも匹敵する大教団へと発展した。

磐梯山は、もとは魔性の住む山と恐れられた。大同年間（八〇六〜一〇）に大噴火して多くの人畜を害したので、空海が秘法によって邪気を払った、という伝説があるが、麓の恵日寺創建者は空海の弟子徳一大師だといわれる。磐梯明神を祀り、田の神として信仰し、米俵を積んだ舟を、氏子が両方に別れて引き合い、その年の豊凶を知る儀式を「舟曳祭」と称した。

飯豊山《いいで》は、五社五神を祀り、飯（稲）の豊かさを示す稲作信仰の山である。高さ二一二八メートルもの高山で、山頂近くにイナゴ原と呼ばれる区画がある。ここに自然発生した水稲の穂を取って栽培して得た初穂を飯豊山の神に奉納した伝承を、オヤマシネの信仰と称した。お山開きは旧暦八月一日で、修験道錬成の場であった。

岩手山は巌鷲山《がんじゅ》・南部富士・奥の富士・霧山岳など別称があり、秀麗な円錐形をなす。柳沢口・雫石口・平笠口の各登山口には、それぞれ岩手神社の里宮を祀り、山上に奥宮がある。古くは坂上田村麻呂、ついで源頼義、義家の戦功に効験があるところから、歴代の武将・領主の信仰が深く、東北きっての名山といわれている。

蔵王山は山形・宮城両県にまたがる連嶺だ。古くは不忘山（忘れずの山）とか刈田《かった》峰《みね》と呼ばれた。山頂は二つに分かれ、一つを刈田岳、一つを熊野岳と呼ぶ。蔵王山というのは、後世に蔵王権現を祀るようになってからだ。この山も幾つかの登山口があり、修験の山として「お山がけ」で賑わった。

修験道の歴史を研究してみると、奈良時代は山に対する日本人の観念が革命的変化をした時代である。一々例をあげるいとまはないが、この時代にそれまでタブーとされた山頂に人間が登るようになったものと考えてよい。その先頭に立ったのが役行者なので、日本中の名山のほとんどが、役行者開創になったのである。しかし日光山などは奈良時代の最末年まで、男体山頂は踏めなかった。開山勝道上人はすぐ下まで登りながら、十数年登頂しなかった。この間の事情を弘法大師は天候が悪かったように書いているが、これはタブーのためであったとしなければ、説明ができない。勝道上人は十分に潔斎精進して、山神の許可の託宣を聴くまでは登らなかったものとおもう。

だが、俗界を離れて峰入修業する修験者を、諸藩の中には警戒し、藩政領域を越えないように制限しようとする動きがあった。たとえば羽黒山秋峰《あきみね》修験は、羽黒山（四一一九メートル）から葉山《はやま》（一四六二メートル）まで七五日間としてあったが、山形藩領の葉山には入らず、庄内藩領の羽黒・月山中での修業に変わり、当然、期間も三〇日以下に短縮させられた。日光修験の補陀落夏峰《なつみね》は、下野と上野国境の金精峠から白根山（二五七八メートル）まで及んでいたが、これも春秋冬三季に峰入していたのを、秋峰だけに制限された。阿蘇古坊中から中岳・高岳（一五九二メートル）へ登って、外輪山北縁をめぐり、釈迦岳まで肥後・豊後・筑後国境を駈けぬけたコースが簡略化し、しかも数年に一度しかできなくなった。

こうして江戸期の幕藩体制は、山伏の修業活動を萎縮させ、そして、沈滞化させてしまったのであった。

旅によって、文化は山村僻地にまで流伝したが、その最も顕著であったのは、上方文化の関東への東遷であろう。京都は久しく伝統文化を維持していたが、徳川幕府が江戸を新興都市として発展させると、文人学者達も江戸に下る者が多くなり、それが文化・文政ころになると、江戸の文化は上方文化を遙かに凌いで、絢爛たる光を放った。それは道路を修築し、整備に力を尽くしたことで生じた交通の恵沢であった、というべきである。

一　江戸期二百名山――「諸国名山高山見立相撲」

江戸時代の末期になると、相撲の番付表を真似した多種多様の番付表が世間に出まわった。一番多かったのは温泉効能を競ったもので、いかにも温泉国日本らしく各地の温泉名がずらりと並んで面白い。この種のものは明治・大正・昭和期にもいろいろな形で出ているが、番付のランクはだいたい同じで、古くから全国に知られた名湯がいつも上位を占めている。

たとえば東の方の大関は、上州草津の湯、西の方では摂州有馬の湯と決まっており、野州那須の湯、但州城崎の湯、信州諏訪の湯、予州道後の湯なども変らない。なにぶんにも時代が古いので、温泉名が現在と一致しない所も珍しくないから、どれがどれと探すのは容易でない。各人の歴史に強いか、弱いかを試す好材料になるかもしれない。

1　山の番付表

それは別に措いて、ここに取り上げた山の番付表は新旧二種あるが、これ以外にもあるかどうか、現物を見ていないので断言はできない。原版の「差添人」の大阪天保山は天保年間の築造山だから、浪花っ子向きでいかにも奇抜だったが、新版では「差添人」がなくなり、「頭取」四山のうち「象頭山」も消えて「前頭」に下げられているのが、変わったところであろうか。

山岳関係者でこの番付表を取り上げた最初の人は、日本山岳会創立者の一人、新潟県の豪農・高頭仁兵衛（式）ではあるまいか。かれは『日本山嶽志』の編纂を思い立ち、各種の文献を丹念に収集していたとき、『浪花みやげ』全一五冊の初編の中に、この番付表を見つけた。そして、天保初年に大阪で出版したものだと推測した。なるほどよく見ると、綿屋喜兵衛版元、浪花和多正筆とある。高頭は『日本山嶽志』（明治三九年〔一九〇六〕発行）に掲載しようと考えたが、不明箇所が気になって、もう少し調べてからと間を置き、日本山岳会機関誌『山岳』第一年三号に発表したのだが、その反響を私は知らない。

「其の後二、三の図書館を漁って見たが見当たらぬ疑問の所は（　）印を付して、其の他は片假名、平假名、誤字など、一切原本のままに転載した。この番付で感心なのは東西を分つ必要上からでもあるが、朧げながらも日本を南北に両断した点である。敦賀から琵琶湖、野州川、鈴鹿峠の一線で截ってあるようだが、地理学の研究せられない時代としては、地勢上当を得ていると思う。湯殿山を入れぬのもよい。誤謬を挙げると、西の方で、幕下の豊前の釈迦ヶ岳は豊後の釈迦ヶ岳とするのが事実だ。同じく讃岐の八峰山は八栗山である。三段のウヲクリ山は、四段の壱岐の魚釣山と同山で、しかも魚釣山が正しい。四段の河内の生駒山と五段の大和の生駒山は同山である。東の方では、五段の伊勢のスリバリ山は近江の磨針峠であろう。まだあるであろうが所在不明のものが多いから、未だ悉く解説することができない」

この番付表には、全国にわたって二百の名山・高山？が並んでいる。しかし、高頭《たかとう》は、この時代すでに著名な山でありながら、なぜか除かれている山に、陸中の岩手山、下野の那須岳・庚申山、駿河の愛鷹山、木曽の駒ヶ岳、甲斐の白根（甲斐ヶ根、すなわち北岳）、伊予の石鎚山、薩摩の桜島岳などがあると指摘している。

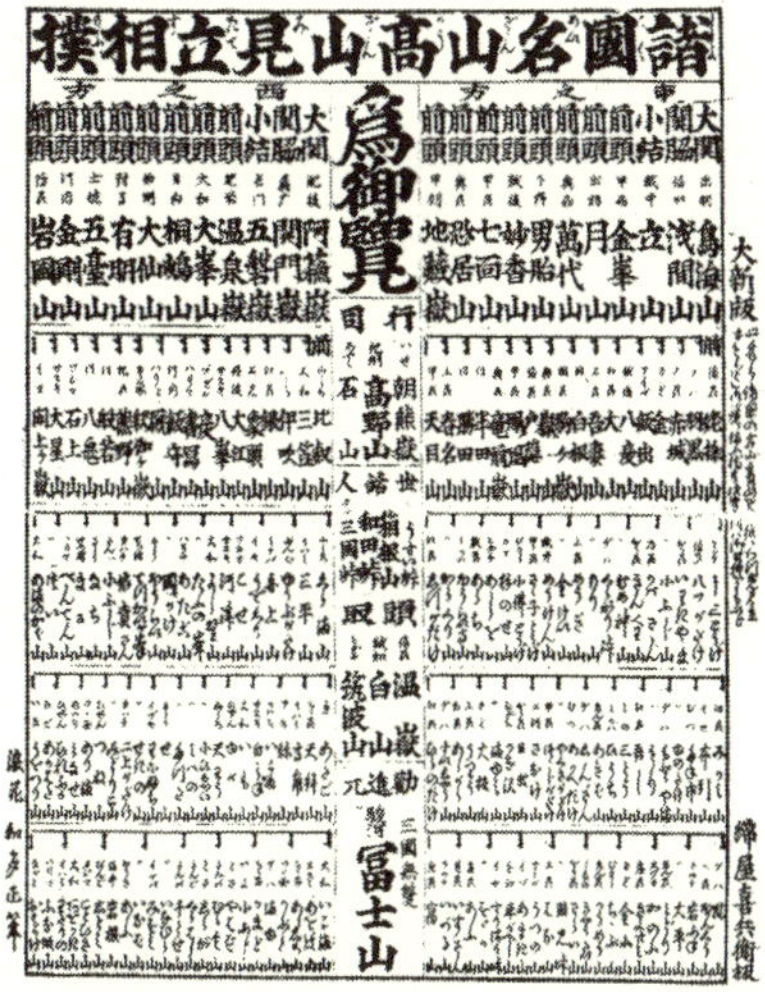

山の番付表

また山名の分かりにくいのが、萬代山（磐梯山）・男胎山（男体山）・妙香山（妙高山）・恐居山（恐山）・金山（金北山）・飯出山（飯豊山）・八彦山（弥彦山）・龍前岳（膽振国樽前山？）・春名山（榛名山）・桐島山（霧島山）・大仙山（大山）・三平山（三瓶山）・温岳（御岳）だともふれている。これらは一見すれば漢字の違いで簡単に分かるが、龍前岳を樽前山に当て嵌めたのは、福島の霊山《りょうぜん》の誤りだと私は思う。江戸末期の蝦夷地の山を仲間入りさせるのは、土台無理な話である。それにしてもこの時代、大阪でこのような名山番付表が生まれたこと自体が驚きだし、出来不出来を別にして、庶民の山岳観に寄与した功績は大いに評価したいし、愉快ではないか。

「なお日本全国、旅行記などを年代順に調査して、その山名を列記したならば、なんらの山が最も古く、最も広く世に知られていたかが解るであろう」

高頭はこの番付表を紹介し、このように結んでいる。山名の一つ一つをよく見ると、重複している山、これが山と呼べるのか、どうも所在地がわからない、果たして名山といえるのか、などなど疑問が多い。こうした問題は明治中期あたりから地理学者が中心になって整理をはじめ、そのあとを追うようにして登山の勃興期に活躍しはじめた岳人達の実践と分析の時代がくるのであり、それらは順を追って書こうと思う。

江戸末期の人達は、健康と物見遊山に役立つ各地の温泉に関心を持ち、入浴しながらも、高い山はまだ眺めるだけで登る存在ではなかった。まして、相撲を真似た山の番付作りなどは、不可能に近かったのではないだろうか。それを敢えて行った大阪の粋人達は、いったいどこから資料を持ち寄り、どんな論議をしながらこの番付表を思い立ったのか。十返舎一九のような旅に明るい人達が、切捨御免とばかりに作った時の光景を想像すると、可笑しくてならないのだが、その努力に敬意を込めて、「江戸期の二百名山」といいたい。

2　江戸の町づくり

徳川家康が江戸入りした（一五九〇年）ころ、下町の大部分は低湿地帯だった。江戸市街造成の基本は、これら低湿地帯を埋めることから始まった。

今のＪＲ御茶ノ水駅から神田川を渡って水道橋方面に歩くと、途中に順天堂大学がある。この背後がいわゆる本郷台地だ。この一帯は武蔵野台地東端に当たり江戸時代の村の名である湯島、駒込、小石川、さらに本郷を含めた広い高台を連ねている。当時の不忍池《しのばずのいけ》は、海の切れっぱしで、遠浅の入江であった。京橋と新橋の間はまったくの海中。東京駅がある辺りは、海辺であった。この付近一帯の埋立て工事は慶長八年（一六〇三）に始まり、諸大名に使役が割り当てられた。千石ごとに役夫一人を差し出したが、最初から急速な埋立てでなく、統一した計画もなかったので工事は長引いた。しかも埋立て場所の海底は二メートル以上、四メートルぐらいの深さもあり、平地にするのは容易でなかった。

大量の土は海ぎわの本郷台地を削って運び、水運用の掘割を掘って残土を積み、地面を高くした。その結果、神田山とよばれる高台の一角が残され、不忍池に面した上野山、桜の名所で賑わう飛鳥山などと、山と江戸を結ぶ文化が生まれたのである。

参勤交代による諸大名を集住させた江戸は、一〇〇万都市に膨張した。その一〇〇万都市江戸の各所では、富士山がよく見えた。

富士は江戸の名物だった。富士にちなんだ地名の多いのも富士塚が各地に築造されたのも江戸人の富士への関心の深さの現れだ。そして富士を描いた名工の風景画や名所記の多くが庶民に喜ばれ、大いに広まったのである。

名所図絵が直接の原因とはいえないだろうが、少なくとも初めに『名所図譜』としたのを流行に合わせて改題し、重版したのは谷文晁の『日本名山図会』である。

谷文晁は松平楽翁（定信）に仕え、宗元の支那画のみならず洋画をも消化し、気宇濶大・規模雄大のさまをみて探幽以後の巨匠とまで評された。

文晁は宝暦一三年（一七六三）に生まれ、写山摟、または画楽斎とも号した。写山の由来については、「下谷二長町住居摟上より不二山眺望よし。故に写山摟の号あり」といい、「常好写富士峰、故号写山」との称もある。

葛飾北斎は、代表作『漫画第八編』の冒頭にある「幼少より画癖あり、唯食唯画のみ」で知られるように、食事におけるように絵がすきだった。その程度は尋常一様でなく、程々とか生温さは少しもない。天才と狂人との境は紙一重だというとおり、彼は狂人の域にまで達していたので、自ら画狂人と称えていた。金銭に淡泊で、生涯貧乏していて、絵以外何物もなかった。

北斎漫画に誰しも感じるのは、いかにも観察が鋭敏で、あらゆる題材を消化して自己のものとする妙を心得ていたことだろう。とくに人物について士農工商の生活、老若男女の姿細を観察して各人の特徴、習癖を巧みに捉え、滑稽風刺に成功したことで、北斎絵本の代表作は漫画一三巻につきていよう。外国人はこの書を絵の百科全書と称した。日本に漫画の名目が出来たのは、これが最初だが、その漫画は今日の「漫画」とはやや異なり、もっとルーズな意味での「漫画」だといえよう。

北斎は小さなものよりも大なるものを好んだ。中でも最も好んだのは富士山である。それは『富嶽三十六景』（四六枚揃の錦絵）や天保五、六年（一八三四、五）に出た三冊物の『絵本富嶽百景』によって証明出来る。三十六景は北斎の傑作で、世界的に有名な作品だ。

『絵本富嶽百景』に至っては想像から生み出した図を満載したもので、北斎得意の田園風景に富士山を無理に当て嵌めた図が多い。富士に種々の異名があるのを真似て色々に改名し、不二の印を愛用したり、草仮名でふじやまの角印を捺したりしているが、北斎くらい富士に傾倒し、富士を愛していた人は稀だった。ただ客観的なだけでなく、主観的な不二として表現し、不二の真相、神髄を世に紹介するのにつとめた。

『富嶽百景』は天保六年（一八三五）、彼の七〇歳のときの作品だ。その跋を見ると、

「己六歳より物の形を写すの癖ありて、半百の頃よりしばしば書画を顕すと雖も、七十年画く所は実に取るに足るものなし。七十三歳にして稍々、禽獣虫魚の骨格、草木の出生を悟り得たり。故に八十歳にしてますます進み、九十歳にしてなおその奥意を極め一百歳にして正に神妙ならんか。百有十歳にして一点一格にして生けるが如くならん。願わくば長寿の君子、予が言の妄ならざるを見給うべし」

とある。口さがない批評家の中には、北斎の絵は全体的に見ると熱の脱けた密画、慣用手段の奇態が目立つばかりで少しも魅力がない、とけなす人もいる。しかし、北斎の傑作といわれる『富嶽三十六景』（文政六年〔一八二三〕より出初む）の「凱風快晴」「山下白雨」「神奈川沖浪裏」などがすば

らしい秀作なのは誰も否定出来まい。なぜならばこれらは、世界的に有名な作品なのであるから。

嘉永二(一八四九)年四月、北斎は九〇歳で没し、その翌年には北斎の高弟魚屋北溪が七〇歳で没して行った。その七月、安藤広重は『草筆画譜』第二編、および『江戸土産』初編より四編までを出版した。広重は自己の創造力を出して競争者となり、北斎と対抗したが及ばなかった。北斎は『富嶽三十六景』を完成後、さらに構想をこらし、表現に新奇・工夫を加えて版行したのが絵本『富嶽百景』三巻である。距離や方角・気象、さらに季節や時刻によって刻々変化する富士山を見事に捉え、絶賛を浴びた。このため世は風景画時代に入った。英泉や国芳達美人画や武者絵でならした画家までが不得意とした風景画を描きその価値を認められようとは、平成の今日誰が想像し得ることであろうか。

西洋人が日本と言えば富士を思い出し、富士といえば北斎を思い出すほど、強い印象を与えたのが北斎だとすれば、「世界文化遺産」の今日、世人よりもっと感謝されてよいのではないかと思う。

第二章　新しい山々の出現

外国人で日本の名山に初登頂したのは、万延元年（一八六〇）の初代イギリス公使ラザフォード・オールコックの富士山だ。

彼は、種々な原因で遠い国まで知れ亘っている神聖な山（富士山）を探検することを計画していたが、日本の閣老達は登山時期が遅すぎると忠告した。八月を過ぎ、九月に入ってしまった。登山を許すのは、一年のうち、たいてい七月と八月しかない。

閣老達は、口をそろえてこうも言った。

「イギリス全権公使の身分の人が法律によってではなくとも、習慣に制約されながら、下層階級と巡礼するのは、ふさわしくない」と。日本の統治者達の狙いは、外国人のすべての旅行や住民との商業的、社会的のあらゆる交通をでき得る限り制限することだった。不逞の徒が個人的傷害を加える危険があるとの警告で、日本の召使も職人も、或いは商人も許可証がなければ外国人の下へは出入りできず、外国人達は不便な生活を強いられていた。

だが、オールコックは屈しない。あらゆる困難にも拘わらず、この試みを成功させた。一隊に植物学者を同行させたのは、まったく未知な日本の山岳植物、とくに富士山について何かを知るのは非常に興味があったからだ。

一行は村山口八幡堂で馬を捨て、人間の永久の居住地や通り道を去り、頂上をさして苦闘を続けた。頻繁に休憩し、大きな口を開いている火口を見下す前に、数人が殆ど精魂を出し尽くした。

「この火口はずっと以前から消滅していて、記録による最新の爆発は一七〇七年であった。伝説によれば、山自身は一夜の中に地球の臓腑から出現し、同じ面積の湖が同じ時刻に、現れたのである。頂上まで登るに実際に費やした時間は約八時間であるが、下りる時は三時間もかからなかった。我々は山上で二晩ねむり、天候については大いに祝賀せねばならなかった。六日の中、たった二日の晴天に出くわし、麓で安全に泊まっている間に颱風をのがれた。我々は頂上近くのあちこちに雪の斑点を見出したのみであったが、三週間旅行して江戸に帰ってみると、それは完全に雪に蔽われているのであった」

と述懐している。

文久二年（一八六二）、開港したばかりの神奈川港に、イギリスからやってきたランスフィールド号が錨をおろした。東洋の一小国の土を初めて踏んだアーネスト・メーソン・サトウは、このときはまだ一九歳の青年だった。ロンドンを発つ前、父からジムラーの書いた『アルプス記』を贈られ、航海中も読みふけってきた。この本は一五七〇年代に書かれた古いものだが、著者は歴史や東方の言葉を研究した先覚者のひとりなのである。

サトウは日本への好奇心が旺盛で、先着の宣教師ブラウンから日本語の学習を受け、手近な旅行からまず日本の風物に接することに心がけた。彼の足は、やがて山地に向かっていった。慶應から明治に改元された年、公務で知り合った若き友人高岡要と共に富士山に登り、そこで白衣の尊者に深い感銘を受けた。白衣に大先達某勧之と黒書きし、朱印をべたべた押し、手に鳴る錫杖は強烈な印象を与えた。上り下りする白衣の菅笠の姿は、富士講の熱心な信者達だった。

山頂からの雄大な眺望にサトウは驚いた。小さな島国なのに、想像もしていなかった屏風のような山脈の重なりを遠望して、これらの山頂をいつかはきわめたいと、心に決めた。彼の富士登山記は、発刊されたばかりのジャパンタイムズに七回連載され、一部の識者に日本の山を知らせるタネを播く役目をした。最初の日本駐在七年のあいだに各地を旅し、日本海から立山・後立山のきびしい山稜に接し、大きな魅力をおぼえたともある。

明治の初年、新政府が断行した改革は、頗る急激だった。風俗習慣にも大きな変化があった。開国進取の国是が定まり、士民は競って西洋の事物を模倣し、新文明の恩恵を吸収しようとした。

地学は、地球およびそれを形成する物質に関する学問の総称。地形学・地質学・海洋学・古生物学・鉱物学・岩石学・地球物理学・地球化学などの広い分野のほか、学校教育課程では天文学・気象学まで含めている。

「地理学は諸科学の母である」とよくいわれたが、東洋でも西洋でも、地理学は古い歴史を持っている。

日本の地学の性格も、政治のそれと同じように、ここにいちじるしい大転換をおこなう。地学は国民すべてが広く世界に対し、大きく目をひらいたことを特筆大書したのだ。福沢諭吉の慶應二年（一八六六）の『海外事情』や明治二年（一八六九）の『世界国盡《せかいくにづくし》』などがむさぼり読まれた。国をひらいた日本に新様式の教育機関がつぎつぎとつくられ、そこでは世界地理の知識がいちばん歓迎された。こうした地盤に立ち、新しい地学が出発した。

明治新政府は、近代科学の導入に最も力を入れ、各国から立派な学者を招聘した。お雇い外国人といわれ、雇用契約は一期二年が普通で、給料は最初の二年間は月俸三〇〇円、次の二年間は月俸三五〇円で破格の待遇であった。

当時尋常小学校の校長が、月給一二円から二五円。巡査が一〇円程度、一般官吏で一〇円から二〇円というところ。一家の一年間の生活費が最低で一〇〇円ほどかかっていた時代だ。

政府は明治三年（一八七〇）、海外文明諸国の教育制度を参照して、小学校・中学校・大学という三段階の学校を設けようとした。

明治四年にできた文部省は教則を作り、各学年で使用する教科書名を列記したが、欧米文明国と同じような趣旨で編集しようにも、日本人の手で独自な教科書を作るのはむずかしかった。そこで外国のものを翻訳したり、翻案したりして急場をしのいだのだ。

明治四年五月八日の朝、二七歳になったばかりの一人のアメリカ人青年が横浜港に上陸した。さっそく箱根、京都、奈良、大阪、神戸、長崎など各地を訪れた。そして日本の人々の暮らしぶりと海に囲まれた美しい自然に魅了されてしまい、数週間の予定でいたのに、結局一年八か月の滞在となった。

西洋文明と出会う日本人の旺盛な好奇心、眼にあまる横柄な役人達の態度、新興国アメリカから来ている同胞の様子などを、日記や祖国の家族に宛てた手紙に率直に書き送った。デロング公使に随行しての天皇《みかど》謁見と蝦夷探検旅行。それに富士登山については、冒険家としての本領を発揮して詳述しているのが注目される。彼の持ち帰った三五〇枚余の写真はどれも明治初頭の日本を記録する貴重な資料である。

この青年の名はチャールズ・アップルトン・ロングフェロー。アメリカの国民的詩人ヘンリー・ワズワース・ロングフェローの長男としてマサチューセッツ州ケンブリッジ市で生まれた。父のヘンリーはボードン大学卒業後、ヨーロッパ各国を回って勉強し、一八三六年から一八年間ハーバード大学で近代言語を教えた。「村の鍛冶屋」は教訓的な詩。叙情詩「エヴァンジェリン」やアメリカの歴史風俗に題材を得た物語詩「ハイアワサの歌」など格調高い韻律の詩を発表し、いずれも広く愛唱された。

日本人による文明の利器、乗合馬車が登場したのは、明治五年のこと。浅草雷門と新橋の区間を三区に分けて営業。一区が一銭の料金。当時、新橋は初めて鉄道が開通したばかり。浅草は北に行くターミナル。狙いは当たった。馬車は外国人か、日本の偉い人しか乗れないと思っていたのに、庶民の足となるのだから大好評だ。雷門では馬繋ぎの棒杭を道路の中央に打ち込んで、ラッパを吹いて客集めをしたという。

京都―大阪間でも明治五年馬車会社が設立された。この当時、大阪―神戸間の交通は主として汽船を利用していたが、減水の時は半日も、ときには一日もかかる有様であった。

明治を迎えて初めての文献（教科書）に名を連ねた山の数は少なく、江戸期から名山として継承されてきた山ばかりだが、測量に着手すると、やがて新しい山々が次第に登場してきたのであった。

明治に入ってから全国の測量と、地図作成の仕事が急速に進んだ。ヨーロッパ式の測量は、明治四年（一八七一）、イギリスの五人の技師が招かれて指導に当たった。

三〇〇〇メートル級高峰への測量登山の第一歩は、明治一二年の赤石岳にはじまる。飛騨山脈、赤石山系、木曽山脈の高峰に、参謀本部の測量員達が本格的に登ったのは明治二〇年代の後半から三〇年にかけてだから、そのころまでの中部山岳地帯は、日本地図上の空白部だった。

測量がすすみ、それまではっきりしなかった山の一つひとつに名がつき、山脈は山脈、盆地は盆地としてそれぞれの名を決めたのである。

明治初年の馬車会社は、東京を中心に四方へ路線を発展させ、甲州街道は八王子まで営業した。なにしろ八王子は物資の大事な集散地であり、甲州街道と横浜を結ぶシルクロード、八王子街道との交差点なのだった。明治一三年ころには、八王子から甲府まで路線が延びている。

日本最初の鉄道敷設は、新橋・横浜間で明治五年（一八七二）。計画は何度も変更し、建築師長モレル等に鉄道測量を開始させたのは、明治三年六月だった。

当初は一日二回、上り下りを往復した。交通費は一等が一円五〇銭、二等が一円、三等が五〇銭だから安い料金ではなかった。なぜなら米一升一四銭の相場である。乗客は一五分前に必ず駅に来ることになっていたし、車両に持ち込む手荷物には姓名を書いて、見やすい所に縫い付けておかなければならなかったから、小学生の子供と同じだ。

神戸・大阪間はエングランドとダイアップの指揮の下に、明治四年（一八七一）には、京都・大阪間の測量をはじめた。七年には神戸・大阪間、一〇年には京都・大阪間が開通した。

明治五年八月、「学制」が公布された。全国に八年制の小学校、それに続く中学校、さらに大学を設ける制度である。貧しい家の子供達もすべて小学校へ入学させ、平等に初等普通教育を授ける方針であった。新しい学校制度が発足するとき、文部省は小学校、中学校で使用する教科書を例示したので、各府県では管内の学校に供給するそれらの教材を大急ぎで刊行し、採用した。

体裁や内容的には、江戸時代からの往来物系統のものもあれば、欧米の翻訳書、あるいはその系統の新しい教科書もあるが、当時の小学校で最も多く使用したのは、師範学校編集、文部省出版の『地理初歩』と『日本地誌略』であったといってもよい。


「陸地上ニ、土石高ク起レルモノヲ、山ト云フ。山ノ較小ニシテ、低キ者ヲ、岡ト云フ。山々相接シテ、長ク亘レルヲ、嶺ト云フ」


右は明治六年文部省出版の『地理初歩』の抜粋だ。当時広く普及したごく薄い小型本ながら、地理学の基礎概念を授ける立場で編集されていて、旧来の往来物系統の地理書にはない特色がうかがえる。

この当時の日本地理教科書の代表的なものといえば、瓜生三寅著『日本国盡』（八巻・明治五年

（一八七二）がある。序文によれば、児童向け書として著され、福沢諭吉の『世界国盡』を学ぶ前の段階としてまず本書を学ぶことをすすめている。まず世界の概略と日本の概略を述べ、畿内五か国からはじめて各道各国の地誌を述べるやり方だ。江戸期から明治へと時代は大きく変わり、どんな山が教科書に載っているかが問題だ。そこでとくに高山の多い信濃国をどのように扱っているか、その内容を見ることにする。

一　瓜生氏日本国盡　巻三

「東海道十三国

（……）信濃は飛騨よりもなお又高き一大国。龍の背骨の正面なり。日本一の山国にて四方を包む十ヵ国、北は越後なり。その西には越中、飛騨に美濃の国。南は参河・遠江。駿河はわずかに地を接し、東の方は甲斐・武蔵。これに加えて上野ぞ。その境界もみな山にて、いずれも嶮しからぬはなく、一度境より入るときは壷中の天地にあるごとく、国内往来の大道は木曽路を始め桟橋を掛け渡したる光景こそ、想いやるさえあやうきにてその山山の大概は、横嶽・三階・野熊山・奥名・御嶽なり。駒ヶ嶽・耒倉大嶽・常念嶽・穂高・烏帽子や屛風嶽・簾・黒鼻・薬師嶽・大黒嶽や姨捨山・飯盛山に和田峠・釜沢・鋸・八ヶ嶽・大倉・高倉・白峰山烟絶やさぬ浅間嶽。夏も雪見る戸隠の山なり。響くは滝の音、この山山より落ち降る水の次第なり。集まりて西に向かうは木曽の川。南に分かる天龍川。北に落つるは姫川や、その又北は犀川と筑摩の二水相合いて信濃川の一水となりて、越後の新潟の海に流れ入る。木曽と信濃の二川は類まれなる大河にて、板東太郎と相並び、之を称して本邦の三大河とも申すなり。南に落つる天龍のその源は諏訪の湖。周囲三里の湖にて氷張りぬる冬の日は、人の往来の便よし。月に名所は更科山。かの姨捨に田毎の月駒は桐原望月や。温泉の名所も数多し」

ここには槍ヶ岳の名は見えないが、初めて穂高や常念などが顔を出し、流れるような文体が面白い。郷土の教科書を朗読した児童達の気持ちはどんなで、そしてその中に誰がいたのだろうか。

アーネスト・サトウ

イギリス公使館員のアーネスト・サトウはある日、開成所の図書室で、英国山岳会が編集出版した『峰・峠・氷河』という新刊書を発見し、夜を徹して読み耽った。その中のD・W・フレッシュフィールドの「登攀記」は、彼にとって本格的な登山への貴重な指南書となった。(このへんの事情はまたあとでふれたい)

サトウは明治五年、休暇をもらって一年間、ロンドンで暮らせることになり、ここでフレッシュフィールドに会ったあと、すぐにシャモニーを訪れた。そして彼が歩いたウリイロートンシュトック、シュレックホルン、モンテ・ローザ、テオデュール峠など長いあいだ夢に描いていた本場の岩山や氷河を攀じ、そして日本にもどった。このロンドン滞在中、日本政府から大阪の造幣局開設のため幾人かの技術者を選ぶよう要請を受けたので、山の好きな者を加えようと考え、冶金試験の技師にW・ガウランドを、鎔解方技師にE・アトキンを推挙した。

二人は本場アルプスの氷河と岩山を歩いてきた男達だ。とくにガウランドは経験豊富で、ダン・デュランやロートホルンの初登頂者F・C・ローヴとも親しい仲だった。だからもし日本に来てくれたら、こんなにうれしいことはないのだ。

そんな願いが、ついに叶った。サトウは大阪で二僚友と落ち合い、持参してきた本場の登山用具を携え、近くの六甲山付近でさっそくトレーニングして楽しんだ。そして、休暇を得たサトウはガウランドを誘い、日光に出かけた。東照宮はもちろん見物したが、狙いは男体山と白根山だった。東北地方へも足を伸ばしたかったが、ガウランドの都合で取り止め、妙義山に廻り、碓氷峠を越えて軽井沢高原に出た。そこで浅間山への案内人を探したが見つからず、沓掛から途中まで馬を雇った。下山後、個人的な教会の集まりで、浅間山の展望のすばらしさを話した。そして、みんなが山麓にきていて浅間山にも登らない味気なさ、趣味のなさを嘆き、次は岩と万年雪の山へ踏み入ろうと胸に刻んだ。

明治六年（一八七三）には、二三歳のB・H・チェンバレンが築地の兵学寮の教授として来日した。彼は西洋言語学の手法で日本語を科学的に研究し、十数か国語をよくし、王堂と号して『古事記』や和歌の英訳、『日本語文典』、『日本事物誌』など有益な著述を多く発表し、四〇年間の日本滞在中、東京帝国大学文学部教授もつとめた。

東海道線に零点零哩の第一標を打込んだのは鉄道技師ジョン・ダイアックだが、ある日この男がサトウの官邸に、アールヴィカーヌ・ボイルと名乗る同国人の鉄道技師をつれてやって来た。話によるとボイルは、神戸から中山道を五〇日かけて、東京に着いたばかりだという。日焼けした逞しい顔に知的な笑みをうかべながら、今調査しながら歩いてきたばかりの中山道の様子をわざわざ教えにきてくれたのだった。ダイアックは、サトウがかねがね信濃や飛騨の山々のことや、その道すじを知りたがっていたのを忘れないでいてくれた。

ボイルが木曽の谷中を測量しながら福島に着いた頃は、御嶽詣での講中の人達が白衣姿であふれていた。藪原から鳥居峠を越えて奈良井の宿場に下りてみると、ここの街道も講中の行列でごったがえしていた。ボイルは日本人の旅行好きにまたまた仰天し、もし中山道に鉄道が敷かれたらみんながどんなに喜ぶだろうなとつくづく思った、と略図を書いてサトウに渡した。

サトウが一番知りたかったのは交通事情だった。国内地図はまだ部分的にしか出来上がっていない。不完全なそれらをつなぎ合わせると、なんとか見当はつくが、実際に現地であたってみなければ分からない。その点、ボイルの情報は何よりもありがたかった。これなら碓氷峠、和田峠、塩尻峠を越えて木曽福島まで行ける。

明治八年（一八七五）七月の初め、サトウは木曽福島でガウランドと合流するために、東京を出発した。万一に備えて、ボイルからの木曽の宿への紹介状をふところにすると、中山道を佐久平へたどり、白衣姿の旅行者達に交って和田峠を越え、諏訪湖畔から塩尻峠を経て木曽路に入った。鳥居峠の御嶽遙拝所に群がる人びとが指さす御嶽の峰頭は、かつて彼がヨーロッパの山々を遍歴して見出すことの出来なかった、何かがあった。

木曽福島の俵屋では、ガウランドが待っていた。俵屋の主人に頼んで、気の利いた案内人がいないかと探してもらうと、幸いにも手頃な者が見つかった。御嶽だけなら講中の仲間について行けばわざわざ案内を必要としないのに、といわれたが、実はその先の山旅が二人の本意なのだった。この先達は、徳川木曽林務時代に山の見廻りをつとめてきた男だったので、この辺の山の事情は誰よりも詳しくて助かった。けれど御嶽の山頂に立っても、肝心な標高がいくらあるのか、それを知る手立てを持っていなかった。サトウ達はがっかりしたが、方位を確かめ展望図をつくることは出来た。東京でマックウェンから貰った地図を現地と較べると、訂正箇所が多過ぎた。

山頂社務所で御来光を拝んだあと、濁川を下降して飛騨に出た。このあと間道から山越えし、途中の鉱山小屋で一夜を明かした、と後年ガウランドが語った。木曽福島で計画した乗鞍へのルートは、平湯に変えた。そこには上人《しょうにん》道があり、今でも行者の足跡があるはずだとの耳よりな情報を掴んだからだ。

勇躍して平湯にきて見ると、山々はもう眼の前に高く連なり合って、待望の岩と雪の世界に一変した。ここはサトウが途中の塩尻峠に立ったときに、西の空に高々とそびえて見せた奥嶽（穂高連峰）の裏側なのだった。

宿願の乗鞍を登って平湯へもどったサトウとガウランドは、先達が教えた安房峠を登って、東側の渓谷を偵察したくてうずうずした。先達は、その面倒な提案をよろこんだ。彼にとっては、なつかしいカンゴウチ（上高地）だ。安房峠は旧鎌倉街道といわれ、飛騨と信濃を結ぶ要衝だという。

峠を越えて案内された上高地は、昔は松本藩領の伐採地だ。今は筑摩郡の官有林に変わって大勢の杣衆《そましゅう》が小屋がけして働いていた。杣衆が生まれて初めて見た外国人に驚いたが、よろんで杣衆小屋に泊めてくれた。遠来の客が珍しいのと、慰める気持で山に入っている杣衆がみんな寄ってきた。大きな輪の中に盛んな焚火で夜を焦がし、木の皮を剥いで作ったウチワ太鼓で、

〽木曽のナーアー　なかのりサン

が始まった。

「あの即妙愛すべき好意は終生忘れられない……」とサトウは、この夜の歓迎を何度も夫人に語って聞かせたという。（夫人は日本人の武田兼《かね》で、次男が日本山岳会創立発起人の一人、武田久吉《ひさよし》である）

しかしこのときの杣衆達の中に嘉門次の顔を見ていない。彼が上高地入りしたのは、二年後のことになる。

高島章貞が上條某、降旗某その他三人を語らい、上高地に踏み入ったのは、文政二年（一八一九）旧暦六月であった。すでにこの頃、梓川上流地は、伐採その他鉱山業を営む人達によって開拓され、一方では湯治者達の踏みあともあった。彼らはその道をたどって上高地に入り、かねてあこがれていた奥岳に登攀し、あらためて新しい感懐をいだいて下りてきた。

このとき高島が上高地を「神河内」と記したことがわかり、上高地は神河内なのか、あるいは地元

の古文書に出ている上河内か論議を賑わしたことがある。

『信府統記』全三二巻は、享保七年（一七二二）松本藩主が家臣に命じた領内および信州一円の地理歴史に関した記録の集大成だ。それを調べると、少しは明治以前の上高地付近の伐採事情を知るのに役立つと思うので、一部を原文のまま掲載してみよう。

二　『信府統記』第六

「信濃國郡境記　四
安曇郡　高三萬八千九百四十四石二斗三升八合五勺　村數百八十三　是ハ元禄年中國絵圖改メ記サレシ時ノ高村ナリ此郡ハ一圓ニ松本領ナリ故ニ委ク記スコト下ノ如シ
隣國並郡境
○當郡ノ西南ノ隅乗鞍ヶ嶽ヨリ北ヘ西面ハ飛驒國ヘ隣リ同半ヨリ越中國ヘ隣レリ叉西ヨリ北側ニ至テ雨飾山マデ越後國ヘ隣ル雨飾山ノ峰通リヨリ水内郡ヘ界ヒ東側ノ半ヨリ南ヘ更科郡ヘ界ヒ猶南ハ筑摩郡ノ境ナリ
○乗鞍嶽峰通國境　此嶽飛騨國ニテモ同名是ヨリ信濃峠マデノ間山深ク國境分明ナラズ
○信濃峠峰通國境　乗鞍嶽ヨリ北ニ當ル此峠飛彈國ニテハ平湯峠ト云フ大野川村ヨリ飛騨國平湯マ

デ五里三町嶮路ニテ荷物ヲ負セル馬足ハ立チ難シ雪中ニハ通路絶ユ是ヨリ北ヘ焼嶽迄ノ間モ國境知レズ

○焼嶽峰通國境　飛驒國ニテハ硫黄嶽ト云フ是ヨリ北越中飛驒信濃三國境ノ山マデノ間國境知レズ

○越中飛驒信濃ノ三國境ハ深山ニテ山名モ無シ峰ヨリ東面ハ信濃國ナリ西ノ方ニテ南ハ飛驒北ハ越中國トス是ヨリ北ヘ信濃ノ國ト越中國トノ界ハ山深く嶮岨ナル故通路ナシ但シ山中ニだいら川ト云フ川アリ是ヲ界トスルナリだいら川ハ加賀川ノ入ニテ野口澤本谷ノ北すばり越ト云邊ヨリ奥ヘハ通路ナシ此すばり越ノ邊迄モ山師杣人ノ外ハ行クコトナシ夫ヨリ此方ニさらさら越えト云フ所アリ昔天正年中信長公ノ家臣佐々内蔵助越中国ヨリ此さらさら越ヲ通リテ當國ヘ來ルコトアリシト云傳ヘタルハ此邊ヲ越テ加賀川ニ沿ヒ野口村ノ方ヘ出デタタリトカヤだいら山ヨリ越中國立山ノ信濃堂ナド云フ所見ユ山傳ヒニ立山マデ五里許リモアベキナリ是ヨリ越後越中信濃三國界マデノ中モ國境分明ナラズ

○越後越中信濃三國境　此所モ山ノ名ナク亦通路モナシ東面ハ信濃國ナリ西ノ方ニテ南ハ越中北ハ越後國ナリ此山中嶽々幾何トイフ數知レズ信濃國ノ中ハ大山名アル嶽々下ニ記ス三國界ノ山ヨリ北ヘ乗鞍嶽マデノ間モ國界知レズ

○乗鞍嶽峰通ヲ國境トス　越後國ニテモ同名此所ヨリ蒲原古澤姫川ヘ落口ノ所マデ山ハ峰通リ川ハ中央ヲ以テ國界トス

○乗鞍ヶ嶽ノ名松本領ノ中ニ三所アリ一ハ前ニ見エタル南西ノ隅ニアル山ナリ一ハ此山ニテ越後境

ニアリ又一ハ信濃國中ノ山ニテ即チ安曇郡大町與鹽島新田村ノ西北ニアリ是リハ南ニ當ル享保七年山見通シノコト仰蒙リタル山ノ一ナリ委ク大町興山ノ部類ニ載ス

○横前鞍嶽　越後國ニテモ同名此嶽乗鞍ヨリ北ニ當レリ其間ニ風吹トイフ峰アリ此風吹ハ乗鞍ト横前鞍トノ前山ニテ越後國ヘハ隣ラズト見エタリ

○ゑびらが峰　越後國ニテモ同名此峰横前鞍嶽ヨリ子丑ニ當ル又安曇郡來馬村ヨリハ西ナリ大綱橋ヨリハ未申ノ方ニ見ユ此峰ヨリ北ハ越後領ナリ是ヨリ東往還ノ路ノ左ニ古澤トテ川アリ越後分蒲原村モ路ヨリ左ニテ西ノ方ナリ此邊ヨリ雨飾山マデノ國境元禄十五年双方ノ百姓諍論ニ及ビ御裁許アリテ相究リタル地ナリ委クハ御裁許ノ記ニ見エタリ

安曇郡には北・南の両郡があるが、ここでは一つにしてある。

上野與　長尾與

○梓川ハ其源遙ニ北ニシテ上河内山ノ奥飛驒ノ國界白石ト云フ所ヨリ出テ上河内ノ山中ヲ南ヘ大野川マデ五里餘流ル此川筋山中ノ平原ニテ幅一里餘或ハ二三十町程アリ但シ此地寒気最モ烈シク夏五月迄ハ雪アリ六月ニ至テ少シノ間往來スレトモ八月末ヨリ又復雪積リテ往來叶ヒ難キ程故田畑開發スルコト叶ハズ

○上河内山ノ内名ヲ稱フル所ハ耳たらし瀧此下ハ大ナル淵ナリ　ほりのど、とくさ澤、かすみ川入、細池、うぶ屋、飛驒越、是ヨリ飛州細尾村マデ一里半餘アリ但シ杣路ナリ此左右ニ温泉三ヶ所アリ岩山、姥ケ懐《うばがふところ》、北入、此後ロハ越中飛驒ヘ隣レリ

○梓川ハ大野川村ノ北へ出テ霞嶽ノ麓ヲ廻リ夫ヨリ東北へ流レ上野與長尾與ヲ過テ成相與下平瀬村ノ分郷下田村ノ邊熊倉橋ノ前ニテ木曾川ト落合ヒ是ヨリ下ヲ犀川ト云フ右ノ山々ヨリ用木ヲ伐出シ梓川ヲ流シテ堀米ノ渡場へ著ケル此川筋堀米マデ道程十七八里ナリ

○穂高嶽ハ梓川出口ヨリ大野川マデノ中程西ノ方ニアル大山ナリ此嶽ハ往古ヨリ穂高大明神ノ山ト云傳ヘテ此名アリ嶮山ニシテ登ルコト能ハズ麓ニ大明神ノ御手洗《みたらし》トテあら池ト云フアリ廣サ三四町四方程ノ池ニテ深サ測リ難クいわなト云フ魚多クアリ杣人筏ニ乗テ是ヲ釣ル此外梓川ヨリ西ノ方ニ山嶽多シト雖モ深山ニテ往來ナケレバ山名モ知レズ但シ他国へ隣レル山嶽ニテ名アルモノハ前ニ見ユ

用木薪伐出ス山並運上山

○松本領郡境ハ皆山々ナリ中ニモ西ノ方深山多シ用木薪伐取山ハ其所々ニ山廻リトシテ郷民ノ内役人ヲ定メ守ラシム其組々ノ人別諸件記巻ノ一ニアリ

○諸木伐出ス時ハ元伐奉行トシテ歩行士并山目付役足軽杣改役小人ヲ定メ置キ杣ヲ入レ元伐ヲナサシム嶋々村ニ小屋アリ米蔵ヲ立置キ杣扶持等ヲ渡ス又炭蔵モ此所ニアリ是ハ嶋々山大野川山ノ諸用ヲ達スル役小屋ナリ又大町組野口村ニモ彼山筋ノ役小屋米蔵モアリ諸木伐揃ヘタル節ハ改奉行馬廻ノ者ヲ遣シ吟味ノ上渡入《どいれ》シテ川々ヲ流シ堀米青木花見両所へ渡場着ス又仕出シ山トテ領分ノ者元締ヲ請合杣ヲ入レ伐出シ賃銀ヲ以テ川ヲ流シテ渡場へ着ル此時モ改奉行同前渡場ニテハ郷中人足ヲ出シ諸木ヲ積立ル人足扶持籾定メアリテ渡ス　又近年ハ渡場積立共ニ元締ノ者請合テ渡場

ニ於テ間尺ヲ改メ請取ルヿモアリ又商賣ニ伐出ス諸木ハ請合人願次第運上ヲ定メ領分又ハ他所ヘモ出ス
○上野組大野川山ノ内
上河内山　霞嶽　障子ヶ瀬　追通谷《ついとほし》　せば谷　湯川谷　小尾根川　前川通り　乙若澤　赤岩　役摶澤　馬ノ瀬
○上野組核山ノ内
大白川山　水渡野《みどの》川山　栃澤山　中通山　熊ノ澤　五領ノ澤　小白川山　アンタカ澤
右両山ヨリ伐出ス諸木ハ梓川ヲ流シテ堀米渡場ヘ着ル稲核山ニハ炭釜モアリ　炭焼ヲ抱ヘテ入用ノ炭ヲ焼スル　又運上炭釜モアリ惣ジテ諸木年々伐出ス澤々場所ヲ替ヘテ元伐ヲサスルヿ何レノ山モ同断
○上野組嶋々山ノ内
南澤通　一ノ澤　二ノ澤　山葵澤　源次ガ澤　小十ガ澤いはなとめ　北澤通　大瀧　小瀧　つめた澤　矢竹澤　しっへい澤　比澤々ヨリ伐出ス諸木ハ嶋々川ヲ流シテ嶋々村ノ橋下ニテ梓川ヘ落合ヒ堀米ヘ着ク
右三ヶ所澤々檜椹雑木共ニアリ」

以上から察するように、上高地は古老が口でカミグチと呼び、文書では上河内と記されていた、と思って差支えあるまい。それが今の上高地に定着したのは上高地ホテルの出現以来だとの説が有力視されている。それは「高地」の地理用語が、いかにも近代的な響きだからか。

少し余談をしてしまったが、サトウ達一行は徳本峠を越えて島島谷へ下り、松本に出て和合館に汚れた山靴をぬいだ。そして、ここでさらに北方へ延びている脊梁山脈の事情についてさぐった。その麓には山に詳しい越中通いのボッカが何人もいることを知った。

塩尻でサトウとガウランドは別れた。ガウランド達は洗馬への中山道をくだっていった。サトウは、諏訪湖畔に立ったとき、この地にチェンバレンが来ていることを聞かされ、一緒に八ヶ岳へ登る機会に恵まれた。

柳川をつめて行者堂に泊り、阿弥陀岳から赤岳の山頂に達し、そこで石に刻まれた祈念碑と先蹤者のケルンを発見したとき、その敬虔さに胸を打たれた。八ヶ岳は明治元年（一八六八）に富士山頂から眺めて以来の憧れの山だったのだ。

「一八七五年八月二日、君とわかれて、僕は一つの峠（塩尻峠）をくだっていった。湖畔で、君とその麓を逍遙した奥嶽のアレートを、旺んな残照のなかに見出して立ちつくしているとき、思いがけなくも東京の僚友がこの地にきていることを知って、その仲間に合流した。僚友のいざないは余りに巧みだったし、それに僕はといえば山に対しては余り色気がありすぎて、君と約した八ヶ岳にやってきた。ひとつには君を案内する足馴らしにもなろうか――そんな風に考えての上でやったことなんだ。山上の花苑のすばらしさ――ぜひ君に見せたいなア……」

ガウランドに宛てた手紙には、この折のよろこびがあふれている。

ガウランドは、サトウと塩尻で別れたあと伊吹山に登り、その後は一日を惜しんで近畿の山と渓を遍歴しながら、故国の『アルパイン・ジャーナル』をひらいては、心をなぐさめる手だてとし、次の機会を狙っていた。

このころ築地のエドワード・クラークの居宅に山好きの者がよく集まった。クラークは東京開成学校（現・東京大学）の理化学教師で、明治六年（一八七三）には富士山へ登って、その高さを測定してきた。

アトキンソンはクラークと同じ東京開成学校の応用科学教師で、日本酒と青銅鏡の研究をしながら加賀白山に登ってきた。ロンドン王立鉱山学校を出たミルンは地質学、アメリカ人のベンジャミン・スミス・ライマンは、明治五年に来日し、翌六年から三年間、北海道開拓使につとめて地質調査に従事した。彼は石炭・石油の調査を主とし、とくに石狩炭田の開発、運炭鉄道の計画を立てる一方、助手のモンローと語学力の不充分な日本人助手達に数学や物理を初歩から教え、実地の測量や常識的地質学者の養成に力をそそいだ。日本地質学の手習草紙を塗り初めたといってよい。

ライマンは日本の包蔵する鉱富は石炭を第一位とし、とくに北海道の石炭が群を抜くと考えた。多くの地質専門家が、色を塗ることが地質図の最要条項としてその他を顧みなかった時代に、五千分の一図に同高線・構造曲線法の適用を得意とした。この方法によれば地下の構造が簡単明瞭であるばかりか、地上同高線と露頭とこの線との三者を連結すれば、図上で直ちに炭量等の計算ができた。

ライマンが養成して最後の全国調査まで頑張った日本人助手は一三名で、そのうちの一〇人は東京芝の開拓使仮学校（後の北海道大学）生徒だった。彼らはライマンの来日の時に選抜され物理・数学・地質および鉱物学の一般を学んだが、野外観察測量と製図、地下の地質を考究できるまで進歩した。

助手の多くは北海道の石炭調査または石炭鉱業に加わり、後に農商務省の地質調査所に入った人もいる。(ライマンが工部省を離れた後、幾春別炭田は明治一三年(一八八〇)、元助手の島田・山際の両名に発見され、明治二一年にはライマン門下の逸足坂市太郎が夕張大炭田発見の偉業を遂げた)

三　ナウマン博士

フォッサマグナを発見し、命名したのはドイツ人地質学者のエドムンド・ナウマン博士だ。

一八七四年、ドイツのミュンヘン大学で理学博士の学位を取得したナウマンは、〝日本で地質学の教授を求めているので、行ってみる気はないか〟と誘われ、二つ返事で引き受けた。東洋のまだ見ぬ国日本、若いナウマンの夢は大きかった。翌七五年二〇歳の若さで日本の鉱物学および地質学の教授に迎えられ、七月一日ドイツ発、八月一七日に日本に到着した。

一一月四日、さっそく第一回の調査旅行に出発し、中山道をたどって碓氷峠を越え、浅間山に登ったあと千曲川を南にさかのぼった。関東山地に達する谷は狭くなり、道は、右手に高くそびえて二〇キロ以上も続く火山の連山、つまり蓼科山と八ヶ岳の山脈の麓へと通じていた。一一月一三日の朝、あたりの景色はまったく一変していた。まるで別世界におかれた感じがした。

「私は幅広い低地に面する縁に立っていた。対岸には三〇〇〇メートルあるいはそれ以上の巨大な山々（筆者注：赤石山地）が重畳してそびえ立っていた。その急な斜面は鋭くはっきりした直線をなして低地へ落ち込んでいた。その山麓に沿って――ここからは見えないのであるが――一筋の流れ（釜無川）が、北西から南東へと走っているのに違いないことは、疑いないことであった」

この断崖層こそ、青年ナウマンが驚嘆し、不思議とした地形である。

エドムンド・ナウマン

彼はこのときからフォッサマグナの問題を考え始めたのである。

フォッサマグナには、ラテン語で「大きな溝」という意味がある。

フォッサマグナは、日本列島の中央部を日本海から太平洋へ突き抜ける細長い大地溝帯のことだ。「地溝」とは、ほぼ平行な二本以上の正断層に限られ、相対的沈降によって形成された狭長な地形的凹地帯と解す。ここには妙高山・浅間山・八ヶ岳・富士山・箱根山・天城山など、たくさんの火山が南北に列んでいる。

ナウマンは、フォッサマグナの前方に七島山脈が存在していることに注目した。日本列島が大陸側から太平洋へ水平移動したそのとき、前面の七島山脈（伊豆七島から小笠原諸島に至る山地が日本山脈に衝突していること。今日、伊豆マリアナ弧とよぶものを、ナウマンは七島山脈と名づけた）に衝突し、赤石山地や関東山地が北へ曲げられたと主張するこの説は、現代のフォッサマグナ成因論の発端をなした。

「その時、私は、自分が著しく奇妙な地形を眼前にしていることを十分に意識していた、というものの、それが、島弧を完全に横断して走る溝のような土地であって、そのど真ん中から多数の火山、なかでも日本最大の火山（富士山）を生み出している。そういう場所であること、またその場所において、火山という寄生物を抱えた長大な横断低地が、造山過程をとおして生じたということ、そういうことについては、なお思い浮かべることもできなかった」

と、ナウマンは回顧している。

松本盆地は、諏訪湖より著しく低く、大町から糸魚川への道は、六〇〇メートルより少し高い峠を越えている。しかし、街道の西側には大変な高さの山々が長い山脈を連ね、槍ヶ岳は三〇五〇メートルもある。深い谷の東側には、大きな火山群が広い地域を占めており、これらは八ヶ岳や富士山などとフォッサマグナから生まれ出たものだと結論した。

赤石山地の古期岩層は、南北に近い方向で帯状構造をなし、南から次第に西に向きを変え、紀伊山地から四国山地で東西方向に走行するが、この曲がった形こそフォッサマグナのなせるわざなのである。

というのは、赤石山地の構造は、本来なら東西方向であったのに、元の位置からぐるりと反時計回りに八〇度も回転させられたことになり、木曽山脈も飛騨山脈も同じように曲がっている。つまり、大地が引きちぎられ、ねじ曲げられているのである。

この程度の長さの構造線は、世界的に見て珍しくないが、本州の大山脈を横断してこれを完全に切断し、これに接する岩層の種類が次々と交代している状態に、他の構造線にはない大きな特徴があり、フォッサマグナに比肩できるものは世界に例を見ていない。日本海溝やマリアナ海溝が発見され、紹介されたのはナウマンが日本に到着したわずか二か月ほど前のことであった。そうなると日本列島は、地球上最大の山地に属することになる。なぜならば、これまで測深された中でも最も深い大洋底からそびえ立つ大山脈の、いちばん頂上の部分がそれだからだ。富士山をその最深部に二つ重ねても、その頭は海面に出ない。海溝との距離で、これほど大きな高度差は、世界の他の地域に存在しない。もしこの日本山脈を一つの地塊と見るならば、巨大な山と太平洋の関係は、ヒマラヤ山脈とインド半島の関係に似ている。

「この大町から左手の山に入ると荒涼たる立山に至り、その隣の巨人である飛騨山脈は海岸まで延びている。大町でわれわれはフォッサマグナから外へ出ることになる」

ナウマンは、明治九年（一八七六）、第二回フォッサマグナの調査旅行のとき、越中立山に登った様子を論文に書いている。

立山は、富士山や鳥海山と同様に、年々多数の参拝者が集まる有名な山の一つである。その楔のような形の山稜には、南側の傾斜を登って到達することができる。この山稜を登ると、小さな台地のようなところに出る。そこからは南方に、ごつごつした信濃飛騨山脈の壮大な眺めを楽しむことができる。重畳した山稜の上には、槍ヶ岳が巨大な針のように突き立っている。

日の出の時刻には、仏教の僧侶が豪勢な衣装をまとい、山稜の中ほどにある小さい祠のある台地の上に立って祈りを捧げる。僧侶が祈りを捧げる山頂にたどり着こうとして、何百もの参拝者が嶮しい断崖の間をめぐる狭い径を動いて行くのは、生命と色彩にあふれた光景である

ナウマンがここで見たのは、日本の伝統的宗教登山のほほ笑ましい姿であった。東京―高崎―追分―高野―八郡―滝ノ湯―上諏訪―塩尻峠―大町―針ノ木峠―立山温泉―室堂へ入って、立山へ登ったのである。

そして、途中の滝ノ湯へ立ち寄ったとき、日本の山名の難しさといい加減さには、ほとほと手を焼き、当時をこのように回顧している。


「滝ノ湯の下手からは、八ヶ岳すなわち八つの峰の山がよく見える。私の案内人は、その八つの峰の名を一瞬の澱みもなく呼びあげたのであるが、恥知らずにも、それはでたらめであった。そして、その嘘はたちまち暴露してしまったのである。彼は山の名をまったく知らなかった。そして、何か質問されても少しもあわてない、という特技のほか、何の取り柄もない男だった。

日本のある地理書によると、八つの峰の名前は南から北へ、赤岳すなわち赤い峰、中岳すなわち中間の峰、阿弥陀・地蔵・コクソ（虚空蔵？）・ミカボリ・横岳・硫黄である。地質調査所の地図に

は、八ヶ岳山塊の中に五つの峰、すなわち編笠岳・権現岳・西岳・阿弥陀岳および赤岳が記載されている。一八七九年に八ヶ岳に登ったアトキンソンは、峰の名前としてミカボリ山・地蔵および赤岳をあげている。この例は、日本の山の名を確認するのにどのような困難があるかを示している」

これは日本語式にも中国語式にも読むことが出来るからで、どちらの字訳が用いられるか不明だからである。

アトキンソンも当時来日したイギリスからのお雇い外国人で、ナウマンが当初勤務した開成学校の教官をしていた。

ナウマンは、日本は山国であり、さまざまな形の山々、豊かな緑、たくさんの春の花、美しい秋の紅葉、遠くのものも近く見える澄み切った大地、そして多くの急流など、この国は世界で最も魅力あるところの一つだと激賞してやまなかった。そして、高い山の多くが火山であり、素晴しい眺望が得られるが、とくに富士山頂から見た日の出に深く感動した。

早々に夜が明けて朝が近づくと、白装束に菅笠をかぶった参拝者の群れが、荒々しくごつごつした溶岩原の上で、頂上の小屋にはためく旗のもとに集まり、日の出を待つ。彼らはみな、力強く立派な男達で、その顔は激しい辛苦を物語っている。

しかし、富士山頂の眺めよりさらに魅惑的なのは、本州の北西海岸に臨む一火山、すなわち鳥海山からの眺めであった。巨大な円形の火口底からオベリスク形の溶岩塊が、ひどく破壊され、あるいは割れてそびえ立ち、その裾は広大なる雪田にとり囲まれていた。それは巨人の手で積み上げられた巨大な塊のようだった。日の出のときには、この火山の三角形の影が隣の海面にくっきり描かれ、日が昇るにつれて、この影は次第に鈍角になり、影も淡くなり、ついには消滅するのである。

僧侶の話によると、数世紀の昔、二匹の巨大な火の蛇が山腹から現れて這い上り、四海に入り、そこで蒸気と泡の中に消え去ったという。

日本列島は南北に長く延び、国土が山がちであり、大陸にも大洋にも面している結果、位置により、高さにより気候は著しく多様である。山岳地域は、冬は大変住みづらい。寒い時期、住民は温泉から供給される熱い湯に入り、浴室から離れないのが一般的な風習だった。

夏は雨が多い。大陸側は濃い霧に包まれ、湿気が高いので汗は乾かない。

明治一〇年（一八七七）のある晴れた夏の日、標高一二三三メートルの高地、平湯の湯宿の聚落に踏み入れた二人の異国人がいた。彼らは里人にならって湯治のためにやってきたのではなかった。この国の日常の言葉をわずかに解するほかに、何ら手がかりがないが、京都を発って大垣まではどうやら不安もなくたどり着くことができた。それから更に八〇哩高山の町に入って行くためには、どういう手だてをとっていいか見当もつかなかったが、未開の山村の伝道をこころざして遠い海の外の国からやってきた彼等は、いつ、いかなるときも拓けゆく道のあることを知っていた。

關《せき》、保井戸《ほいど》、それから高山では田中屋に旅の宿をとり、さらに丹生川をさかのぼって旗鉾《はたほこ》まできた。平湯峠を下って湯宿のとある一軒の庭先きに旅嚢をおろした。

この見なれぬ旅人は、この国のお上《かみ》の乞いに応じて遙々《はるばる》と西の国から渡りきた地質学者のB・ハッチントンと、もう一人は新島襄の創立した学校を扶けるために米国の伝道団から派遣されてきて京都の学窓で青年達のあいだにナザレの聖人の教えを伝えているW・ミラーであった。ハッチントンは、大阪のある豪商（鴻池）の依頼でこの鉱区の調査を目的に、ミラーを誘い平湯まで辿っきたのであった。

二人は湯宿のあるじ右衛門三郎のはからいで、山馴れた村人の同行を得て、位山（乗鞍岳）の山麓に試掘願が出されていた銅の鉱区があった。さらに信州側に降路をもとめて大野川にたどりきた。そこにはかつて二〇年も前に採鉱して、今は廃鉱となっていた眠《ねむりや》鉱山があった。タタラ鋳《ふ》きの跡は今や世間がすっかり忘れられていた。

この異邦の旅人にとっては、鉱石の露頭《ろとう》を見つけ出すことよりも、位山の山頂をきわめ、そこに天を摩する高き山のつらなりを展望して登攀を実現することの方が、幾倍、幾十倍ものよろこびであり希望であった。

彼等のもたらした山の報告は鉱脈とか採鉱とかいうことではなくて、幾多つらなる峯々の呼ぶ声であつた。

知っているか——あのずっと遠い向うに
山山は僕たちを待っている。
渓と峠と青やかな牧場とが
神の静寂にみちみちて僕たちを待っている。
もうずっと以前から

風は僕たちのため叢林をつらぬいて吹いている。
雪は降ってはつもり、夜の低聲《こごえ》で月は歌っている、
永劫の稚き歌を。
僕らはもう知っている、夜の雲と樹々とが、僕らの方へ膨
らむでくることを、
山麓と山頂とが僕らの夢のなかへ
波立ってはいってくることを
冬の山山、わが山山が鳴っている
夜は雪で白いのだ……

ミラーの乗鞍登山談がもたらされた同志社の若い学生の中には、三宅驥一がいた。浮田和民もミラーに隣ってこの話を聞きいった。あるいは「みみづのたわごと」の著者もいたはずなのだがと、私のおじは、年老いし閑日談の中で、その当時の思い出を語ったことがあった

山山のいざないは、このくにに渡りきていた若い異邦の人達のあいだに少しずつ伝っていった。

そのころ彼等は母国から送りくる新聞のなかにマッターホルンのツムット尾根が名もなき一青年登山家によって登られたしらせを読んだ。彼は、この青年はつづいてマッターホルンのフールゲン・リッジからの初登頂、コル・デュ・リオンの初登攀、エギュイユ・グラン・シャルモーズなどを制覇していった。誰あろう彼こそは遊戯派登山の闘将ともいうべきA・F・マンメリーであった。

（一九七九年）

神戸で発行された英文の週報はその報道記事を再録した。

ミラーはハッチントンとの乗鞍登頂の山旅の紀行を京都で編集発行されていた伝道時鑑に三回にわたり掲載して、この国に登るべき山々の手招きありしことをつづって、同好の友によびかけた。大阪造幣局お雇のガウランド（一八七二年来朝）はこの旅行記を読んで、彼もまたその学僕を帯同して飛騨の山川にまみえる日を迎えた。彼はその手記に、

「太陽は山々の岩と森と谷の上にさんさんと流れている。谷底の原始のまゝの温泉を出て、われわれはよき伴侶者にみちびかれて、今は雪のあとさえなきゆるき丘の傾面を、その背後にもった、ほほえましき山村へと石のうづたかき山道を登っていった。やがて白樺の樹立と階段状の山畠（焼畑とおしえられた）とのつづく風景のなかに、点点と建てられたわづかばかりの村の家々があらわれてきた。その傾斜ゆるき石屋根とながく突き出た庇とをもった村の家々の構造《つくり》は、かつてわれ訪いしスイスのアルプのシャレエを回想せしむるものがある。村の背後の畠つづきの空には、高く火を噴く山が、その峯がそびえ立っている」

と記している。おそらくは中尾村のあたりでうちながめた焼岳の展望であったろう。

ミラー、ハッチントン、ガウランド等の信飛国境の山山の訪問はやがて「中部および北方日本案内記」の資料ともなってそのなかに輯録されてエトランゼ達にこの国の田園地方と山山とを紹介するに役立った。そこには田園の人々の生活のなかに根を張っている伝統や民俗や地理が、新鮮な瞳がつか

んだ山々の壮麗さと共に記されていた。

チェンバレンが信州大町から針ノ木峠を越えて越中立山に出たのはミラー、ハッチントンの乗鞍登頂と相前後しておこなわれた。この若き学篤き異邦の人は渡来後日なお浅くして、この国の古典に目をとおすほどに言葉にもなれていたので、針ノ木峠越えの観察見聞にはのちまで資料として貴ばるべき記録があった。英文「日本上代の詩歌」は万葉集、古今集、謡曲が流麗に翻訳されている。

彼ら、チェンバレン、ガウランド、ハッチントンは、その山に対する鋭い臭覚によって奥岳への登路をかぎ出した。徳本峠《とくごう》を越える日、その足下に見出した梓川の上流明神池の持つ霊香。上高地の溪にくる薫香は彼等の五体に沁みわたり、新しき驚畏の声の底にはまた幾らかの郷愁にも似た感情が交っていた。嘉門次は乞われるままに彼の小屋の爐辺を異邦のひとびとに親愛をこめて提供した。

もしわれわれの聞書きに誤りがないとするなら、すぐる日その流るゝ歳月のあいだにあって風と雪とにもまれながら奥岳の岩稜に、剣ヶ峯の峯頭におのが足跡をはっきりと刻印してきた嘉門次の呼吸が、山に訪ねいる人達にとってかけがえなきものとして珍重され、先達的位置がはっきりしてきたのはこの頃からであった。

彼は上高地に沈潜してすでに一七、八年、うごきなきその溪谷の一つの風物と化しつつあった。

「わっしは信心の仕ようを知らんねえ……」といった嘉門次には、彼は彼なりにまったく独自な心象があったのだ。

明治一一年（一八七八）、サトウは、親友の海軍退役士官ホーズと共に、いよいよ信・飛・越の山旅に出発した。前年、西南戦争が終結して明治新政府の政治基盤は強化されつつあった。このときの行程は、大宮―碓氷峠―上田―大町―針木峠―佐良峠―室堂―船津―高山―野麦峠―木曽福島―御嶽―松本―碓氷峠―熊谷を通って帰着するまで二八日間を要した。

室堂では雨に閉じこめられ、巡礼登拝者と過ごしたが、結局、立山の登山は諦めねばならなかった。

ガウランドは四年ぶりで上高地を訪れた。一緒に登山を約していたサトウは、この夏は長駆北海道の山を探ねに出かけていたので、大阪からひとりで徳本峠を越え、明神池畔に小屋を見つけた。あの素朴な歌ごえの杣衆は引払い、新しく放牧場が出来ていた。嘉門次は牧場の番小屋からついこの頃、池畔に移り住んでいたが、剣が峰（槍）への案内を引受けた。ガウランドは奥嶽（穂高）への山稜づたいを申し出たが、嘉門次は安全な天上（大天井）から常念への山歩きがよいとすすめた。このコースなら山の獲物を追って幾度も歩いた勝手知ったる道だからだ。

槍の穂発を無事に踏むことが出来た嘉門次の案内ぶりに、ガウランドは感嘆した。確実な日程のとり方はもとより、「彼は星を読み、風のコトバを聞き、適確な踏跡を描いていった」とその山歩きを伝えているが、その非常さは風や樹木と共にあるような錯覚を起こさせたのではなかったか。嘉門次は上高地に住みついて以来、人間的な感情の彼岸に自分を置き、非常をもって習性とし、暮らさなければならなかったのだろう（ガウランドは、明治一一年七月二八日飛騨山脈の槍ヶ岳へ、外国人として第一登山を成就し、明治一三年の夏には、立山、爺ヶ岳、五六岳（野口五郎岳）、明治二一年には乗鞍岳、木曽御嶽を登った）。

ナウマンは明治一二年、休暇を得て一時ドイツへ帰るとき、ライマンから鑑定を頼まれた北海道のアンモナイト標本と、東京で集めたゾウ化石の標本（石膏模型）を持ち帰り、ミュンヘン大学でこれを研究した。東京では有史以前から上代にかけての遺物・遺跡が数多く発掘され、多摩川上流の御岳《おんたけ》山上からも石器時代の石斧や鐓《いしづき》などが出土し、人間が住んでいたことが考究されている。ゾウの化石は日本が大陸とつながっていた有史以前を物語るものだ。

博士論文で脊椎動物、とくに哺乳動物化石を扱ったナウマンにとっては、ゾウ化石の研究には自信があった。当時二五～六歳の旺盛なエネルギーがここから感じとれよう。

西洋文明諸国では、早くから自然科学が国家財政に大きく役立てられていた。ナウマンは東京大学在職中、日本の経済発展のために地質調査所の設立を上申していたが、これが採択された。明治一一年（一八七八）に内務省地理課が設立され、四年後には地質調査所が発足した。ナウマンは、地質調査所の主な業務として基本的な地質図二万五千分の一か五万分の一の縮尺が欲しかったが、日本の困難な諸条件を考慮し、当面は二〇万分の一として年に八葉の図幅を作り、一二年で完成する計画であった。しかし、そうはいいながら何の手本もなく、ただ日本人達技術者と製図員達の精励と熱意によって、仕事が進捗した。本調査のために毎年、地形部門と地質部門の助手のスタッフを組分けし、一度から一・五度の地域を分担したのである。

明治一〇年に東京大学ができ、理学部が置かれて以来、日本の地学は大学を中心に育つことになった。はじめのうちはお雇い外国人がすべての教師をつとめたが、だんだんとこの大学の出身者が教師にとって変わるようになった。明治一五年(一八八二)前後の日本で地学、とくに地質学が意外なほど重んじられたのは、鉱山事業、つまり国益と密接に結ばれると考えられたからである。

明治一三年(一八八〇)、地震学者ミルンは、アジア協会で「日本における氷河時代の遺跡」と題して講演し、焼岳・立山・爺岳・五六岳・槍ヶ岳・乗鞍岳における初雪がいつきたか、残雪の状態がどうなのかに注意を向け、月山の山頂に氷河地形が見られる、と新しい解釈を提示した(山崎直方は、後にこの講演は、日本高山氷河地形問題の皮切りである、といって高く評価している)。

日本を訪れる外国人の中には、もしかしたら氷河が存在しているのではないか、と希望的観測をもった人が多かった。

フォッサマグナに固執しているナウマンをかかえた内務省地理局は、その中心的な赤石山系を重点的に調査するため、明治一四年、梨羽・寺沢達測量方を同方面に派遣し、さっそく測量杭が建てられた。

さすがにこの頃になると、サトウやミルンの足跡がようやく学界の注目を惹き出した。ナウマンの本格的な日本山岳基礎調査要綱が示されると、今までは単なる物見遊山ぐらいに思って白眼視してきた連中も、改めて登山のことを見直してかからねばならないことに気がついた。

サトウも赤石山系につながる白峰三山の踏破を志し、奈良田から農鳥、間ノ岳に登頂した。しかし、北岳は間ノ岳よりも低いと誤認して割愛してしまい、そのまますぐに野呂川へ下ったのは、記録的に見て残念なことをした。

この年代に入ると、海外から来日する人達が急に増えてきた。鉄道も延びて各地への旅行がだんだん盛んになり、これら外国人向きの旅行案内がぜひ必要だから、何とかならないか、との相談がイギリス公使館二等書記官（日本語書記官）サトウの許にも何度も寄せられた。

サトウの筆まめは、仲間うちでは定評になっていた。公刊または私版にとどめたもの、或いは雑誌に発表したものは少なくなかった。そして彼は『日光案内記』の校正中だったが、退役海軍士官のA・G・ハウスと共編で「日本案内記」の刊行を計画した。チェンバレンやアストンも協力の手を差しのべた。

ガウランドは、大和・吉野・信飛山地の主な山々の地質について資料を提供した。ミルンは白山・立山・越後方面の資料を、アトキンソンは岩手・岩木・磐梯など東北山地を担当し、それらの解説記事を英文にして、明治一四年（一八八一）、横浜のケリー社から刊行した。

英文『日本案内記』は、その後、版を重ねてケリー・ウォルシュ社およびロンドンのジョン・マレイの共同出版となるに及んで、文中、立山・槍ヶ岳・針ノ木峠、信州駒ヶ岳・白山などの記述はガウランド、サトウ、チェンバレン等の登山経験および資料の収拾が大きな力になった。

こんどは地質学者ナウマンも協力した。そのために鳳凰山塊・甲斐駒ヶ岳・蓼科山・金峯山・吾妻山・伝付峠・十文字峠・雁坂峠・清水峠・大菩薩峠などへの道が克明に記述され、増補と訂正に余念がなかった。中部および北方の日本の風物は生彩に富んだ筆で描かれ、すばらしい風物誌的案内書に仕上った。

増補改訂に最も努力したのは、王堂チェンバレンだった。第三版から編著名義人となり、大正七年

（一九一八）までに九版を重ねた。七版以後はロンドンのクラウン社で発行し、九版は五五五頁、挿図三〇葉に及んだ。チェンバレンは数々の日本文学に関した論文を発表しながら国内旅行をつづけ、丹念に『日本案内記』に朱筆を加えていった。

サトウを筆頭に、こうした積極的行動派の外国人を迎えることが出来たのは、日本の近代登山発展のために、まことにかけがえのない幸運であったというべきである。

地方地誌教科書は、明治一〇年代に入ると各府県別のものが続々出版されて、改正・新版合わせると百数十種にも達している。明治一四年（一八八一）の「小学校教則綱領」によると、まず「学校近傍ノ地形」つまり児童達が日常親しく目撃できる所の、山谷河海等から出発すべし、と指示している。地方地誌教科書を調べてみると、個人的編集の類が少なくないが、それよりも府県師範学校あるいは府県学務課編集のものがよく目立つ。当時の小学校では郷土の地誌教科書を使用するのが、ごく一般的な傾向だった。それらは師範学校編『日本地誌略』（四巻・明治七年文部省出版）を模範にして『〇〇県地誌略』などと名を付し、北は北海道から南は九州に至るまで作られた。

これらの中で、山が断然多い『信濃地誌略』（明治一三年）の内容が気になる。この本には用意周到に『字引』まで用意して、児童には難解な漢字用語や、山名の読み方まで教えている。たとえば、山脈連互（ヤマノツナガリワタル）、峻嶺（タカキミネ）、囲繞（メグル）、磊砢《らいか》（コイシ）、面起《めんき》（ムカイタツ）、登攀（ヨジノボル）、崛起（タカクタツ）、山尖《さんせん》（ヤマノトガリ）、碁布《きふ》（ナラブコト）

などの用語が生まれた。

明治初期、日本各地で山に関した文化の種も自然科学の進展によって芽生えはじめたが、いわゆる近代式文化登山が、維新前に取り残されていた「日本アルプス」で生育し、成長するまでには、まだまだ年月が必要だった。この地域は実に面白い変化に富んだ山登りを提供する舞台であり、その点、国内では他の追従を許さない。宗教的登山の残骸を嫌った明治中期以降の登山者の先陣が、競って活躍したのはこの中央高地だが、その彼らに一歩先んじ、先駆的外国人に負けじと頑張った少数の日本人達がいたのだ。

明治一五年(一八八二)、東京大学地質学科第四回卒業生の横山又次郎は、地質調査所技手として奉職してすぐ、ナウマン教授からフォッサマグナの西側、赤石楔状地とよばれる富士川、天龍川間山地の踏査を命ぜられた。同僚の山下伝吉・中島謙造との三人で東京を発つとき、ナウマンから「この奥深い山中に踏み込んで、縦横無尽、東西南北を網の目のように歩いてこい」と指示されたが、この当時、参謀本部の地形図などがあるわけでなし、若さに任せ、雲の中を手さぐりで歩くようにして、ようやく赤石山系中枢部の横断を果たした。横山は四三日間に五五九キロ、一日平均一三キロを歩き、山下・中島も五〇日と五二日、中島は六四〇キロを歩いた。別組の坂市太郎は信飛国境山岳地帯を担当し、こちらも六〇日間に八八四キロを踏破した。

明治一六年の年は、ナウマン自身も一日に三二キロから四〇キロをスケッチしながら歩いたことも稀でなく、とくに山越えの際は宿泊できる地点が少ないので長距離になった。

明治一七年までのナウマンの調査全長は、調査所開設以前の巡察を加えると一万キロにも達し、その足跡は北海道と小島を除き、全国に及んだ。とくに力をいれた南九州地質調査は、中島謙造が『南九州地質予察概報』として農商務省地質調査所から世に出したが、とくに山岳地帯の記述は詳細を極め、学術上に貴重な模範を示した。

三角測量と三角綱の距離と、地質調査の平板測量によって得られる図上での対応のため、伊能忠敬が作成した地図が比較された。ナウマンはその結果に十分満足した。誤差は、ほとんど無いに等しかったからである。

すなわち、本世紀の初めに伊能忠敬という日本の天文方の役人が、幕府の命によって全国の測量を行った。その過程で、海岸ならびにいくつかの主要道路がきわめて正確に図化された。この業績は歴史的ならびに科学的にも最高に興味あるもので、特別に一つの論文で扱うに値するであろう。

ナウマンは一八八七年一月、ロンドンの王立地理学協会で「日本の自然地理および日本人」と題した講演の席上で、この業績を激賞し、伊能忠敬を世界に紹介した。そして、伊能がその地図の中に、線と数字をもって多数の山頂の方角を記入した方法で偏角系が確定できたのを認めている。予察調査は短期間のうちに、数人の地形専門家と地質専門家の応援を得て、その成果はたくさんの地図に記録された。

ナウマンの大論文『日本群島の構造と起源について』が発表されたのは、明治一八年（一八八五）であった。日本滞在一〇年の成果は、この中に総括されている。しかし、出版したのがベルリンの書店だったことと、ほんの一部が抄訳されただけなので、この当時日本人で全文を読みとおした人は、ほとんどいなかった。

この頃には、世界の地質学界では生物の化石を用いて地質年代を古生代・中生代・新生代、さらに細分して地質時代を分類し、これで山脈の地層の古さを研究できるようになっていた。この研究では山脈をつくる地層が著しく褶曲していることが注目され、地球の熱収縮説とよばれた。

オーストリアの学士院院長で下院議員をつとめた地質学の大物、ジュースは、『地球の顔』第一巻（一八三三）において、ヒマラヤ山脈の両端の急な曲がりに注目し、対曲という考えをうち出した。

対曲とは、大きな山地が相並んで出現し、それらが前進するとき、相互に相手を阻上して、凹角が発生することを意味し、褶曲《しゅうきょく》とは、地殻の中における水平運動によって生み出されたのを称した。

ナウマンの学説は、「山脈が水平に移動する」というきわめて大胆な、自由奔放な発想であった。ジュースは一九〇九年までに大書『地球の顔』三巻四冊を出版したが、日本の地質についてはナウマンの論文を基本にしながら、フォッサマグナの成因については異なる解釈をした。その対曲説によると、北日本と南日本は本来別個の山脈である。その二つが並んで太平洋方面へ水平移動し、その際、互いに干渉して、北日本との南端と南日本の北端、つまりフォッサマグナの部分が後方へ鋭くヘアピンカーブ形に曲がった、その部分がフォッサマグナであると説いた。ナウマン説は、北日本と南日本は連続した単一のもので、その山脈が太平洋方面へ水平移動し、その部分が後方へ押し曲げられ、亀裂が生じてフォッサマグナとなった、とした。ナウマンが世界のジュースに奮然と反論を展開したのは、ミュンヘン時代の三九歳、ジュースは六二歳だった。

フォッサマグナの学説をめぐる「ナウマン・原田論争」については、一部の識者以外にはその内容がほとんど知られなかった。明治期の日本構造論を評論した矢部長克も、「このことは省略する」と避けている。原田豊吉はジュースの対曲線論に追従し、南湾・北湾をなす支那山系と樺太山系とが対曲するとして反論したが、自信に満ちたナウマンは自説を守り通し、原田を厳しく詰問した。

ナウマンはたしかに秀才であり、天才であった。地質学以外の各分野にも理解を示し、論文の中には、八ヶ岳をはじめ、越中立山・草津白根山・会津磐梯山などに登った紀行文も含まれている。当時の登山風習や田舎の風物も描いた記録としても貴重なものがある。

しかし、ナウマンはその厳しさのゆえか、日本での評判はあまりよくない。一方の原田は、一五歳でドイツに渡り、ミュンヘン大学その他で地理学をおさめてドクトルの学位を取り、明治一六年(一八八三)に帰朝した新鋭だ。直ちに地質調査所に入り大学教授を兼ねていた。原田は刊行されたばかりの『地学雑誌』に四回に分けて連載した。原田は『日本群島地質構造論』によって、飛騨山脈や木曽山脈・赤石山系などの命名者となり、地理学の逸材として将来を属目されながら、三五歳の若さで間もなく死去したため、両者の論争がそのままになったのはまことに残念でならない。

明治一五年頃、当時農商務省二等技手だった坂市太郎は、ナウマンの助手として北アルプスの地質調査に従事し、その成果を『地質要報』第三号(明治二〇年地質局)に「飛騨四近地質報文」と題して発表した。地質調査所の野稿図によると、信州安曇郡島島から越中有峰に至る略図が書いてある。梓川の谷から槍ヶ岳に達し、西鎌尾根を経て、三俣蓮華岳から黒部川の源流を下り、薬師沢をさかのぼって薬師岳（太郎兵衛平）から有峰に出たものとみられている。常念・大天井・鷲羽岳などという山名を学術書に記述し、略測によって立山三五八〇メートル、槍ヶ岳三五三一メートル、穂高岳三四九八メートルなどの高い数字を出しているところが面白い。おそらく嘉門次達地元案内人を先導にしての現地調査とおもうが、明治一二年のガウランドに次ぐ記録であろう。

坂市太郎の報告文の中から「御岳系統」の記述を読むと、内容は今の北アルプスのことなのである。

此系統ニ属スル地方ハ東北及ビ南ノ境界ハ巳ニ余ガ分担区域ノ境界ト等シク西ハ飛騨川ト其上流ナル益田川ヲ泝リ宮峠ヲ越ヘ高山町ヲ経テ宮川及ビ其下流ナル神通川ヲ以テ境トス。此地ヲ通貫セル一大山脈アリ御岳山脈ト称ス。北ハ糸魚川ノ西ニ起リ南方野麦峠ニ到ルノ間稍南北ニ走り、只鷲岳ノアル所及ビ硫黄山ト乗鞍山トノ間ニ於テ分水線ノ稍西方ニ転位セルノミニテ殆ンド一直線ヲナセリ。而シテ野麦峠以南ニ在テハ方位ヲ転ジテ西南ニ走リ飛騨川ト木曽川トノ会スル所ニ至リテ止ム。此山脈ノ北部穂高岳以北ニ在テハ平均三千米突内外ノ高サヲ有スル本邦最モ高キ連峯ナリ

また御岳山系に属する山脈は、御岳山脈の外に数多くありと述べているので、この当時の飛騨山脈は、御岳山脈と称していたことが分かる。だが人をよせつけない峻嶮な飛騨山脈にも山の民が生活をかけて挑んだ峠があった。それは蓮華岳と針ノ木岳の鞍部にある針ノ木峠（二五四一メートル）であり、

赤石山脈を越える三伏峠に次ぐわが国第二の高さをもつ峠である。

明治二二年（一八八九）、東大地質学科を出た同じく地質調査所の大塚専一が後立山縦走を行った。『地学雑誌』一九・二〇巻に載った「信飛越山間旅行談」の一節を紹介する。

「山脈跋渉の手初めは九月九日なりき。信州北安曇郡平村野口より籠川谷を登り、針木峠を越え、越中立山に至り、同山より後立山に至り、黒部川を渡り、黒岳に攀ぢ登りて、再び野口に帰る。露宿十日……

九月十日の強風雨に出会し、岳の積雪のために溶解頽落し、山の傾斜急なれば、岩塊樹木を押し流し、其勢烈しくして、僅か一夜の中に谷間は岩塊をもって填塞したり。余は岩窟に逃げ入り、辛くも其難を避けたり。……針木峠二五〇〇メートル、祖父ヶ岳・鎗ケ嶽共に三二〇〇メートルに達する峻峠にして、絶頂の谿間には積雪溶けずして氷河となす。……

次は、平村野口より、東北なる鹿島谷合を上り、信越国境の骨髄ともいうべき秀峰、鎗ヶ岳（鹿島）・乗鞍岳・不帰岳・祖母岳・蓮華岳等を乗越え、越後西頸城郡大所村に出でたり。此露宿日数一四日。此山岳は、名にし負う高山峻谷なるより、谿間は断崖多く、又累年の積雪結んでなお解けず、進路極めて困難なれば、山岳に攀ぢ上り、峰又峰に至り行くを最も良とす。しかれども絶頂四近には、偃松繁茂すれば、歩行難澁なり。

鹿島谷より四日間を費し、花崗岩の地を経て、針木峠より連なる火山脈の鎗ヶ嶽に達せり。時に九月二四日頃なりしが、烈風降雪の難に逢いたり。実に高山降雪の早きに驚きたり。鎗ヶ岳四近は、殊に深山なれば、猪・熊多く居を占め、不帰岳近傍にありては、しばしば猪の奔るを見たり」

大塚専一は針木峠以北の後立山連峰を、引続いて三回も探査し、針木峠から雪倉岳に至り、いったん大町に帰ってから黒部峡谷に入り、鐘釣温泉から三名引山を越えて島尻に出で、約一か月の日数をこれに費している。

東京地学協会は理学士大塚専一の登山を「会員消息」に取り上げて、機関誌の片隅に小さく、「月余も蒼天を仰ぎ露宿したるとの報に接せり。本邦地質学者の苦辛否な熱心も豊に又偉大ならずや」と何気なく報じているが、気につきにくいのが残念だ。

現代日本における科学の大きな特色の一つは、基礎科学と応用科学との間に大きなギャップがあることだと指摘されるが、明治初期は応用科学の面からヨーロッパの科学が輸入されたので、そのようなギャップは見られなかった。この基礎学と応用学と社会事業との間の密接な連絡を企てた点で、東京地学協会の設立とその活動は、意義が深かった。

東京地学協会は明治一二年（一八七九）に設立された。西南の役が終って、ようやく国が安定し、文明開化・殖産興業の大方針に従って、明治文化の建設が軌道にのり始めたときだった。イギリスの王立地理学協会にならって設立され、当時絶対の権威があった皇族、北白川宮能久親王を社長に迎え、榎本武揚と旧佐賀藩主鍋島直大が副社長に選ばれた。協会の目的は、地学の進歩をはかり、探検旅行の応援をし、諸外国の地学協会と連絡をとることなどであった。会員の顔ぶれには、学者・政治家・

経済人・軍人・華族など、いわゆる上流社会の名士を多く加え、豪華なものだっただけに、単なる学会ではなかった。新興日本の指導者階級に新鮮な海外地理の事情を知らせることも有意義な仕事であり、協会は学科区分によって具体的な活動をした。

「本科」は地球・天体を扱い、「形質科」は地質・山原沙漠・鉱山鉱石・動植物・海湖川泉・気象・火山地震その他の現象。「特科」は地球の古今歴史・人種国語・州郡府邑の名称創起変革・天文および地理上の経緯度。「政略科」は人口人民の種別と統計・地面の人工区分耕作産物・政体風俗・宗教教育・美術をそれぞれ研究し、測地・気象・探検などの記事も比較的多い。郡司成忠の『千島国占守島探検誌』、福島安正の『亜細亜大陸単騎旅行記』、野中至の『富士山気象観測報文』など、当時の社会をにぎわした事件についての学術報告もこの中にあり、興味が深い。

当時の日本人は、地球のことや、海外の山岳事情について、どの程度知らされていたのだろうか。学校教育の一端を文部省編集の教科書（中学校・師範学校用・明治二〇年）に覗いてみるのも悪くない。

「今地球ノ表面ヲ視ルニ、其形勢千変万化、之ヲ一方ノ地勢ニ考へ、又之ヲ他方ニ求メ、竟ニ想像ヲ全地球ニ及ボストキハ、彼ノ東西ノ大陸ヤ、蒼々タル大洋ヤ、山ノ高キ、谷ノ深キ、広原ノ渺茫タルハ、即チ地理ノ天勢ニシテ、所謂山海ノ風致、皆此中ニ在ルヲ知ルベシ」

これが序説である。第一編は「地球ノ一遊星タルヲ論ズ」として、地球ノ形状、地球ノ運動、地球及ビ太陽、地球表面ノ測量及ビ製図などの各章にわたる。第四編が「陸地論」で、ここから山の説明が始まる。

「エヴェレスト山ハ、雪山ノ最高点ニシテ、海面ヲ出ヅルコト凡ソ二里半ナレバ、我ガ富士峰ノ凡ニシテ、之ヲ他ノ諸山ニ比スルモ、亦只壮観ト云フノ外ナシ」

第二十章「山嶽・原野・及ビ渓谷」には、山脈を詳かにするには、有名の諸山脈を視察するに若くはなし、として、

「アルプス山ハ、古来学者ノ深ク探究セシ所ナレバ、今此山脈ノ形状ヲ記述シテ、以テ山脈ノ何物タルカヲ示サントス……

谷之ニ由リテ別ル、是レ蓋シ旅客通路ニシテ、一歩ハ一歩ヨリ急ニシテ且ツ深ク、之ヲ攀登シテ始メテ山頂ニ達スルナリ

高山ノ秀峰ハ、雲ノ絶ユルコト極メテ稀ニシテ、終日青天ヲ見ルハ、殆ド之ナキノミナラズ、或ハ白雲山嶺ヲ擁シテ、数旬之ヲ隠波スルコトアリ、但極高ノ山峰ハ、往々雲外ニ聳ユルヲ以テ、斯ノ如キ所ニ到レバ、足下ニ迅雷疾風アリテ、雨ヲ降シ、霰ヲ散ズレドモ、頭上ハ依然トシテ明浄ナル青天タリ」

第二十三章は「大地ノ動揺」である。

大地の動揺は三種に分かれ、地震・地盤の隆起・地盤の降下にあるとして、地震の原因は、未だ十分に探究されていないと論じ、

「例へバ火山地方ノ地中竄、忽チ破砕スルカ、或ハ岩石ノ急ニ圧力等ニ由リテ屈折スルカ、或ハ忽然地中ニ気体ノ発動セントスル如キハ、皆地震ノ原因ト成ルベシ」

としながら、地震の災害を各地の例に挙げて細かく説明している。以上で分かるようにこの教科書が単なる地理書ではないことに大きな特徴を読取れる。

地理書ナルモノハ、只山川ノ形勢、海陸ノ区分、邦国ノ境界等ヲ記スルニ止レドモ、我ガ地文学ハ則チ然ラズ……地文学ハ、雲騰致雨ノ理ヨリ、動植物ノ生死栄枯等ニ至ルマデ、凡ソ吾ガ地球上ニ出没スル万象ヲ説明スベキ学ナリトス

地文学（チブンとも）は、現在では地球と他の天体との関係、地球を包む気圏・水圏および地球上に起る諸現象などについて研究する学問と考えられている。なお明治二三年（一八九〇）発売の『地学雑誌』は千数百部の売行があって、当時の科学雑誌中に台頭した。

ところで日本の国土は、世界でも有数の地震帯の上にのっかっている。だから昔から絶え間なく地震が起こって悲惨な災害をもたらした記録が多い。

明治の初期、日本に来た外国人達は、この地震には肝を冷やした。明治一三年、東京湾の中で起こった強震は、横浜に居住し、工部大学で地質学・鉱物学などを講義していたミルンを動揺させ、地震学会を創設して科学的研究を行うべきことを提議した。ユーイング、メンデンホール、ナウマン達や菊池大麓・山川健次郎・巨智忠承・関谷清景達が参加し、会員百名、そのころの学会の中では盛大である。この当時の諸外国に地震学会などは、まだなかったのだ。

地震観測綱は、明治一七年（一八八四）ごろにはほぼ完成し、翌年からは東京気象台から地震観測の年報が出るようになった。

明治二四年（一八九一）一〇月一八日、美濃・尾張地方を襲った地震は、死者七二七二人、全壊または焼失家屋約一四万戸にも上り、全国民に衝撃を与えた。これが動機となって明治二五年、震災予防調査会が生れた。

この会の活動はめざましかった。イギリスの科学雑誌『ネイチャー』は、「いままで欧米が挙げて地震学に貢献しただけのものを、日本は最近十年間に成し遂げた」と高く評価した。

日本地震学会は、震災予防調査会が生れた翌年に解散した。学会創立頃の外国人科学者のほとんどが帰国し、主な日本人科学者が参加した。そのメンバーには、菊池大麓・大森房吉・小藤文次郎・巨智忠承・田中館愛橘・原口要らが名を連ねた。

東京地質学会の創立は明治二六年秋で、当時大学院学生の大森房吉が吾妻山噴火を第一回開会で報告した。学会は創立と同時に『地質学雑誌』を発刊した。

政府は鉄道幹線国有の方針を立て、全国に鉄道網を張る計画であったが、財政が窮乏して進捗せず、私設鉄道も企画で足踏みし、明治一三年（一八八〇）になっても僅かに九八哩が敷設されたに過ぎなかった。翌年になって政府の保護のもとに、上野・青森間の日本鉄道会社の私設が許可され、ようやく私設鉄道の勃興時代となった。

同一二年東京・京都間を結ぶ路線を中山道に選んだのは、姫君が江戸時代に中山道を行列したのと、一脈の通ずる点がある。江戸時代の主要街道には次々と鉄道の幹線が敷設されたが、交通の重要性は地理的にみても昔も今も変わりないことになった。ただその路線の一部には一致しない所もあった。それらは鉄道から離れたために俄かに衰微した。これらの旧宿場は何故に鉄道に連結されなかったのだろうか。一つには鉄道を利用して歩行の旅人が減少すると考え、二つには鉄道を敷くと汽車が地を揺り動かして稲の花を散らすまたは煙毒にあう、火花が飛んで火事になるという点で心配して鉄道の敷設に反対したので、遂にさびれたのである。まったく滑稽な作り話のようなことから、鉄道が敷かれなかったので、いまさら後悔しているところが少なくない。

また峠における宿場には、鉄道を敷設することができないので、これに代って国鉄バスを運転して、交通の便を図っている。鈴鹿峠における水口・土山から関に至る路線や、和田峠の下諏訪・和田間などはその適例であるが、これらは、旧道がバスの路線として復活し、旧宿場も再生したのであるから、交通の輪廻ということも考えられよう。

だが稀には鉄道が旧道に代ったので、全く廃道になった処もある。羽州街道における庭坂・板谷間の過半、板谷・大沢間などはその好例で、僅かにその一部分だけがさびれた山路に過ぎなくなった。

だから同一村内での往来も主にトンネル内を走る唯一の交通路の鉄道によらざるをえなくなった。これは山また山が重なる深山地方の特質であった。

東北・信越本線の起点になった上野駅からは、日本鉄道株式会社の社線として明治一六年（一八八三）七月に上野と熊谷間が、一七年五月には高崎まで開通した。

「上野が国有の鉄道にならず、まだ赤煉瓦の停車場の頃は、汽車の発車前には、ガラン〳〵と、鈴を振って、おまけに正面の大戸を閉めたものです。あんなことを、今時代《どき》の方が見たら、何と仰有るでしょうか、野蛮でしょうか。……ですから折角駈け附けて来ても、ガラン〳〵に間に合わないと、大戸が閉ってしまいますから、ぼっーという汽車の汽笛を聞いて、ソレコソ茫乎《ぼっ》としているお客を、よく見掛けました」

そんな話が残っている。

明治一五年になって市電の先駆けともいうべき鉄道馬車が新橋と日本橋の間を走った。線路の上を機関車に代って馬が客車を引っ張って走るのだ。乗客はよいが馬が途中で脱糞したり、線路に小便を流しながら、生きた機関車は電車に代るまで走りつづけた。

数ある馬車鉄道の中で異色なのは碓氷馬車鉄道だ。

日本鉄道会社によって上野―高崎間の鉄道が完成した後、明治一八年（一八八五）一〇月一五日にはさらに高崎―横川間の鉄道が中山道鉄道によって完成した。

一方、北は直江津を起点に、長野、上田と経由して明治二一年一二月一日には軽井沢までの信越線が完成したが、難所の碓氷峠の東側は、四〇分の一の急勾配。ここの鉄道の建設は、当時の技術では不可能であった。

　そこで、横川―軽井沢間に鉄道が出来るまで、馬車鉄道を引こうという計画を立てたのだった。

　碓氷馬車鉄道は前橋市曲輪町の高瀬四郎ほか一名が発起人となって明治二〇年七月に設立された（資本金八万五〇〇〇円）。

　馬車鉄道といっても、普通の馬車鉄道の線路では役に立たないのでフランスのド・コービル社から輸入することになった。

　このレールはフランスの石山で石材を切り出すためにコービルが考え出したもので、普通のレールと違い高さ四センチのギアがついている（ギアという言葉が当時はなかったので、「鉄梯子ノ四〇バーミル」梯子鉄軌という言葉を使っている）

　輸入したのはレールばかりでない。客車もこれに合うようなものをフランスから輸入した。鉄材の客車には中間に仕切りがあり、左右五人ずつが背中合わせに腰掛けられるようになっている。この客車を馭者一人が馬二頭で引く。急勾配が連続するため、馬は途中で何度も継替えた。途中の停車場は六か所。路線の延長は四里二九町に達した。

　やがて建設されるアプト式鉄道に比べると、ゆるやかなように見えるがその路線の屈曲はひどく、最小屈曲半径は二四尺との記録がある。工事の進展は三月一〇日、横川・坂本間の新軌道開鑿に着手し、四月二六日、横川ステーションからレールの敷設、八月三〇日落成。九月五日から開業となって、工事期間は六か月で完成している。

　料金は横川―軽井沢間四〇銭（それまでの馬車賃は六五銭）。所要時間は二時間半、一日に午前二本午後二本の四本であった。さて馬車鉄道の乗り心地は、どんな具合だったたであろうか。日本アルプスをヨーロッパに紹介したことで有名なイギリス人牧師ウォルター・ウェストンは「日本アルプス登山と探検」という本の中で次のように述べている。

「車は小さく軽く、乗り心地はきわめて悪かった。そして線路はいくぶん狭い峠路の上に敷かれ、あまり堅固でなかったから、乗っている間はかなりハラハラさせられた。車があまり、たびたび脱線するので、人夫を兼ねた車掌は、車輪を　線路にもどすために金梃子《てこ》を用意していた。馬は毛むくじゃらで色つやが悪く、馭者は何もかもあたりまえといった顔つきで、脱線するたびに、それをいい機会にして煙草を吸いつけるのだった」

碓氷馬車鉄道は、はじめから鉄道が出来るまでの五か年間という約束で開業したのだが、その最後はかなりひどいものであった。というのは明治二六年（一八九三）四月一日にアプト式鉄道が開業すると、この工事のため重用された馬車鉄道は、なんの補償もなしに廃業に追いこまれたからである。すでに、このことは当初から予想されたので、二三年五月ごろから再三、関係者は政府に買収してもらうよう歎願書を出したが、時の井上鉄道長官は「彼らはあらかじめ今日のようなことがあることは、十分覚悟のうえ着手したものであって、政府に対してなんら損失の苦情を申出る理由はなく、したがって政府もこれを買上げるような義務はない」とにべもなくはねつけている。

新しく開通した中山道鉄道には、当時ドイツへ留学中であった鉄道局四等技師仙石貢《せんごくみつぎ》の報告により、ドイツのハルツ山鉄道（一八八四）で使用したアプト式を採用した。蒸気機関車もアプト商会を介してエスリニゲン社に発注、明治二五年一二月三〇日、最初の一両が横浜に到着した。（『明治の郵便・鉄道

馬車』篠原宏著参照）

四　ウェストンの来日

ウォルター・ウェストンが聖アンドリュース教会の宣教師として日本に派遣されたのは、明治二一年（一八八八）のことで、神戸のイギリス教会に赴任した。最初の関心は富士山であり、続いて阿蘇山・霧島山・桜島など九州の山々を登った。そして明治二四年、東京を発して汽車の通じぬ軽井沢へ鉄道馬車を利用、浅間山に登った後、保福寺峠を越えて美しい中部山岳地帯へと分け入ったのである。

ウェストンは、徳本峠から梓川ぞいに槍ヶ岳を志したが悪天候のため引き返し、木曽路に入って御嶽に上り、上松から木曽駒に登って将棊頭山を伊那町へ下山した。これが最初に登頂した日本アルプスの高峰だった。彼は木曽駒頂上からの展望を、ほとんどその比を見ないほど広濶だと感嘆。

真西に当たっては、加賀の白山の輪郭が、御岳の南の肩越しにかすかに見え、それより少し手前には、日本アルプスの峨々とした輪郭が、北に延びて日本海に達している。東方を見渡すと、美しい甲州の山々が峰から峰に続き、その南寄りの側面には、優美なピラミッド形の赤石山が雪縞の山稜の上に聳えている。けれども直径がほとんど一五〇マイルもあるこの大パノラマの中で、一番雄大な姿は、甲州白峰山の三つの頂のうち二つの間におぼろに見える、あの偉大な円錐形の富士山の大山頂である。彼はしばらく頂上に立ちどまり、小石でも投げれば届きそうに思われる天竜川の迂曲するその姿に見とれたのである。

ウェストンが二度目に槍ヶ岳登頂に成功したのは明治二五年（一八九二）で、英文『日本アルプス登山と探検』（MOUNTAINEERING AND EXPLORATION IN THE JAPANESE ALPS）はその四年後に出た。

槍ヶ岳の紀行文に、一番年長の猟師の言葉そのままを、

「右側の峡谷は長いことは長いですが、以前槍ガ岳に登った二つの団体はどれもこの道筋を採ったのですから、道は良く解かっていますす」

とひいているが「この二つ」とは、ガウランドや坂市太郎のことであろうか。

「余は今まで放心したりし大山脈の全景を初めて俄視したり。事不意に出でたるを以て余は殆んどその壮厳に駭仆されたりき。山鎧の中央、および南部の全体は、吾人の脚下に横臥せる松本平と、その外方飛騨の「荒蓼国」の間に大障壁の如くなりて、吾人の前、西の方へと昴まれり。高さ一万呎、および其以上を雪に縫われたる隆帯と、壮厳なる高塔は、沈みゆく日の猫眼石的の諸色を呈する空に、闇く且鋭き外廓を作して突起せり。日本のマテルホルンなる槍ガ岳や、その高雅なる三角形は、ペンナイン、アルプスの女王たるウェイシホルンと呼ぶに足るべき常念ガ岳や、遙か南方には成層二重尖頂の乗鞍岳や、各特性ある横断鋭角面を呈して……」

右はウェストンが初めて日本アルプスの大観に接して書いたこの時の要点を、小島烏水は借用した

原書からこんなように訳している。ウェストンは右の年には槍ヶ岳の登頂を果たせなかったが、翌年同行のイギリス人と槍ヶ岳の頂上を踏み、さらに赤石の絶頂もきわめることができた。

ウェストンの登山歴は、次のようにすばらしい。

明治二四年（一八九一）

東京―横川―碓氷峠―軽井沢―浅間山―軽井沢―上田―保福寺峠―松本―橋場―徳本峠―横尾谷―槍ヶ岳（不成功）―赤沢ノ小屋―橋場―松本―鳥居峠―藪原―福島―御岳―寝覚ノ床―上松―木曽駒ヶ岳―伊那部―時又―天竜川降り―浜松―神戸

明治二五年（一八九二）

御殿場―太郎坊―富士山―岐阜―高山―旗鉾―平湯峠―平湯―平湯鉱山―乗鞍岳―平湯鉱山―平湯―蒲田―笠ヶ岳（不成功）―大野川―稲核―橋場―徳本峠―赤沢ノ小屋―槍ヶ岳―橋場―松本―高遠―市野瀬峠―市場―大河原―小渋ノ湯―赤石岳―大河原―高遠―金沢峠―甲府―鰍沢―富士川降り―岩渕

明治二六年（一八九三）

横川―善光寺―ヤノシリ峠―新町―大町―大出―籠川―針ノ木峠―針ノ木川―黒部川―スクイ谷峠―ザラ越え―湯川―龍山下（立山）温泉―弥陀ヶ原―室堂―大地獄―上滝―富山―船津―今見―蒲田―笠ヶ岳（不成功）―平湯―安房峠―檜峠―橋場―松本―橋場―徳本峠―穂高岳―橋場―松本―上田

明治二七年（一八九四）

松本―稲核―平湯―神坂峠―蒲田―中尾―穴毛谷―笠ヶ岳（成功）―中尾―焼山峠―焼山―松本―豊科―岩原―原―常念岳―岩原―松本―福島―黒沢―御岳―王滝―福島―権兵衛峠―身延―富士川降り―岩渕―神戸

中部山岳地帯を次々に登ったウェストンは、明治二八年いったん帰国。翌明治二九年（一八九六）ロンドンのマレー書店から英文『日本アルプス登山と探検』という本を自費出版した。この第一章を読んでみると、

「私は、チェンバレン教授が数年前その景観を称讃した記事を読んで、この巧みにも名付けられた〔日本アルプス〕という大山系に初めて注意を向けた。私は幾度も幾度もこの山系を訪れたが、八分の七も山から成り立つ日本でも、他にその比を見ない雄大と風景美を次々に発見した」と書いている。これでも分かるように、『日本アルプス』という名前の本を出版して広く世に紹介したのはウェストンに違いはないが、ウェストンが日本アルプスを知ったのはチェンバレンの影響で、最初にこの名を印刷したのが前述のように、アーネスト・サトウということになる。実際の命名者がガウランドであったのが分かったのは、もっと後年のはなしになる。

〝汝最初に成功せざるとも再度試むべし〟ウェストンが執拗に三度目の笠ヶ岳を目指して高原川の奥に入った時、平湯では祭の用意で賑わっていた。夜半の出しなに戴いたのが星、夕べの帰りしなに戴くのも星。帰りの岩角や石ころにとうとう降参したウェストンが、ここで履いたのが日本のワラジだ。

笠ヶ岳の波乱に満ちた記事が梓書房刊行の訳本『日本アルプス登山と探検』に占めているのは実に三〇ページ。筆の運びの妙と著者自身の感興は、全編の圧巻といってよい。

第三章　少数開拓者たち

さて、このようにして日本アルプスを舞台とした英文の書物が、横浜やロンドンで発行されたというのに、当時の日本人はこれに気がつかなかったのであろうか？　こんな疑問が当然出なくてはいけないし、こんなにも外国人達が盛んに日本の高山を歩いているのに、日本人はいったい何をしていたのだろうか、と気にならないのでは、はなしが先につづかない。

日本語が不自由で、国内の地理に暗い外国人達が、重い荷物を自分達でみんな背負って歩けるはずがなく、助手や人夫を同伴している。一例を挙げれば明治一二年（一八七八）、アトキンソンと、ヂクソンは、日本人中沢を伴い、七月一六日に東京を出発し、八月一六日までの一か月間に、八ヶ岳・白山・針ノ木峠・立山を登った事実がある。一行は、靴のほかにも足袋と草鞋を用いたが、馴れない足袋には降参し、しまいには靴の底に草鞋を結んで歩いた、というエピソードを残した。ところで、中沢とはどんな人であったろうか。調べによると、工学博士中沢岩太で、祖先を門左衛門と称する信州諏訪郡中沢村の庄屋に持ち、安政五年（一八五八）越前で出生、明治九年（一八七六）には開成学校の本科生となり、明治一二年、東京大学准助教として、アトキンソンに学んだ人であった。

ウェストンがベルチャーと、明治二四年はじめて槍ヶ岳に登ろうとし（このときは失敗）、橋場の清水屋で雇った三人の猟師のうちの一番年長者は、軽快で活発な男で、すでに槍ヶ岳へは二つの団体を案内した、といっているが、その名前は分かっていない。有名な上条嘉門次の名は、もっと後から出てくる。ウィリアム・ガウランドが明治一一年に槍ヶ岳へ登った時の案内人の名は明記こそしていないが、当時三一歳に達していた上条嘉門次であろう。同一三年、ふたたびガウランドを案内して明神岳から前穂高を登ったということが、ガウランドの賛辞からうかがえるからである。そして明治一八年には、農商務省技師・坂市太郎の梓川渓谷―槍ヶ岳―鷲岳（鷲羽岳であろうか）への地質調査の山旅を案内しているというが、こちらには確証がない。嘉門次がウェストンの案内に立ったのは、明治二六年のことである。この前年、ついに宿願の槍ヶ岳を登頂したウェストンは、松本で同行者のミラー博士と別れ、赤石岳へ登る計画を信濃屋の主人笹井元治に打ち明けると、早速に仲間入りを申出て、一緒に出かけることになる。ウェストンはよっぽどうれしかったとみえて、この時の模様を、

「白衣の行者達（この人達の登山は、連続的な宗教的な遊山以上のものではほとんどない）が年々登る山を除いては、遠征の與える快味を味合うために、日本人の登山する山は、ほとんどない。田舎の人達には、銀や水晶の出ない山へ登るために、難儀と苦労をしなくてはならないなんて、ほとんど理解できないのである。あるヨーロッパ人の婦人が、〈そうですね、私としましては、常々、登山なんていうものは、軽い狂気の種類だと思っています。貴方がなんとおっしゃろうとも、登山なんて、それ以外のものとは考えられません〉といったのを聞いたことがあるが、大多数の人達は、それと

同じ意見なのである。私は、唯登山が与えると思われる爽快と興味のために、未知の土地へ長い旅をする熱心な一人の日本人を見出してうれしかった」

と、記録にとどめているのは注目される。

このように、少数ながら当時の外国人達に同伴した日本の先蹤者のいたのは分かったが、残念ながら彼らの書き残したものを何も見ていない。とくに、笹井元治には何かあると思うのだが――ウェストンが、そのときの紀行を書いた著書を贈呈していれば、早くにその存在が知れたと思うが――いまとなっては、調べようもあるまい。

ウェストンが「日本アルプス」の命名者であるか、ないか、それは大した問題にはならないが、「日本アルプスを世に広く紹介した功労者である」とだけで片付け、はなしを先に進めるのは、どうかとおもう。あとのところで、ウェストンと接点が合わないと困るから、ここは念のため、彼がアルピニストであり、アルピニズムをどのように表現していたか、著書『日本アルプス登山と探検』の中から、気付いた二、三の点を引き出して記憶しておこうと思う。

「すぐ目の前には、妙義山の切り立つ連嶺が聳えて、奇妙な噴火山の痩姿を現出し、その異様な峰々の相貌は岩登り(ロッククライミング)の登山家に大きな誘惑であった。しかしながら、私達は時間が限られていたので、この山へ登るよろこびは、またの機会に譲らねばならなかった」

これは、第一章の、まだほんの書き出しの部分だが、岩登りの登山家云々の箇所は、まことに興味深く感じる。恐らく、日本人の目にはじめて映る――岩登り――であったはずだが、当時の知識人にも、後年の日本山岳会創設の長老達にも、何の感興も湧かなかったか、理解をしようとした形跡もうかがえないのは実に残念であった。もっとも無理もないはなしだ。山登りといえば、富士山や白山、立山がせいいっぱいで、槍ヶ岳や穂高の名を知っているのも、ごく少数の地理関係者ぐらいか、地元民の一部だけで、ろくな地図も道具もない時代、岩登りといっても岩茸か何かを採るのかと思ったかもしれない。このあたり、後進国日本の貧困さが感慨無量といったところである。

「遂に谷間の道は分れた。そして道筋を定めるために緊急会議を催した。〈右側の峡谷は、長いことは長いですが、以前槍ガ岳に登った二つの団体は、どれもこの道筋を取ったのですから、道はよく分っています。しかし、あなた方がスポーツをお好みなら、左の方の道は、多分それより短いし、もっと興味があるでしょう。もっとも道は私達で見つけなければならないでしょうが〉と、一番年長の猟師がいった。私達は、〈それじゃ左の道にしよう〉といった」

本当に猟師がスポーツといったかどうか理解しにくいところもあるが、スポーツという意味と新しいルートを開拓しようとする精神、実はここに大事な示唆があったのではなかったか。

「彼は本嶺を登る途中で道に迷い、嶮しい地辻りの頂にいることに突然気づいた。が、直ちに足元が崩れ出し、岩や土のなだれと共に、かなり遠くまで投げ飛ばされた。しかし幸いにも無事に上松に帰ることができた。彼のヘルメットは、頭に襲ってくる石の打撃を防ぐ際ふっ飛んだ。――しかしその代り、たくさんの打撲傷や裂傷を持って帰った」

木曽駒ヶ岳へ案内人なしで登山した一人の外国人の遭難を報じたものだ。ヘルメットを山の道具にし、それで怪我が軽くて済んだというのでは、戦後の登山とまったく同じで驚くばかりだが、外国人が無案内で登山したという点も、当時では、ちょっと理解がつくまい。本書には、このようにして、いまわたし達が考え、そして実行している近代登山というものに、密接なつながりのあることに気付かれるであろう。これほどまでの名著の中味を、そのまま活用しないでしまったことは、日本におけるアルピニズムの発達に大きな損失を与えた、といっても過言にはなるまい。当時の関係者をいまになって責めるのは苛酷だが、その志向性がいささか回顧的・書誌的・独善的傾向であるとのそしりは免れまい。平成の今日、どうもそうした先人達に馴染めず、深い溝が越せないというのは困りものだが、自分達の登頂や趣味に熱中するあまり、後進者への教示といった点に弱かった諸先輩には確かに不満がある。

このような懸絶は、つまりは国粋的な山の見方と、欧化的な山の感じ方の相違にも一部あるのだが、時代が違う、と一言のもとにはねつけるわけにもゆかない。わたし達が敬愛する大先輩達の多くは、昭和にはまだ存命だったのであるから——。国粋的ということばはまことに古めかしいが、ちょうどこの言葉の出たついでに、ウェストンから一応筆を抜いて、今度はその方に焦点を変えよう。時代は、ほんの少しずれるけれど、それはすぐに収まることだし、いわゆる日本の長老達の功罪に触れることがどれほど重荷になるのかは、よく分かっていることなのだ。

一　日本風景論と志賀重昂

自由民権、文明開花
紅涙しぼった小説・詩歌
ボール表紙のエッチング
ハイカラさんや書生さん
八の字ひげの官員さん

ここまで書けば、お分りのように、明治は遠くなりにけり……である。とはいうけれど、尾崎紅葉の『金色夜叉』や、夏目漱石の『坊ちゃん』なら、たいていの人は知っているし、徳富蘇峰、蘆花兄弟のことも有名であろう。

この徳富蘇峰の主宰する『国民の友』に対抗して、明治二一年（一八八七）、三宅雪嶺・棚橋一郎・志賀重昂の諸氏は、表紙に四匹のトンボを書いた雑誌『日本人』を政教社から発行した。これは滔々と打ち寄せる欧化主義の世潮に対して、国粋主義を提唱したものであった。その巨頭の一人、志賀重昂は、号を出身地岡崎にちなんで矧川漁長と称した。札幌農学校に学び、在校中は詩書を読み、吟詠に耽るかたわら、アイヌ人を案内に立てて北海道の僻地を探検し、ほとんど足跡を全道に印したが、のちになって東京英語学校に地理学の講師として赴任、『南洋時事』を出版して一躍文名を馳せ、別に専門書『地理学講義』の名著を出した。

重昂は、世人に祖国日本の自然美を認識させ、とくに登山を奨励することを心中深く期して執筆していたが、ころもよく、日清開戦に湧き立つ明治二七年（一八九四）、ついに『日本風景論』の名著をまとめ上げた。それは旧態依然だった近江八景や日本三景式の、古典的風景美とはがらりと変って、科学的、文芸的新式による風景観を示したばかりか、詩味豊かな文章で登山への思想を書き立てた異色の文献となった。日本の人達は、この本によって、日本には気候、海流が多種多様にあること、水蒸気の多いこと、ことに火山岩が非常に多いこと、流水の侵蝕作用が激烈であることなどを教えられた。そして、日本の風景を保護し、登山の気風を大いに興作すべきことを説き聞かされたのであった。

俄然、『日本風景論』は世間の話題に上り、発売後三週間そこそこで売切れという人気を博し、それ以来版を重ねて一四版にも達したとは驚きだ。今日の進んだ知識で本書を繙けば、文中に多少の誤謬があることを指摘するのは容易だが、それだからといって、氏が当時の青年達に与えた偉大な感化力は、いささかも減ずるものではない。本書によって愛山の念を鼓吹され、さらにはウェストンの『日本アルプス登山と探検』に刺激され、激励されたごく少数の青年達が、やがては日本山岳会の礎石を築いた経過については、このあとでふれよう。

『日本風景論』の中で、一番印象強いところはどこかというと「登山の気風を興作すべし」の一章であった。明治時代の文章は、平成の今日では、なかなかの難解とは思うが、妙な解説はかえって感興を減退するばかりか、曲解してもいけないので、原文のまま、その一端を披露しておくことをご諒解いただきたい。

「いわんや山に登る。いよいよ高ければ、いよいよ困難に、ますます登れば、ますます危険に、いよいよますます万象の変幻に逢遭して、いよいよますます快楽の度を加倍す。これを要するに、山は自然界の最も興味ある者、最も豪健なる者、最も高潔なる者、最も神聖なる者、登山の気風興作せざるべからず、大いに興作せざるべからず」

これは、一章の中の最後の部分だけを抽出し、しかも読みにくい漢字を、直しておいた。次の「学校教員に申言す」の箇所は、短文で、

「学校教員たる者、学生生徒の間に登山の気風を大に興作することに力めざるべからず、その学生生徒に作文の品題を課する、多く登山の記事を以てせんことを要す」

と、未来の青年達に登山を唱導している。「登山の準備」という章においては、

「一山に登り一峯に攀らんとする、未だ必ずしも甚だ準備を要せず、しかも肥後、日向の境上、伯耆、因幡、美作の境上、紀伊の境上、信濃、飛騨、越中、越後の境上、旧奥州、旧出羽の境上、北海道の内部なる連山層峯の寰区に入り、淹留数日を以て大奇を探らんとせば、自から準備の要すべきあり」

と説いているが、これでみると富士山や御嶽のような講中

『日本風景論』表紙

登山的なものはいざしらず、僻地の山岳、中部高山岳に登るには、特別の仕度をする必要があるわけでいまの読者には、至極当り前のことを書いているように見える。しかし、何の用もないのに、ここに掲げたような深山奥地を登ろうとする人が、まず見当らなかった当時に思いをめぐらせば、このような山域を列記しただけでも、氏の非凡さが分かる気がしまいか。本書には、北は千島から南は九州まで数多くの山岳が紹介されているが、とくに焦点を中部高山岳地帯に置いて、「立山火山脈」の項の前段を記して見る。

「立山火山脈は、越後、信濃の境界なる箙《えびら》岳に起り、花崗岩の地帯を距て、南の方越中、信濃の境界なる鹿島鑓ガ岳を崛起し、鹿島鑓ガ岳より更に花崗岩の地帯を距て、越中の東境に沿い立山山彙（杓子岳・東鐘釣・不帰岳・滝倉岳・赤禿岳・別山・鑓ガ岳・国見岳・竜王岳・浄土山・小鳶・大鳶・薬師岳）を崛起し、南走して信濃・飛騨の境界を限れる焼岳・硫黄岳・乗鞍岳・御嶽に到るもの。想う石土の大活力、日本本州中部の地骨たる大花崗岩帯を破りて迸発し、立山火山脈を聳出す。故に此脈や、他の山系と特立して、越・信・飛の境界に盤踞し、日本本州の中部に人跡甚だ到らざるの寰区を作す」（後略）

そして、このあとは山岳の解説に変り、箙岳・大連華山・小連華山（筆者注：大連華山とは白馬岳のこと）後立山・立山・薬師岳・焼岳・笠岳・硫黄岳・乗鞍岳・御嶽が並んでいる。さすがに、立山と御嶽については、刻明に記してある。なにも『日本風景論』の本そのものの紹介をする気はないので、他は省略するが、火山と水蒸気を重視して詳述しているのが本書の特色である。とこういえば、あとの察しは、だいたい付くかと思う。

ところで、一つは、山岳をどのように解説したかの例として、他の一つは、――実は、このほうが大事だが――日本の登山史上に重要な役割となった山として記憶するために、「槍ヶ岳」の項を書き出しておく。

鎗ガ岳（筆者注：槍ヶ岳のこと）

「信濃松本町より一里二十町新村に到り、新村より三里二十一町島々村に到り、此村にて登山の諸準備をなし、且つ案内者、人足を賃し、二日間山中に宿する予算を以て出発すべし。島々村より登ること八時間にして、海抜およそ一五〇〇メートルの所に到れば、〝徳本ノ小屋〟あり、それより三里にして〝宮川ノ小屋〟あり、これを山麓となす。宮川より登ること六里即ち七時間にして絶頂に達し得、其間花崗岩を穿てる奔湍に沿うこと三時間、花崗岩の群嶺交々天を衝きて起り、奔湍を去るや、山いよいよ峻、景物ますます壮厳、花崗岩ほしいままにその怪奇の状を呈出すること、一幅の大画図に異らず、行々積雪を踏み、時にライ鳥、クマ、カモシカを見る。花崗岩岩山の本色を知らんと欲せば、すべからく此山に登るべし」

さて、著者の志賀重昂が地理学者であることは、前に述べたので分かるけれど、これほど山を詳しく書くからには、よほどの名登山家であったように、『日本風景論』から判断しなかったとしたらおかしい。先にも書いておいたが、ウェストンが槍ヶ岳に登ったのは、明治二五年（二四年は失敗だった）であり、それが『日本アルプス登山と探検』の本に掲載されたのは、明治二九年であったはずだ。

してみると、志賀重昂が明治二七年に『日本風景論』を発行したのは、それよりも二年早いから、これはすばらしい先駆者である。しかし、このころの登山記録に、志賀重昂なる登山家は、一向に現れてこない。そういえば、ウェストンが明治二四年、はじめて槍ヶ岳へ登るときに雇った猟師の一人が、「すでに槍ヶ岳へ二つの団体を案内した」と触れていたことが思い出されよう。その中の一人が志賀重昂だった、ということになれば、詮索は成功したも同然だが、実は、そうはならない。志賀重昂は、いわゆる登山家ではなかった。槍ヶ岳はおろか、中部山岳にはどれ一つとして登っていないのだ。

さあ、そうなると、一世の名著と謳われた『日本風景論』は、いったいぜんたいどうなるのだろうか。

自分で登りもしないで書くのは、甚だ不見識には違いないが、何も自分が登ったとは、どこにも書いていない。ただ、誰の記録を参考にしたのか、それを明白にしておかなかったのがいけない、という論もある。外来文化を洋書の翻訳から盛んに勉強していた当時としては、別に何も問題にしたわけではなく、文章をそのままそっくり丸写ししたのならともかく、そうでないならわざわざ取り上げることもなかろう。この本に書いてあるのはほんのわずかで、実際にこれを手引に登れるものでもない。と、こう許したいところだが、この問題をもう少し追ってゆくと、日本の登山史の上に少なからぬ影響を与えている事実を発見することになるが、ここはあとまわしにして先を急ごう。

志贊重昂は、『日本風景論』の中において、信飛地方の火山以外の諸高山を記述する際、その材料は、上述したチェンバレンの『日本旅行案内』を邦訳した。これが実は、種明かしである。ウェストンが、日本アルプスを知ったのも、志賀重昂が引用したのも、同じ本であった、というのは興味深い。

とりわけ、早くにそれを日本の本として登山に吸収し、消化し、多くの日本人に近代的な分野を普及した重昂の功績は、けだし大きいといわねばならない。登山のための登山。嶮しい高山を次々に登攀しようとする近代登山といわれる行為と思索との種《たね》は、このような経過を辿り、西洋文明の摂取に熱心だった開国日本の隅々にバラ播かれた。以来、風雪百余年、明治・大正・昭和、そして平成にわたる登山の萌芽は確実に生育していった。

日本の近代登山史に言及する人達の多くは、この『日本風景論』を出発点に取り上げるのを常とする。それは決して間違いではないが、その背後にはこれまでに述べてきたような矢津昌永の『日本地文学』や秦政治郎の『中等教育 大日本地誌』の大きな影響を忘れてはならないと思う。このような確かな地盤に、内村鑑三の『地人論』が生まれ、志賀重昂の『日本風景論』が出現して多くの日本人を示唆し、やがて日本の近代化登山勃興の原動力となって発展してゆくのである。

『日本風景論』の特色は、風光の美を自然科学的に説明している点である。水蒸気の多いことや火山活動の活発なことが、いかに日本の風景を美しく盛り上げているか。この本の題名は、風景論とはいいながら、その実は風景美論を優雅に書いていることは、もう誰の眼にも明白だ。自然を単なる現象としてでなく、構造として捉えた近代的手法により、一つの新たな世界をひらいた、といってもよい。優美な自然も雄大にしてかつ抜くべからざる骨格を有する物体として、従来の古典的優雅さと対立させ、辺土の風光と山岳の景物を描き出している。

ある人は本書を批評して、ラスキンに似ていて、ラスキンの流暢穏和なく、文勢さらに豪放、まさに奔流が崖に激突する気魄がある、とまで激賞した。本書の大半が各地の山岳を紹介し、しかも人跡いたらぬ本州中央高地にまで登山を普及させようとしたことは、まったく前例のない試みだった。それだけにすぐ実行に移すには、いま暫し適任者を待つしかなかった。

それまで日本の国土の表現は、畿内をモデルにした古典的優美さに代表されてきたが、今やこうした伝統的美観から脱却し、自然科学的な、また洋画家的な、分析と写実を融合させる新しい眼をひらかせた。岳人には自然科学者的冷静な観察が求められ、地質学や地理学者達の知識も必要とした。それらはすべて、新しい世界の発見であり、浪漫精神の台頭だといってよかろう。

志賀重昂は世人に向い大いに登山を奨励したのである。

かれは、とくに人生を点火し、高邁にし、神聖にするもの、実に山岳に過ぐるなし、とまで断言した。それは山岳中、とくに「名山」に在り、と説き、「名山の標準」とはいったいなにかと考える。

一　山の全体は美術的体式と幾何学的体式との調合按排せるもの。

二　然れども一山中の境遇は変化が多くてかつ不規律なるもの。

それは美妙な円錐形を聳起《しょうき》する火山である、という。なぜならば、火山には変幻自在の岩石があり、石壁障立する噴火があり、さらに副噴火口のあるものがあり、洞穴があり、湖水があり、草樹の蒼翠秀潤たるものがあり、それぞれの境遇がみな違う。要するに、

「名山とは、火山の別称なり」

と極言し、橘南谿が唱えた名山論中の名山である立山・白山・鳥海山・月山・岩城山（岩木山）・岩鷲山（岩手山）・彦山・海門嶽（開聞岳）・桜島山などは、みな火山ではないか、と指摘した。そして、「名山」中の「最名山」は富士山であり、富士山は全世界名山の標準だ、と結語した。

志賀重昂は、矢津昌永の『日本地文学』などによって火山と名山との関連を示唆され、また先駆的外国人達が日本の深山に敢然と立ち向かっている事実に大きな刺激を受けた。だから、声を張り上げて叫ぶのだ。

「風懐の高士よ、彫刻家・画師・詩人よ、文人よ、自然の大活力を認識し、卓抜雄渾の心血を寄託しようとの気があれば、主として活火山もしくは休火山に登山せよ」

と。そのために『日本風景論』は、全国各地の火山の一つひとつについて語りかけるのである。

それは、江戸時代に現れた橘南谿の「名山論」や、谷文晁の『名山図譜』や、十返舎一九の『諸国名山往来』などとは別世界の「名山」の出現を意味した。しかし、だからといって富士山のような美しさを否定するどころか、風景美を重くみる。

なにせ時代は明治である。山に祀る神々への参詣や、熱心な仏教の修行が山への親しみや登山の風習を作ってはいたとはいえ、一般人が講中や修行と無関係に登山を楽しむことは、とても考えられない時代だった。出かけるにも鉄道は未発達だし、正確な地図もない。しかも低山ならいざしらず、高い山は危険がいっぱいで命賭けだ。そんなにまでしていったいなんの得になるのだ、と人は不審がる。

『日本風景論』は、飛ぶように売れた。明治二七年一〇月発行の初版は、発売三週間そこそこで売切れ、同三五年（一九〇二）には増訂一四版を出すまでになったのは、なぜか。各新聞紙上で多くの批評をうけたのは、なぜなのか。そこには日清戦争を戦い、浪漫的な拡大的気分が郷土意識となって高揚した時代背景を無視できないが、この本を取り上げた各紙短文の一部を紹介してみよう。いずれも難解な明治調なのはご理解願おう。

二　『日本風景論』への批評

1　初版への批評

新聞雑誌批評　明治二七年（一八九四）

東京經濟雜誌（一一月三日）
日本風景論と云う表題なれば、定めて芙蓉峯の美を説き、琵琶湖の景を談ずると思ひの外、記する所多くは北海道の氷雪、日本の火山脈等の談にして、余輩の如き地文學思想と壮大（サプライミチー）の観念に乏しき凡漢には之を讀んで毫も快感を生ぜざるなり、此書の眞味を解すべき者は科学的修養のある英雄ならざるべからず。

時事新報（一一月四日）

その多趣なること猶ほ日本の風景其物の如し地理學、動植物學上の味ひなき研究と詩、歌、俳句の優美なる文字と相伍し之を彩るにくさぐさの圖解と風景畫とを以てせり左れば一讀して吾が國土の美に誇り美術的感想を起すと共に其然る所以の理を曉るを得べし著者は志賀重昂氏なり

國民新聞（一一月六日）　城水生　寄稿

頃者志賀重昂氏其新著を寄せらる題して『日本風景論』と云ふ。當今軍國の著書としては何ぞ其名の優麗なる、特に近來の矧川子其人の著書としては何ぞ其着意の風韻なるや。試みに之を繙けば滿巻皆是れ詩思的思想より融出したる好文字を以て充たされ趣味湧くが如し。巻中或は稍ゝ牽強に亘る嫌なき所なきにあらずと雖も科學的特に地理的眼孔を以て勉めて我日本の風景を解釋したる手腕に至りては獨り著者に於て之を見るを得べし。

新朝野新聞（一一月一八日）『日本風景論』を讀む　腕白生

志賀重昂君、十數年來涵養せる滿腹の雲煙をば、地理學、地文學を借り來りて、今回「日本風景論」てふ著述を成就し、茲に著書世界に一種異様の光彩を放射し來る、蓋し其精神の大体より、之を推勘すれば、著者の謂ゆる、國粋保存論をば、我が秀靈なる山水を借りて、之を絵畫的に表彰せるものなるが如し、而かも此種の著者は、從來日本の著書社會に於て之を見ざりしと、著者が大得意の事を大得意の詩味を帯びたる彩筆もて、之を寫せしとに由り、其大喝采を以て社會の爲に迎へらるべきは、吾人の斷じて疑はざる所。（以下略）

2　第五版への批評

山陽新聞

本書は夙に地理學に精通該博なる農学士志賀重昂氏の講述に係り、従来の地理學研究以外に別に一生面を開きたるものにして、地理學の新組織を學ばんと欲する人士の爲に欠くべからざる好読本とす今や第五版の印行成りて世に出づ、本書が如何に社會に勢力あるかを知るに足らんか、殊に余の心を獲たるは分類の恰當なること、順序の正しきこと、記事の新しくして且つ確實なること、釈義の明亮なること、評論の俊抜なること、地理學應用の方法を發揮したること、政治地理研究方針の懇切なること、メークルジョンの比較的方法を活用したること、挿表の簡明にして完全なること等に在り、若夫れ文章の雋絶、理義の精緻に至ては吾矧川兄三昧の所、復た余の賛評を須ひざる也。

『日本風景論』は、本文が二二〇余頁で巻末に朱色の広告が二〇頁もある。そこには各紙併せて五〇社近くの文化的レベルの高い評論が長短載っている。一般の反響を代弁したと解してよいが、交通事情には触れてはいない。

「登山の気風を興作すべし」と示唆されても山麓への交通機関がまだ整わず、頼れる地図なしで、山の名は分からず、案内人もいない。それをどうやって山へ登ればいいのだろうか。

三　『日本名勝地誌』

飛ぶように売れたのは、なにも『日本風景論』だけに限ったわけではない。偶然とはいえ同年五月、博文館発行、野崎城雄（左文）編集の『日本名勝地誌』も好評で、忽ち一四版に達していることを無視は出来ない。しかもこちらは堂々全一二編。七編目（北陸・山陰道の部）で早くも四千余頁に達した大冊なのだから驚きである。

旅行博士と称された野崎左文が一代の業として幾多の時日を費やして完成した力作だ。

本書の特色は交通路に由て名勝を記したのが、その一。産業沿革にも出来得る限り注意を払ったことが、その二。つとめて新しい材料によって記したことが、その三。旅行者の伴侶にと紙質を精選し、装幀を堅牢にしたことが、その四。編者の足跡は、ほとんど日本全国に及んでいる。

『日本名勝地誌』は当時の旅行者が各地の名勝を訪れるのに便利なようにと編纂。国郡の沿革、山河の形勢、人情の厚薄、気候の寒暖等を審らかにした。山岳の高低、地脈の起伏、河川の流域、都会の位置等をほぼ解明。

参考までに後年、日本アルプスの玄関口となった松本町（市）の一部分を書き出して見れば、

「郡の中央に位し、東西十二町、南北十九町、人口二万六千三百七十四を有す。明治初年筑摩《ちくま》県を

置き、同九年之を廃してより以来繁栄の幾分を減ぜしも近年、塩尻峠の開鑿《かいさく》と大町以北越後糸魚川への新道開通とに由りて、交通の便を増し、大いに衰運を挽回せしものの如し。此地は長野町（市）を距る十六里三十三町、上田を距る十里五町にして長野に赴くものを善光寺路と云い、上田に到るものを保福寺峠越と云う。其の他、南北安曇郡を経て越後に至るものを糸魚川路と云い、西方野麦嶺を経て飛騨に赴くものを飛騨往還と云う」

鉄道がまだ松本に通じぬ当時だというのに、南安曇郡の項に有明山と並んで「穂高山」を登場させている点が異常を感じさせてならない。

「穂高山　安曇村の西端飛騨の国界に聳え直立凡そ八千尺。霞岳雲を凌ぎて屹立すると白弊《へい》の如く群山其麓に綿亘《めんこう》す。山中に三小湖あり、上池、中池、下池と云う。奇岩岸を繞りて自然の林泉を為し、湖中多く鯉鮒を生ず。東北の高原を神河内と云い、柳樹林を為し、翠色滴るが如し、湖畔に穂高神社奥ノ宮あり、また岳麓字田代と云う所に三十塚なるものあり、穂高見命《たかみみこと》の後阿曇連《あずみのむらじ》の墓地なりとぞ」

とあるのは、知る人ぞ知るであろう。

ところで本書の巻末にも各紙からの批評が寄せられているので、一部を参考に供してみるが、当時の各書案内欄掲載の出版物の多さから考え、明治人の読書欲がいかにすさまじいものだったかを容易に想像出来るだろう。

読売新聞

国会新聞の野崎左文翁跋渉の僻あり、北馬南船殆んど足の到らざる所なし。而して今此著あり、

適当の人にして適当の書を著したるものと云うべく、全国の名勝網羅して亦遺漏なし。（後略）

大阪朝日新聞

古来名所図絵若しくは名所地誌の類なきにあらず。然れどもその載する所、概ね一部の名勝旧蹟に止まり、国郡の沿革、山河の形勢、気候の寒暖等全く度外視するもの多し。（中略）この書は全国鉄道、名所案内を著し、地理の梗概を知るの便あり。名勝地誌の名、けだし空しからずと謂うべし。

話題を替える。高崎を起点に軽井沢・長野を経て直江津に至り、北陸本線で接続し、長岡・新津、新潟を終点とする鉄道路線は、信越本線と呼んだ。しかし全区間を直通する旅客列車はなく、直江津が事実上の分界点だった。全線がほぼ開通したのは明治三二年（一八九九）。当初は本州中央部を縦断して関東平野と日本海岸との連絡が考えられたが、明治一六年（一八八三）東京と京都を結ぶ鉄道幹線に、と決定された中山道鉄道の東部区間に位置づけられ、起点を高崎に設置した。

中央本線は、中部山岳地帯を縦断して東京と名古屋を結ぶ路線である。輸送の流れを考え、東京から明治三九年（一九〇六）に達した塩尻を境に、以東を中央東線、以西を中央西線と呼ぶことにした。明治三五年（一九〇二）には塩尻と信越本線の篠ノ井を結んだ篠ノ井線も開通し、のちに岳都と呼ばれる松本にも近代文化の光が差し込んだのである。

中央西線は、明治三三年（一九〇〇）の名古屋—多治見間の開通を皮切りに、明治四四年（一九一一）五月に塩尻—名古屋間が完成した。

中央本線は、わが国有数の山岳地帯を通過するため建設費を節約したので、最小曲線の急曲線が至る所に用いられた。

日本鉄道会社は明治一四年（一八八一）設立、一六年には上野—熊谷間を開業し、順調に路線を北上させて二四年九月一日、青森まで全線が開通し、東北地方にも文化の背骨が入った。東海道線は明治二二年七月に新橋—神戸間が全通した。

北陸は日本列島のほぼ中央、東京・大阪・名古屋の三大都市圏からそう遠くない。起伏に富んだ海岸線や緑豊かな山岳地帯などに恵まれた自然、温泉、史跡などの歴史、文化遺産をもっている。北陸本線建設の発端は明治三年の秋に京都府が〝越前方面より京都を経て鉄道を敷設し、北海の物産を南海に輸送〟する必要を政府に建言していたからだという。


〝北海〟を名乗る人物のことを美術辞典や人名事典の中から捜し出すのは、まず不可能に近いだろう。それはなぜなのか。

高島得三（北海）は山口県出身で、長じて藩校に学び、乃木希典は同級生。幼児から絵画の才能を現したが職業に選ばず、工部省鉱山寮に入り、明治五年（一八七二）、兵庫県生野銀山に赴任。技師長フランシスク・コワニェ以下の技術家によって鉱山学と地質学をフランス語で受講した。のち内務省地理局、農商務省山林局に転じ全国各地の森林、地質調査を担当する。明治八年から一七年の間、山林調査の合間に、北は北海道から南は屋久島まで各地を巡歴し、忠実に山岳を模写。この間、『信州日記帳・名勝真図』（折本）を著す。

明治一七年七月、イギリス・エジンバラ市の万国森林会議出席の山林局長に随行して渡欧。会議後、局長に命ぜられてフランス・ナンシー市の高等森林学校に入学。森林学実習のため、在学三年間にフランス全土、更にイタリア・オーストリア・ドイツ諸国を時には指導教官と、時には単独で跋渉し、写生用具を携えて写生を怠らなかった。

欧州アルプスやピレネー、あるいはチロルやスコットランド、イタリアの山岳スケッチはやがてこれらが集大成されて『欧州山水奇勝』（明治二六年刊。木版四六点・二冊折帖）という見事な美本となって出現した。

北海は堅実な表現力をもった速筆多作の画家で、まさしく絵にとりつかれた画狂人のごとく、すさまじかった。終生、師をもたず、弟子をもたず、流浪・党派にも属さない独立不羈の画家で、友を追録する画友もいなかったため北海の名は急速に消え去り、美術史上から姿を失してしまった。しかし、本来ならば彼の処女作『欧州山水奇勝』より早く出版してほしかった『写山要訣』（明治三六年）には、明治一七年（一八八四）の渡欧前の山岳スケッチが纏められ、谷文晁の『名山図譜』にない山中から眺めた槍ヶ岳などの高峻山岳が幾座も登載されているという驚くべき事実は、登山史上特筆に価するであろう。

「神戸は近代登山発祥の地」とよくいう。それはなぜなのだろうか。

近代登山の父、ウェストンの第一回来日滞在の地だからか。六甲の山々を愛し、新登山用具を使用した外国人登山者群が住んでいたからか。あるいは大正末年、ＲＣＣ（ロック・クライミング・クラブ）

が創立して六甲山中で岩登りを普及したからか。それらを包合した意味と思うが、ウェストンは神戸と別れ、二階建て赤塗りの横浜聖アンデレー教会を司祭した。だがその後教会委員と意思が合わずに衝突し、明治二八年帰英してしまい、明治三五年の再来日まで日本に居なかった。英文『日本アルプス登山と探検』はこの間の一八九六年（明治二九）、ロンドンで自費出版したものである。表紙には、朱色も鮮やかな富士巴講の講紋がプレスされている。それは日本有数の登山団体と見立てたからである。昔は富士登山三三回を経て先達の称が許され、五〇度にして大先達となった。

この本で日本アルプスの名は世界に知られ、後でこの事実を知った日本人はウェストンを日本アルプスの命名者、先駆者として敬い、現在も上高地でウェストン祭を挙行していることは、多くの人が知っている。

さてここで、小島烏水（久太）を登場させよう。

生まれて間もなく横浜に来て育った烏水が、山に親しんだのは一二の時、病気の父について箱根温泉に湯治に行ったのが、きっかけであった。

横浜正金銀行に勤務し、早くから文芸雑誌『文庫』に投稿し、また記者として名を知られた。明治二九年（一八九六）、二三歳にして「函嶺紀行」を『文庫』に投載したのがはじまりで「昇仙峡」（三一年）、「妙義山の秋」（三二年）、「浅間山の烟」（三三年）、「乗鞍岳に登る記」（三四年）、その他を次々に登載し、紀行文家として一家を形成しはじめていた。当時の文壇の状況からすれば、文芸雑誌の首位といえば帝大出身者の集っていた『帝国文学』が圧倒的勢力をもち、小説専門の『文芸倶楽部』（博文館）や『新小説』（春陽堂）があり、一般文芸雑誌には同人雑誌に近い藤村達の『文学界』、早稲田出身者の『早稲田文学』などがあった。

けれども無名の青年や、地方在住の文学青年にとっての登竜門は『文庫』であり、「新声（のちの新潮）」だった。当時はまだ一六歳になったばかりの富山県の一中学生田部重治が愛読したのは「扇頭小景」だったし、『文庫』の記者をしていた小島烏水に強い憧憬をいだいていた。

折から黎明期を迎えようとしていた日本の近代登山の形式は、今日に見るようなザイルとピッケルを駆使してのバリエーション主義とは違って、一山を登り、あるいは峰から峰への縦走にあった。それらは開路的登山と呼ばれるパイオニア・ワークとして世にいう「日本アルプス黄金時代」の骨格を形成したもので、それですら、きわめて危険な、命がけの冒険といわれていた。『日本風景論』の一節に、

「石剣鑽青の四字、実に立山火山脈を代表し、非人寰の三字、真にこの寰区を尽くす。けだし日本の地形、その幅狭小、ゆえに真成なる深山幽谷少し。ただこの間、南北二十里、東西十里、人屋を見る、立山温泉浴屋二あるのみ。ゆえに人間に会せざること、ときに半月にわたるありとす」

とあるのは、このへんの事情を雄弁に物語っていると思う。ウェストンの例の『日本アルプス』の中にも、

「本国へ帰って〈日本に鉄道がありますか〉という質問を耳にすると、奇妙な気持がする」

という箇所があるが、明治二四年（一八九一）に槍ヶ岳へ旅立った行程を調べてみると、横浜から横

川まで鉄道を利用している。高崎線は、横川が終点で、軽井沢へは鉄道馬車でさらに三時間近くも乗らなければならない。しかもこの線路は粗末この上もなく、車は何度も何度も脱線するので、人夫の役を兼ねている車掌が、そのたびに金挺で車輪を線路に押し上げなくてはならなかった。そのお蔭で一番得していたのは二頭の馬を駆り立てる馭者で、これを当り前のように思って、脱線するたびに一服吸う光景が面白く書かれている。もうこの当時、軽井沢はすでに外国人の避暑地となっていたのであった。

烏水が槍ヶ岳へ登山した明治三五年（一九〇二）には、鉄道はようやく松本へ通じるようになり、文明の恩恵は、山へのアプローチを著しく短縮させてはいたが、峻嶮、天下無双の槍ヶ岳へ向う車中の彼の心中は、いかばかりであったろうか。いや、その前に、なんで烏水が槍ヶ岳を知り、その登山を思い立ったのか、そして、登山の模様はいったい、どのようであったろうか。前に述べたウェストンの著書にしろ、チェンバレンの本にしろ、何分にも英文の書物では一般の日本人には読めないし、それよりも何よりも、本自体に接する機会がなかなか得られなかった、といった方がはっきりしている。とくに、ウェストンの『日本アルプス登山と探検』は、初版だけで絶版してしまい、海を渡って日本に流れた部数といったら、ごく僅少であったと思われる。当時の日本では、まだ山の本などに注意する人は、絶無に近かったし、実をいうと、烏水にしても、このときは両書の存在すら知ってはいない。

さて、このようにもう一度頭を整理して、出来得る限り、白紙といってもいいほどの明治三五年ごろの山の状態を瞼に画くようにしてみると、これから触れる小島烏水の登山は、わたし達日本人が、登山のための登山――ヨーロッパでさえ、一般の人が理解しにくかった――を、しかも、半月も人に会わないといわれ、山いよいよ嶮しく、壮厳・怪奇と云われた槍ヶ岳の絶頂へ試みようとするのだから、これは容易なことでは勿論ないのである。日本人の登山史の中で、はじめて近代登山が実行に移されたのは、このときをもって最初とする。それはなぜかというと、槍ヶ岳を中心にして、チェンバレン―ウェストン―重昂―烏水、というような歴史的なつながりが確立され、以後、日本山岳会の設立を通して、大正・昭和へと発達してゆくのだから、先へ進む前に、このへんの事情は、ぜひ明らかにしておく必要があると考える。

小島烏水が槍ヶ岳の存在を知ったのは、志賀重昂の『日本風景論』を読んだのが最初である。ただし、初版（明治二七年一〇月発行）ではなくて、第六版（明治二九年六月発行）であった。烏水は貧乏だったので、ようやく手に入れたのが第六版になってからだ、と告白している。

念のため、両方の版を出して比較してみたところ、定価は同じく五拾銭だったことを付記しておく。烏水はこの本によって、富士山に次ぐ高山が、槍ヶ岳であること、槍ヶ岳は峻抜で、烏水は晶明、原始の風光が保存されていることなどを教えられ、槍ヶ岳に第一登山をするのは、命がけの仕事である、と思いこんだ。それというのも、まだこのときは、すでに江戸時代播隆上人が登山していたことも、明治以来、ガウランドやウェストンが登っていたことも、知るよしがなかったからであった。烏水は、その著書『山水無尽蔵』の冒頭に、

「余が鎗ガ岳登山をおもい立ちたるは、一朝一夕のことにあらず、何がゆえに然りしか。山高ければなり。山尖りて嶮しければなり」

と、書いている。困難な山へ登ろうとするはげしい意欲のほどが知れよう。しかし何分にも『日本風景論』だけでは頼りなく、そこで飛騨の友人に照会してみたところ、次のような返書が届いた。

「鎗ガ岳は、私の国の者でも、上ったという人は、ついぞ聞いたことがありません。高原川の上流に遡ると、蒲田温泉という、至って辺鄙な村がありますが、それから笠が岳という山へは稀に猟師などが登ることがあるそうですが、鎗ガ岳となると、そのまた奥の高山で、間には渓谷や絶壁などもありましようし、到底人の行けるところではないようです。そういえば、こういう話がありました。何んでも鎗ガ岳には、奇石珍草が多いと聞いて、国の者が四、五人で入ったところ、どうやらこうやら上りだけは上れたそうですが、霧が湧いたり、風が強かったりして、どこをどう迷ったか帰れなくなって、渓へ落ちたり、木にぶつかったりして、一週間も山の中をうろついた揚句、やっと人里へ出られたそうですが、その時は皆んな餓鬼のような有様で、折角採収してきた石どころか、生命辛々這って来たということです」

この手紙を読んだ烏水は、思いのほかの嶮山に心の動揺を隠しきれなかった。しかし、決心はますます堅く、徴兵検査のとき知り合った山好きの岡野金次郎を誘うと、彼も血気盛んで同行するという。烏水の文に、

「山とは何ぞ。土の傾斜の少しく急なるのみ。植物ここに攀づ。人間何ぞ攀じ能ざらん〝鳥飛び、獣走る〟人間何ぞ尾《び》し能わざらん。余はかくのごとく、山の外廓を易々と描きなして、勿論、鎗ガ岳をも例外とせず。強いて自ら慰めたれど、しかも己れを知りて敵を知らず、悶々の情、なき能わず」

と、当時の胸中が書かれている。なんとかして登山の手口を掴みたいと思って、次は飛騨の未見の友へ様子を問合わせたら、このような意味の返事が送られてきた。

「鎗へご登山の趣、信濃よりか、斐太（筆者注：飛騨のこと）よりか、信州よりの路は不案内なれど、斐州よりは随分嶮にて、なかなか乗鞍岳の比にあらず、一人二人の登山者は、いつも行方不明、一生一代帰へらず、かつ目的を達した者は皆無の由。クマ・オオカミ・ヤマイヌ・イノシシの本場なれば、六連発銃一挺に、山刀手槍の一振りぐらいは是非ご用意されたし。信州へ下山なれば、白骨峠を越えて平湯へ出らるれば、話の種になるべし。とにかく、登山の目的相果てば、絶世の一大快事となるべし」

ところが、この「はがき」は烏水の不在中に配達され、父母に見つかったからたまらない。

「さてもさても心なき男にて侍《はべ》るかな。一家の嫡子にして、老いたる親を戴き、幼き弟ども多く控えて、軽からぬ責めある身にてありながら、何を好みてさる所へは赴き給う。卿にしてもし、土地の測量・地質の調査・植物の採集なんぞがその職ならば、父もえこそは止めじ。よしや屍を深山に横たうとも、その身の義務とならば、われいかでかこれを悪しとはいわん。されどおん身は、日常の職業を他に有するにあらずや。若気の至りとはいいながら、世の常ならぬ好奇に駆られて、さる深山に足踏み入れんとは、心なしとやいわん」

こんこんと戒められた烏水は、進退極まり、あきらめたふりをするほかなかった。子を思う親の心は、いつの時代も同じである。それから数日して、ふとした機会から地質調査所技師、大塚専一の『信飛越山間旅行談』の記事を見て、激しく感動してしまう。それは明治二二年九月、一か月にわたる跋渉の記録で、山中の露営・食料・用具・行程を述べてあって、大いに参考となるからだ。

いまここで、烏水の槍ヶ岳登山をくどくどと書く気はない。好事家以外、あまり興味はないと思うし、読めば分かることはなるべく避けることにしないと、際限がなくなる。この槍ヶ岳登山はとにかく成功し、文士烏水を登山家烏水に仕立て上げる一番の要因とした。烏水は、これまでにも月刊の青年文学雑誌『文庫』の編集に参画し、しばしば紀行文を登載させていたが、槍ヶ岳登山のいきさつは、同誌の明治三六年（一九〇三）一月号から二月号にかけて連載し、明治三九年になって、『山水無尽蔵』の中に一括収載した。しかし、これを『文庫』の原文と比較すると若干の相違があり、その一番大きなものは「日本アルプス」と、ウェストンに関する箇所にある。それを一言にしていえば、『文庫』に書きはじめた明治三五年晩秋から、翌三六年二月ごろは、まだウェストンを知らないでいたが、ふとしたことで相識り、事情はがらりと一変したことを意味している。例えば『文庫』二四巻六号の「拾遺」には、こういう一節がある。

「横浜なる牧師、英人ウォルター・ウェストン氏がロンドンより出版せる『日本アルプス帯登山探検記』鎗ガ岳に登山を企ててより二年目にこれを成就し、その記事に前後二章を費やせり。他日閑を得ば、訳して世に示すと共に、この稀有なる外客の登山家《マウンテニア》を紹介すべし」

ところが、『山水無尽蔵』では、最初に「付記」として、ウェストンのこの著書に触れ、「拾遺」の中では、「鎗ガ岳は、ウェストン氏一たび其著『日本アルプス』に紹介してより、却って外国人の間に多く知られ、年々隊伍を組みて登山する外客頗る多し」

と変っているのに気づく人は、いったい幾人いるであろうか。

筆者はこれまで、いささか冗長に過ぎた嫌いがあるが、どうやら、ウェストンと烏水が面識し、日本が次第に近代登山というものに開眼してゆく重要な場面にさしかかった。そのため余談かもしれないが、ここで日本アルプスの概念に少しふれておこうと思う。

四　日本アルプスのこと

山に登ることは、無謀な挙に出さえしなければ、身体や精神を鍛える上に非常に効果があり、娯楽としてもまた慰安の方法としても、最も優れたものであるが、その上、山に関する科学的な知識を持っていると、その楽しみは幾倍も増し、さらに、科学を通じて、大自然の霊妙なる作用と、偉大なる栄力が感得され、自然の美観もいよいよ加わり、ひいては精神修養に資するところが大きい。とくに日本アルプスの如きは、あらゆる地学作用が極度に働いたためきわめて変化に富み、自然の偉力がまざまざと窺われ、各種の地学現象を観察することができ、また動植物も頗る豊富であって、生物学上の観察をも恣にすることができる。科学の知識なくして日本アルプスに遊ぶのは、もったいなさの限りであると思われるのである。

ところで山の旅をして山の科学を楽しみ、いわんや精神修養に資することは、相当の科学教養が必要であって、一朝一夕には望めないことだ。座禅をやったことのない者が、急に座禅の三昧境に入れないのと同じである。昨今、登山が盛んになってもその割合に山の科学が顧みられないのはそのためであろう。しかし一面からいうと、手っ取り早く山の知識を与え、科学的な見方を指導する学者が少ないことも、確かに一因である。そこで日本アルプス登山者のために、そういう速成教授的のものとして、科学全般にわたってふれる必要を感じるのである。したがって、科学的の系統とか順序とかを無視した点もあり、すべてを尽くしているものでないことは、あらかじめご承知願いたい。要は、アルプスの科学的面白さが少しでもわかり、今後、科学的にも山の旅を楽しもうとする人が、少しでも多くなればよいのである。

アルプスとは、元来はヨーロッパ南部にまたがっている大山地を呼ぶ名である。アルプス山地は南北三〇〇キロ、東西七〇〇キロに亘る広大なる地域を占め、各所に海抜四、五千メートルの高峰が乱立し、それらは四時銀雪に包まれ、その下には大小無数の氷河が懸かっている。夏ともなれば到るところ高山植物の花が咲き、緑をのべた高原には牛馬が遊んでいる。鬱蒼たる森林に埋められた谷間には、清流があるいは潺潺《せんせん》とあるいは滔々《とうとう》と、流れており、山中諸々に湖水があって、翠巒《すいらん》と白峰の影をうつしている。

いったい、アルプスという字は、本来は「白い」とか「高い」とかいう意味で、最初は雪を戴いた高い山を指したが、後には、山腹の高原地方をアルプスと呼ぶようになり、今では山地全体に対して用いられるようになったのである。

さて、我が国は、古来、信心のために高山に登る風習は盛んであったが、山地の探検ということはあまり行われなかった。一般の人々が登るとなると信心のためでもあまり深い山は適していないから、山また山の奥のことは、ほとんど知られずいた。ところが、明治時代になると西洋の学者や登山家がそういう深い山地に踏み込んで、当時飛騨山地と呼ばれていた山地を探検し、それがヨーロッパのアルプスによく似ているところから、これを日本アルプスと呼び、その名が一般に用いられるようになった。一方、アルプスという語は、必ずしもヨーロッパのアルプスに似ていなくても、高峻な山地に対し、世界中で濫用されるようになり、我が国でもアルプスの範囲が拡張されて、従来、木曽山脈、赤石山脈と呼んだ山地をも包含することになり、元来の日本アルプスを北アルプス、木曽山脈を中央アルプス、赤石山脈を南アルプスと呼ぶようになったのである。

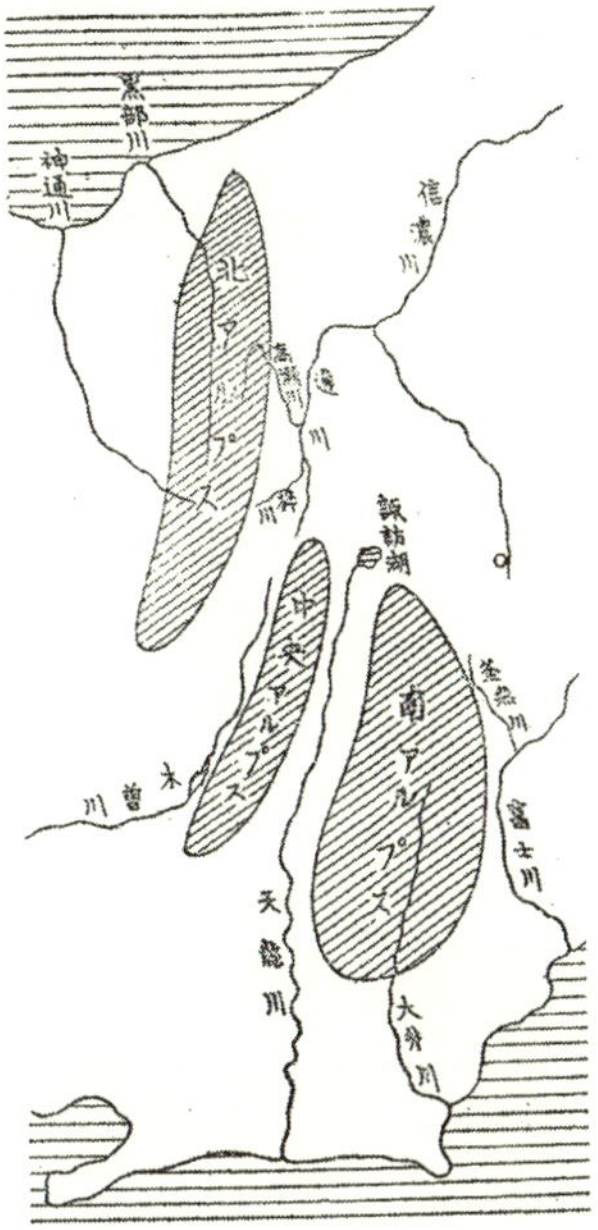

日本アルプス全体図

しかし、日本アルプスの中でヨーロッパ・アルプスの景観を持っているのは北アルプスだけで、アルプスの特色を知る者は、アルプスの名は北アルプスだけに止めたい気がする。いわんや山岳とは云われない丘の起伏をアルプスと呼ぶに至っては、言語道断というべきである。しかしそうかといって、中央アルプスや南アルプスが価値のない山地というのではない。それらはそれぞれの特色があって、真に山を愛する者から見ると優劣はない。

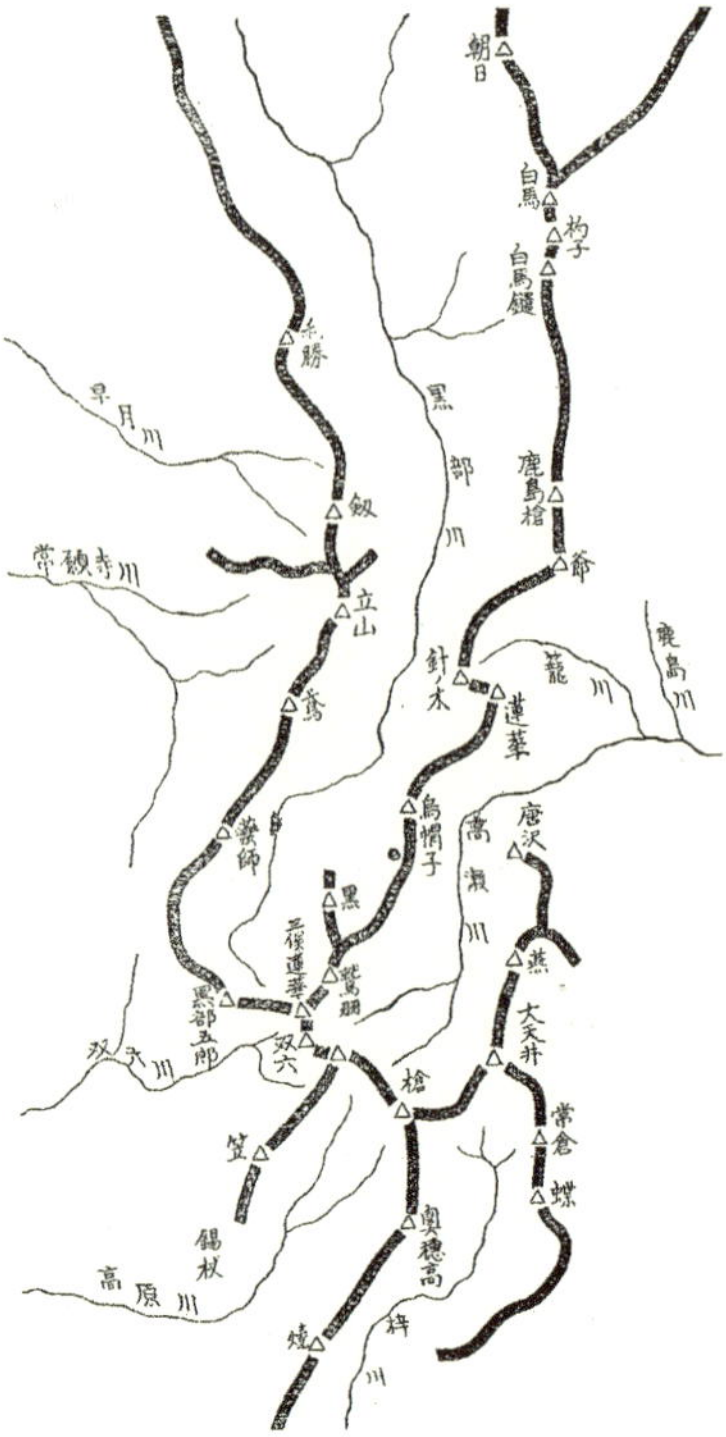

北アルプス山群

日本アルプスは、我が国最高の山地で、本州の屋根ともいえる。屋根ならば屋並に平行しているが、日本アルプスは、それとは異なり本州を横断している。すなわち、まず北アルプスが、日本海沿岸の親不知において、直ちに海から聳立して南に走り、三〇〇〇メートル内外の高峰を立て並べて本州中部の中心に近い木曽御嶽で終わっている。その東に並んで幾分西に振った中央アルプスが連なっているが、これは三〇〇〇メートル級の峰列は甚だ短い。南アルプスはさらにその東方にあって、諏訪湖の南から起こり、中央アルプスと並んで南北に連なり、高さは北アルプスに劣らない。しかし、峰の数は少なく、アルプスと呼ぶべき部分の長さは、北アルプスの半分もなく、次第に低くなって駿河湾で終っている。すなわち、これら三つの山地は、だいたい、雁行して本州中部を横断しているのである。

中央アルプスは別にして北、南アルプスだけについていうと、これらに、その東に平行した長い盆地がある。北アルプスには松本盆地があり、南アルプスには甲府盆地があって、山地の東側はだいたい急斜面をなして臨んでいるから山の急峻な姿がそれらの盆地から比較的よく見える。ところが山地の西側は、北アルプスでは傾斜が緩やかである上に、低い峰が起伏し、山の姿はよく見えない。ただ北端に近い所だけは、西側も急斜面になって、富山平野に臨んでいるから、これは例外である。

南アルプスは北アルプスと異なり、西に伊那盆地があるが、これも、それまでの傾斜が緩やかで、前山があるから、全貌はよく望まれない。東側も前山に遮られ、北アルプスのように山の全貌が見られる部分は少ない。

次に中央アルプスは東西両側とも傾斜が急だが、西側は木曽川で深い谷であるから、谷底からは山の姿が仰げない。東側は広い伊那盆地でここからは全貌が非常によく見える。

日本アルプスから流れ出す主な川は、北アルプスの東側では、北に高瀬川と南に梓川があり、松本市の北で落ち合って犀川となり、末は本州第二の信濃川となる。西側では、北から順に、黒部川、片貝川、早月川、常願寺川、双六川、高原川が源を発し、双六川と高原川は神通川となって、ともども日本海に注ぐ。中央アルプスの西側は、北アルプスの南端とともに木曽川を養い東側は天竜川を養う。南アルプスは大井川の全水を集め、その東側は釜無川、後に富士川を、西側は天竜川を養っている。

地図を見れば分かるとおり、中央アルプスの他は、地形が複雑であって、ことに北アルプスは甚だしく錯綜している。すなわち深い谷が縦横に刻まれ、その間に山脈が、幾枚もの屏風を立てめぐらしたようになっている。北アルプスの如きは、たびたび跋渉した者でなければ、地形の概念が得られないほどである。

北アルプスの盟主は、高さにおいては日本第三位の高峰三一九〇メートルの奥穂高を首魁とする穂高連峰であるが、容姿においてはその北に立てる槍ヶ岳を推すべきであろう。いずれにしても槍、穂高の連峰は、北アルプスの中心である。槍ヶ岳は山稜を東西に振り分け、東するものは大天井岳で常念山脈に合する。常念山脈は槍、穂高連峰の前衛のごとくその東をめぐり、北は燕を経て唐沢岳に終わる。この山稜の燕・槍コースをアルプス銀座と呼ぶことは唾棄したいが、確かにアルプス一の展望回廊というべきであろう。

槍ヶ岳から西に向かう山稜は、間もなく左に笠、錫杖の支脈を出してから、双六岳で北に向い、三俣蓮華で再び左右に分かれる。右は烏帽子、針ノ木、鹿島槍を経て、蜿蜒北に延び遠く白馬岳に連なる。これぞ、北アルプスの背骨ともいうべき最長の山脈である。古来、これは後立山連峰と呼ばれているが、名にし負う白馬岳を尊重し、その南に従う杓子、白馬鑓、天狗、唐松とともにこれを切り離して、白馬連峰と呼んでいる。三俣蓮華で左に分かれた山稜は、大きな弧を描いて北に向い、後ろ立山連峰と平行して、薬師を経て立山剱岳に連なっている。いうまでもなくこれが立山連峰である。

槍、穂高連峰の南は、焼岳を経て乗鞍、御嶽に連なる火山脈である。しかし、火山はここだけではない。立山の地獄谷とその南の小鳶山は火山の残骸である噴火口であって、富山方面から登山路の通っている弥陀ヶ原は、稀に見る広大な溶岩台地である。また立山の南方の五色ヶ原や黒岳の隣の祖父岳の雲の平も溶岩台地であり、鷲羽岳も火山で、その南の鷲羽ノ池は火口湖であり、火山と関係の深い温泉も、立山、白馬、鐘釣、祖母岳、中房、葛、上高地、蒲田の諸温泉が、所々の谷間に湧出している。

これら連峰の間に刻まれた主たる谿谷を見てみると、槍、穂高連峰と常念山脈の間からは梓川が南に流れ、上高地の盆地で西南に向かい、西に振った常念山脈の末端をめぐってから、東に向き直り松本平へ出る。

槍ヶ岳の北側に発した高瀬川は、後立山山脈と常念山脈の間を北に流れ、東に折れて針ノ木岳からの籠川と、鹿島槍からの鹿島川とを併せて、盆地に出て南に向かう。鷲羽岳から発して、後立山山脈と立山山脈との間を北に流れるのが有名な黒部川で、蓮華岳の下を過ぎると東に曲がり針ノ木岳の下で再び北に向かい、立山と剱の下で日本一ともいうべき深い黒部谷となって、親不知の西で日本海に注いでいる。その他、槍、穂高、焼岳と、笠、錫杖の間には蒲田川が流れて高原川に注ぎ、末は神通川となる。

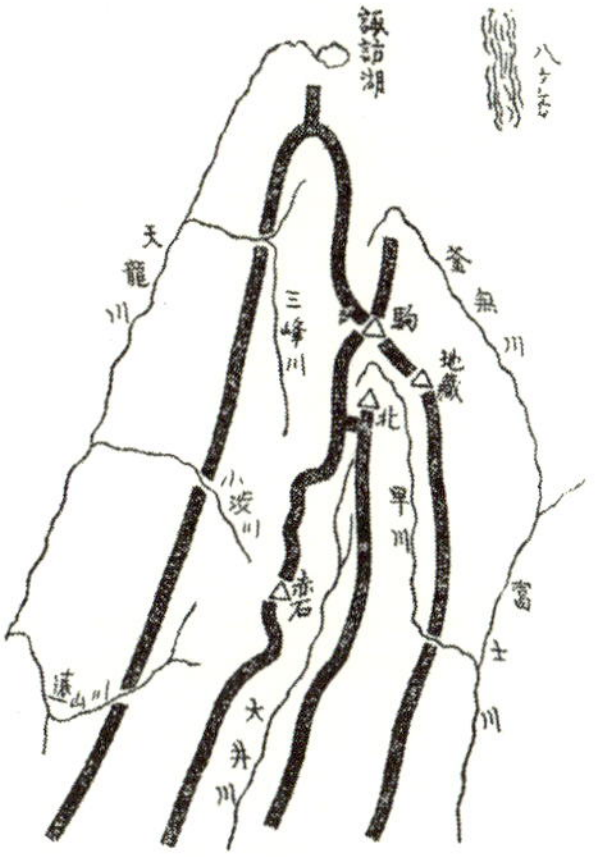

南アルプス主要部の地形

南アルプスすなわち赤石山地は大体において、北が尖り南が開いた楔形《くさびがた》をしており、明治の半ばに日本の地質を研究したドイツのナウマンは、これを赤石楔状《けつじょう》地と呼んだほどである。この山地は最高峰が富士に次ぐ三一九二メートルの白峰三山の北岳であるから高さからいえば白峰山地というべきであるのに赤石山地と呼ばれているのは、北岳が前山の重なった奥にあって一般に知られず、伊那盆地からよく見える赤石岳が、古くから地方の人に親しまれていたためであろう。そして赤石の名については、木暮理太郎によると、山肌が赤いことは事実であるが、それから起こったのではなく、その南麓の沢にラジオラリア（放散虫）板岩という血紅色の岩石が露出して沢の名を赤石沢と呼ばれていたのが後に山の名にも用いられたということである。

南アルプスの地形は北アルプスのように複雑ではない。中心になっているのは前記白峰山脈と赤石山脈で、これらは数において北アルプスとは比較にならぬがいずれも三〇〇〇メートル内外の高峰を並べて東と西に並列しており、それぞれ（甲斐）駒ヶ岳山脈と伊那山脈とが前衛のごとく外側に平行に走っていて、ちょうど、諏訪湖の南方から、四本の指で拡げたようになっている。これら外側の山脈は一段と低いが、ただ駒ヶ岳山脈の北部だけは、三〇〇〇メートルに近い駒ヶ岳があり、平均するとむしろ白峰山脈よりも高い。前にも述べたように、南アルプスは中ほどから南は次第に低くなっているが、赤石山脈の落ちていく途中に秋葉山があり、駒ヶ岳山脈の末に、身延山があるのは面白い。

南アルプスから流れ出す川は、いずれも山脈の方向に流れている。最も大きいのは大井川で上流は田代川といい白峰、赤石、両山脈の起点、両者の接する所から発し、両山脈の間を南に向かって太平洋に注いでいる。それは黒部川が立山、後立山両山脈の間を北に流れ、両山脈とともに日本海で終わっているのとよく似ている。木暮理太郎の言を借りて云えば「つまりこの二つの川は、日本の大屋根ともいうべき南北の二大山脈から滴り落ちる無量の雫を集めた絶大の雨樋ともいうべきものである」白峰山脈と赤石山脈とが接する所の北側、田代川の反対の側からは田代川が発して北に流れ、駒ヶ岳と北岳との間を東に向かい、北岳を取り巻いて南に流れ白峰山脈と駒ヶ岳山脈との間を身延山の北まで来て、富士川に注いでいる。赤石岳の西側に発した小渋川は北西に流れ、伊那山脈を横断して天竜川に注いでいる。赤石山脈と伊那山脈との間を流れる川は、南方の水窪川の他は、このように伊那山脈を横断する川の支流である。

（二〇一四年三月二六日、国土地理院は全国の主な山の標高を最新の測量方法で測り直した結果、これまで全国四番目の高さだった間《あい》ノ岳（山梨県・静岡県）が一メートル高くなったと発表した。標高は三一九〇メートルとなるため、長野県と岐阜県にまたがる奥穂高岳と並び、全国で三位タイとなる。

国土地理院は山岳を含む一〇万八〇〇〇か所の測量地点について、GPSを用いた方法で再調査。標高は、間ノ岳など四八山がそれぞれ一メートル高くなった。逆に安達太良山（福島県）など三九山は一メートル低くなった。測量方法の違いだけでなく、地殻変動なども理由とみられるという）

第四章　槍ヶ岳をめぐる人々

明治三五年（一九〇二）の夏、烏水と槍ヶ岳へ登ったのは、横浜のスタンダード石油会社に勤務していた岡野金次郎であった。彼は、明治二七年、徴兵検査で烏水と相識ったのだから、古い仲間である。二人は明治三四年、平湯峠から乗鞍岳へ登り、頂上から初めて槍ヶ岳を眺望し、しばし唖然となってしまった。ウェストンは、乗鞍から初めて穂高を見て穂高に登ったというが、二人は乗鞍で初めて槍を見て槍へ登ったことになる。

余談だが、このころの鉄道は高崎―直江津間を走る信越本線の大部分が信濃を通じて越後に入り、旅客貨物の量は東海道線の次だった。篠ノ井線は篠ノ井駅で分かれて塩尻に達し、笹子トンネルで苦労した新設の中央線と接続、そしてさらに木曽川の渓谷に沿って美濃に出ようとしていた間際だった。当時山梨県下の馬車鉄道は、山梨軽便鉄道・富士馬車鉄道・都留馬車鉄道の三つが走っていた。富士登山を志す人は、これらの馬車鉄道を利用していた。

明治三六年一月のある日、岡野は勤め先で、支配人のジェームズ・ハッパーという男が、ボーイに一冊の分厚い洋書を渡して在留外国人の「読書倶楽部」へ返却してこいという命令をうけ、包装しているところへ来合わせた。何の気もなく手に取って見ると、驚いたことには、槍ヶ岳や乗鞍などの飛騨の山々の写真が巻頭に出ている。本の名を見たら〝*Mountaineering and Exploration in the Japanese Alps*〟という題で、一八九六年（明治二九年）ロンドンから出版されている。心臓も止まる思いで要点を手帳に写し取ると、その日の夕方、同じ横浜山王山の烏水宅へ駆けつけた。

「おい、君、大変な書物があるぞ」。烏水は岡野の剣幕にも驚いたが、その本の話は本当にできないほど驚いた。今の今まで、自分達が第一登山とばかり信じていたのに、一〇年も前に槍ヶ岳へ登った外国人がいようとは、烏水はすぐには信用しない。「ほんとかい、君」と、念を押したが、その写し取ってきたタイトル・ページを見せられてやっと信用したのであった。それから半月経って著者のウエストンが目と鼻の先の同じ横浜に在住していると知って二度びっくり。

ウエストン著『日本アルプス登山と探検』

最初は岡野が手紙を出して一人で訪問した。その時、ウェストンの応接間には、リュクサック、アルパイン・ストック（ピッケル）、ロープ（ザイル）、登山靴などが置いてあって使用法を話してくれた。岡野は金剛杖を使ったと云ったら、ウェストンもよく知っていて、金剛杖は日本の登山に適していることを認め、アルパイン・ストックは氷河用なので日本には必要ないであろう、と語った。そして、イギリスを初め先進国のアルパイン・クラブについて説明し、〝日本にも設立したら〟と示唆され、大いに歓待してくれた。

『日本風景論』から察して自分が初登頂者とばかり思い込み、『文庫』に得意になって登山記を連載してきた烏水にとって、ウェストンの出現は大きな脅威で圧迫感に満ちていた。だから当初は心の整理がつかなかったが、やっと気持ちが落ち着き、ウェストンに手紙を書いて面会を求める気になったのが、文章にはないが事の真相だろう。手紙を出すと折り返し、返事がきた。

「君の槍ヶ岳登山を聞いて、よろこんでいる。そして、すぐお目にかかってお話することを、楽しみとし、また希望する。今夜私は公会堂で〝高山登りと冒険〟の講演をすることになっている。君はあれ程、英文をよく書くのだから、きて下さるだろう。それでここに入場券を封入する。もしお差支えがあるなら、この状持参の者にお返しを乞う。小生は木曜日には午後四時から五時まで在宅、よろしかったら拙宅へ御来訪を乞う」

この手紙の原文は小島烏水著『アルピニストの手記』の巻末に載せてある。

次の二月には、烏水も岡野と二人してウェストン宅を訪れ、青年の感激をもって偉大な登山家の話に顔を紅潮させて聞き入った。ウェストンは二人の前に、イギリスの山岳雑誌『アルパイン・ジャーナル』数冊と、その大会の案内状、展覧会の目録、写真、登山用具などなどを広げて見せてくれた。アルパイン・クラブを日本に創設させることについては、烏水はとくに熱心だった。ウェストンの方でも、独力で槍ヶ岳の頂上へ登った青年が、日本人の中から現れたのを大変喜んでくれた。

このウェストンとの交際が、やがて後日、烏水の名著『日本アルプス』四巻を書かせ、そして日本アルプスの名を初めて日本人の目の前に大写しにさせ、〝おやおや聞き慣れない名前だな〟と思っている中に、確固不動の地歩を占めてくる機縁をつくるのだ。

この明治三六年（一九〇三）当時では、この本が唯一の教科書であった。岡野がウェストンから『日本アルプス』を借用していたのを、烏水は無断転借し、本の要点を翻訳することに決め、日本の風俗習慣を説明した外国人向きの記述は割愛し、山に関する部分を忠実に直訳し、写真版には上から白紙を当てがい、岩のしわ、残雪までスケッチ風に写し取った。それを挿絵にし、翻訳原稿を一巻に綴じこみ、表題に「日本中央大山系横断記」ウェストン氏著、小島生縮訳、としたため、巻末に「明治三六年三月一五日訳了」とした。その後、ウェストンから友情記念にと原本を恵贈してもらった。烏水は、明治三八年博文館発行の『中学世界』に、「日本の高山深谷を跋渉したる外国人および其紀行」を寄せたが、この中で気になる文章は、

「土人が〝赤岩の小舎〟と呼べる自然の岩窟に、主人なる猟師と共に合宿したることありき。その夜、樺を燃やして明を取り、熊肉を味合いながら、猟師と語り明かしたりしが、彼のいえるよう。かかる深山なれば、われらの仲間か、イワナ釣りのほかには、絶えて人の登りたりというを聞かざりしが、ただ一度驚かされたるは、いまより八、九年前、思いもかけぬ西洋人が登山し来れることにて、その日は大雨のため、頂上になんなんとするところより引き返えし、この小屋に一泊して下りゆきしが、思い切れずや翌年、同じ人また来りて、こたびは絶巓を窮め、悦び勇みて下山しぬ。初めは鉱脈水晶などを目がくる山師のたぐいかとも思いしかど、二年、三年、登山にさせる振舞な

かりしは、ただ好奇よりの遊山にやあらん、と余も聴いて驚き呆れぬ。けだし槍ガ岳の位置と、その異常なる雄峻の山貌とを知るほどの人は、殊に好みてかかる山の登攀を企つる外客が、尋常一様の愛山家にあらざるを知ればなり。よりてその人の郷国氏名を訊ねたれど、何事も知らずとのみ、いささかも獲るところなりき」

という一節の中に出てくる、西洋人のことである。いうまでもなくウェストンに違いない。しかし、これを前述の『山水無尽蔵』や、初出の『文庫』二十四巻五号を読むと、文中の熊撃ちや樵の明りのことは書いているのに、なぜか西洋人については一言も触れていない。急いこんだ第一登山にこだわり過ぎて相手方を黙殺したわけというよりは、西洋人の登山そのものがまったく理解出来なかったのであろうか。このへんの記述は、烏水に何か考えがあったらしいが、何か釈然としないものを感じる。それが『中学世界』にだけ、赤岩小舎でなんでウェストンを思い出したように登場させたか不思議だ。烏水は後年の著書の中で、

「ウェストンと交通が頻繁になって、私はウェストンの人となりや登山事蹟を、『中学世界』や『手紙雑誌』で邦人へ紹介した。『日本アルプス』を日本人に教えてくれた最大の功労者は、確かにウェストンであるが、同時に私はウェストンを、日本人に紹介する役目を務めたつもりだ」

と述懐しているところがある。しかし烏水とウェストンとは手紙の往復はいざ知らず、実際の往来はあまりなかったのではないだろうか。前に述べたように、岡野はすぐにウェストンを訪問しているし、最初にウェストンの居住を調べたのも岡野で、二月一四日、横浜公会堂で「高山登攀および冒険」の講演に招待されていながら、なぜか烏水はこの日、出席していない。このことは、「自分は強

がり屋のくせに、その実、はにかみ屋であったから」と自身でもいっている。

そうしたわけかどうかは知らないが、その後の講演会では、岡野だけ切符をもらっている。岡野が行ってみたら、席順が迷惑千万にも、イギリス大使の隣席が取ってあったので窮屈で困ったというと、烏水は「そんなことを窮屈がる男ではない。ちょっと窮屈がるくらいなら神妙なものだが」と皮肉っているが、ことウェストンに関する限り、岡野の方が熱心で素直だと思う。烏水と岡野とは、一方が有名になったり、名士扱いにされるのが嫌いな性分だったため、次第に二人の仲が冷却し、たまの文通で晩年を別々に送った。一人は有名、一人は無名。互いに疎遠になるのはどこにでもある話だが、聞く方にとってていい気持ちはしない。

ウェストンの事蹟については、まだいろいろな事を書きたいが、それは一応後に回して、いよいよ日本山岳会結成について触れるときがきた。しかしその前に、一つ隠れた登山史のあることを記しておく。話は少し遡及するが、チェンバレンの『日本旅行案内』を翻訳し、その一部を引用して作った名文献は、いうまでもなく志賀重昂の『日本風景論』であった。しかし、時代の先駆者である氏が、山の世界から、それっきり消えてしまったと思うのはいささか早計である。いやそれどころか、きわめて注目すべきものがありながら、今まで見落としている方に落ち度があるというものだ。

日本の近代登山の一つの転機となったウェストンの『日本アルプス』は、ちょうど折よく槍ヶ岳を登ったばかりの烏水達に発見されたが、それは明治三六年だといった。少部数発行の英文山岳書では、それも無理からぬかに見えたが、それより早く志賀重昂はこれを見逃さなかった。すなわち、明治三四年七月、雑誌『春秋』一一月号の中に『日本アルプス』を取り上げ、「日本アルプス山に登るべし』という論文を掲げたのである。日本登山史上、日本アルプスという文字を使い、日本人に紹介した文献では恐らく初期のものではないかとおもう。このような重要な文献が早くに発行されていたことに気づかなかった知識人達は、なんと弁解すべきであろうか。いわゆる近代登山の門戸は、この時すでに開かれていたのであった。その一部を抜粋すれば、

「いわゆるアルプス山は、このごとく俗了されしか、しかも未だ俗了もせず、且つはタータランの奇矯を学ばでも済むべき一大風景区域の日本に在るなり、長老ウォルター・ウェストンの〝日本アルプス山〟すなわちこれなり。……〝日本のアルプス山〟は、越後・越中の境上より飛騨・信濃の間に延縁る、日本本島の中央に盤峒せる大山塊にして、南北三十五里・東西二十里、花崗岩帯と片麻岩帯との間に劈入せる火山岩帯の錯交する所、日本国中の真成なる〝深山幽谷〟をなし、〝石剣鑽青〟の四字は、実にこの区域を代表せり。……日本のアルプスに入る行程を指点せんか。東京、横浜よりすれば、上野発一番列車に搭じ、高島・屋代・篠ノ井・西条（以上鉄道）を経て当夜は松本町（信濃）に一泊し、同町より西行して高山街道を取り、波多・島々・入山の諸村を経、大野川村より先づ乗鞍岳（三一七〇メートル）に登り、岳を下りて白骨温泉場に出で、それより北行して、信濃・飛騨境上の阿房峠（一九五〇メートル）硫黄岳・穂高岳（三〇七〇メートル）鎗ガ岳（三五三〇メートル）笠岳（三〇〇〇メートル）を跋渉し、進みて信濃・越中境上の獅子ガ岳・針ノ木峠（二五〇〇メートル）鹿島鎗ガ岳・大黒岳・鎗ガ岳を経略し、さらに北行して越中・越後境上の白馬岳・大蓮華山（二九三〇メートル）を登臨し尽くし、下りて蓮華温泉（一六六〇メートル）に至り、遂に越後糸魚

河畔の小滝村に下り、それより四里半にして日本海岸の糸魚川町に出で、糸魚川より十一里直江津に出で、直江津より汽車に搭じて東京将た横浜に帰着し得べし。……この間を跋渉するにはあるいは一カ月の時日を要す。衣服は軽装なるものを最も主とし、プランケット、油紙、麻縄（断崖を下るに用う）を携帯すべし。……山中長靴にては滑る箇所間々あり、ゆえにチェンバレン、ウェストンなどの少数の西洋人にして、この山中に入りたる者もまた、日本の草鞋を用いし、さらに注意すべきは這般の諸山岳は、山民視て以て神霊の窟宅となし、その頂上には、たいがい神もしくは仏を奉祀するを以て、もし、それ軽浮にもこれを褻瀆するがごとき行為あれば不測の患あることこれなり。いまや長夏の候となり、登山の期節到る。ためにこの稿を草す」

とある。しかし日本文で初めて日本アルプスとウェストンを紹介した折角の文章は、このとき人一倍勉強家の烏水達も見落として一般に注目されることなくそのまま時を過ぎ、明治三十九年（一九〇六）に高頭式の『日本山岳志』に収載されるまで、ついに好機を逸してしまったのである。

いよいよつのる大吹雪　如法《にょほう》暗夜の天地《あめつち》を
うちゆるがして荒《すさ》びくる　氷のつぶて雪のたま
天幕《てんと》劈《つんざ》く音すごし

明治三五（一九〇二）年一月、青森第五連隊第二大隊の将卒二一〇名は、青森市から田代街道に沿い雪中行軍を行った。連隊は明治八年以来、雪中行軍には多くの経験があった。しかし、山中ではあまり経験していなかったし、中隊以上の規模での実績もなかった。大隊は八甲田山麓田代元湯に近づき、駒込川の源流鳴沢《なりさわ》付近で猛吹雪に道を失い、一九九名もの犠牲者を出した事件は、当時空前の悲惨事として一世を震駭させた。

青森の連隊では、行軍第一日が荒天でなかったので、多少の困難はあっても田代には到達したものとばかり信じていた。

しかし、その日の夜半から風雪が烈しくなったので、二日目は出発を中止したか、途中から田代へ引き返したかと判断した。念のため士卒四〇人が田茂木野まで出迎えに出たが、午後一二時になっても行軍隊の消息をつかめなかった。だがこのころ山中では、すでに言語に尽せぬ地獄絵が展開しつつあったのである。

当時の新聞はイギリス系の『タイムズ』のような評論紙で、発行部数もせいぜい二、三千から一万止まりの中小企業といったところ。政治部、社会部、文化部などの区別もなく、特派員を出すわけもない。史上最大の遭難が詳しく扱われなかったのには、陸軍の大失敗な事件だけに報道は厄介だった、と言わざるを得まい。

この第五連隊の遭難は、ビッグニュースとして全世界に報道され、後日、ノルウェー政府から雪中行の必需品用にと、スキーを送ってきた。スキーの日本への初渡来だが、誰も問題にせず、連隊の物置で埃にまみれ、いつしか処分されてしまった。

当時の日本人はみんなスキーを見たことがないし、スキー登山と称した冬山登山など考えもつかないことだった。

登山といえば夏季の期間に限るとばかり承知していた時代である。

スキーのことは、もう少し後で触れようと思う。

越後の三島郡に高頭式（仁兵衛）という奇特な豪農が住んでいた。子供の時分から山が好きで手近な山に出かけていたが、家人から病弱を理由に登山を止めさせられた。それならば、と日本中から山に関した資料を丹念に集めて整理し、膨大な草稿を書き上げた。

高頭はいろいろな雑誌で小島烏水の名は知っていたので、草稿を抱えて上京し、本を出すことを相談した。そのころの烏水は、隔月雑誌『博物の友』に拠った日本博物同志会の面々と、それに弁護士の城数馬らと山岳会をつくる準備にかかっていた。高頭の話に喜んだ烏水は、さっそく『日本山岳志』の編集にとりかかる。高頭はまた山岳会発足に賛同し、「一〇年くらいは資金援助をしてもよい」と申出てみんなを力づけ、創立会員の一員に加わった。

出来上がった『日本山岳志』の大冊には、長文の「山岳会設立主旨書」が挿入され、また機関誌『山岳』第一年第一号の巻頭を飾った。

烏水は「『日本山岳志』には幾多の欠点もあるだろうが、わが国ではこの種の本は初めてのものであって、高頭君に敬意を表するものである。また『日本山岳志』はチェンバレン氏、英国公使館のメーソン氏、それにウェストン氏あたりであろう、外国人の教えをも受けた」と言っているが、出来上がった本は、山の百科事典といってよい。

「登山術」の欄で、「登山について」を小島烏水が書いている。これは一〇項目にわたってかなりくわしい。その他に大平晟の「登山の心得」と、著者とあって高頭式氏による「登山術」と「支那の登山術」という今日からは甚だ珍しい一項が含まれている。次に「山嶽諸説」となっていて「登山の壮快、矢津昌永」、「山の形、理学博士神保小虎」、「日本のアルプス山に登るべし、志賀重昂」、「高山の特色、理学士山崎直方」、「富士山と気象、野中到」、「山岳に就いて、理学士石川成章」、「山上発見の大古の遺物遺跡、理学博士坪井正五郎」、「山岳、理学士佐藤伝蔵」などが集録されていて一偉観をなしている。さらにつづいては「日本地質構造概論」の見出しがあって「原田豊吉氏日本地質構造諭概梗」と「小川琢治氏日本群島地質構造概梗」の二篇が含まれていた。

いよいよ本編となって「(山嶽各記)」がある。北日本は北海道の蝦夷山系の天塩《てしお》山塊の見出しに、まず「弁花片山」があり、日高山塊がつづく。「奥羽」は北上山系にはじまって、全国の山々におよび、最後は台湾の「大屯火山群」の「大屯山」で終わっている。これにはかなりの数の「補遺」がそえられているが、烏水も序でいっているごとく完璧ではもちろんあり得ない。当時の国内の状態からいって仕方あるまい。丹沢山も谷川岳も見出されないし穂高は岳ではなく山と呼ばれていた。

『日本山岳志』の巻末には三七頁に及ぶ「山嶽噴火年表」と一三〇頁に及ぶ「山嶽表」が付せられておりなかなか便利である。本文の「富士山」のところをあけて見ると、不二山に初まって鳴沢高根、羽衣山、竹取山、吹風穴山、恋ノ中山、四季鳴山等三六の異名が掲載されており、さらに、都良香の「富士山記」など精細な富士に関する文献が見うけられる。

『日本山岳志』は、初期登山開拓期に、主として文献の蒐集の上に築き上げられた日本山岳の大観であり、とくに登山路についての記述がその価値多き所以であった。

ウェストンは烏水との会話の中で、北アルプスはその登山の困難さにおいてヨーロッパ・アルプスの峻峰に及ばぬこと、むしろ山また山の中に外部よりうかがい知れず鎮座する赤石山脈の諸峰がヨーロッパ・アルプスとその嶮を競うものであることを説いた。日本の岳人が北アルプスの開拓終了と共に次第に南アルプスに入り始めた方向性はすでにここに決定した。しかしウェストンは日本の山脈の渓谷森林の美を指摘し、そのヨーロッパ・アルプスに遙かに勝ることを説いていた。

明治三八年（一九〇五）、ウェストンは帰国の際、日本の山岳会設立をぜひとも成功させるよう力づけて去ったが、果せるかな熱心な手紙を書いて寄こした。

「昨週、余はアルプス倶楽部の例会に出席し、貴下その他の諸氏のことを臨席の諸友に語り、日本にアルプス倶楽部を建設する望みこれあるを以てしたるに、わが教会のビショップとして声名高き倶楽部会頭をはじめ、委員諸氏は至大なる興味を以て余の言を聴き、封入の書翰を余に托して貴下らに致さしむるの栄を担えり、余は改めて貴下を要して問う。城君や武田君と諮り、一刻も早くアルプス倶楽部に着手し給うことは出来ざるや、と。われらの倶楽部とて、今こそは高名になりたり、初めはきわめて微々たるものにてありし。（中略）余に告げよ。日本のアルプス倶楽部は、直ちに着手せらるべきことを。よし、小規模にてもあれ、何の躊躇、何の畏怖がこれあらん」

こんなに激しい手紙がウェストンから届くと、紙裂けて電火発する思いがした、という。

イギリス・アルパイン・クラブの会長ブリストル、名誉書記のマムが連署してウェストンに托した書翰には、次のような好意に満ちたことばが書かれてあった。

「日本の紳士諸君が、日本のアルプス倶楽部建設に意ある件につき、昨日貴下がわれらに致されたる至って興味あるご報告は、昨夜当倶楽部の委員会に提出致され、満場一致にて、貴下に当倶楽部の規則書二部を人名簿と共に呈し、当倶楽部よりとして、貴下と音信ある日本紳士にご転送を乞うことを可決いたしました。承るだに悦ばしき、日本に容れられんとする目的をはかどらしむるため、当倶楽部にして何等かの助力を与えられるべきものがあれば、われらは承らんことを望み、且ついつにても、あらゆるかかる通信に、翼々の注意を与うるを準備いたします。一九〇五年六月七日」

第五章　日本山岳会の発足

明治三八年（一九〇五）、ウェストンの帰国中に日本山岳会は成立した。そのころ植物や昆虫採集にあちこちの山に登り、隔月雑誌『博物之友』に記文を出していた博物同志会の若い人達がいた。彼らは同誌の紙数が不足して困っていた。そこの横浜支部のメンバー、武田久吉・高野鷹蔵・梅沢親光・河田黙ら、それに弁護士の城数馬達と烏水が一緒に会をつくろうと相談し、一〇月に発会の運びとなったのである。会名は単に「山岳会」と称した。高頭の財力と強い意志、城数馬の社会的地位と老練な注意、博物同志会の若いエネルギーと真剣な努力、烏水の文才と熱意とが寄り固まって、ここに日本に初めて、山の集団が誕生したのである。

ウェストンからきた書翰の内容は、同年八月、イギリス・アルパイン・クラブ発行の『アルパイン・ジャーナル』一六九号の五四二ページ「会報」欄に転載された。ついでだが、世界中の山岳会の最古の歴史を有するイギリス・アルパイン・クラブが創設され、山岳雑誌『アルパイン・ジャーナル』第一巻第一号が発行されたのは、一八六三年（文久三）三月に遡るが、当時のヨーロッパでは〝アルプス黄金時代〟はすでに過ぎ去っていた。すなわち、アルプスの最高峰モンブランは、一七八六年にいち早く登られ、前人未登の山として着目されていたワイズホルンも一八六一年にチンダルが初登頂し、あとに残ったのは、マッターホルンだけとなった。これについては、その創刊号に、

「スイスの他の凡ての興味ある目的物（主として山岳）が尽くるとも、マッターホルンは残る。征服されずに、そして明らかに侵略されずに」

と、当時の事情が雄弁に語られているのもなつかしい。しかし、これに反して日本山岳会の成立時分（明治三八年）には、日本アルプスへの入山者は物の数に入っていない。槍ヶ岳は、ウェストンの著書によって外国人の間に多く知られ、明治三六年にはイギリス人三名が赤岩の小舎まで達したが、豪雨のため中退し、翌三七年にもイギリスとアメリカ人が登り、三八年に登った外国人の一隊は、大雨にあって難渋した。彼らは軽井沢に避暑に来ていた外国人達だった。

日本人では、明治三六年、信州の人円山注連三郎・高島伝二良・野本又次の三名が登る途中でこのイギリス人達に出会っている。播隆上人の開山記録を公にしたのも円山達だ。また、三七年には、松本の新聞社が槍ヶ岳登山を主宰している。このころ陸地測量部の三角測量は着々と進み、槍ヶ岳頂上には明治三五年、測量部の直井武・中疇擢らによって二等三角櫓が建設されていることは知っておきたい。このように、槍ヶ岳こそ次第に明るみに出されたが、日本アルプスそのものはまだ暗黒のベールに覆われた、封を切らない自然の秘境であった。明治三九年四月発行の、日本山岳会機関誌『山岳』第一年第一号はこれを取り上げ、

「山岳会は、創業の際とて、雑誌の体裁、編集方法等、未だ整わざるところ、多々是あるべく、そ

れらは漸を遂うて、改むべく所存。会員もしくは読者諸君において、お気づきの件もあれば、ご助言下されたく、とりわけ写真および原稿のご寄送は、最も懇請するところなり。本邦（おそらくは全アジア州）に、未だこの種の雑誌なく、実に本誌を以て嚆矢となす「それゆえに範となすべきものなきため、記事その他に、窺い知れぬ困難あれど、また一方よりいえば、日本の山岳は未拓未開の領分きわめて多きがゆえ、かのイギリスのアルプス倶楽部がアルプス山をほとんど究め尽くし、雑誌に掲載するものですら、ヒマラヤ山のごとき全世界最高の境地を選にあらざれば、人目を惹く能わざるに至れるに比すれば、本邦山岳は、十分に調査の余裕あり」（注：原文多少修正）

と、未知の世界へ前進を開始したが、それは決して成算があってのことではなく、とくにお勝手許は苦しかった。少ない会員と会費だけで会を運営し、しかも機関誌を年に三回も発行するのは容易でなく、こういっている。

日本山岳会会誌『山岳』創刊号

「本誌は、本会の目的から推しても、ご承知のごとく決して営利的の雑誌ではありません。のみならず、発起人どもは、いずれも文筆に縁の遠い人々でありまして、雑誌を経営する術など、すこぶる不味いのであります。……いずれも忙しい職業、もしくは学務に服していながら、乏しい時間を割いて、ある者は資財を割いています。要は一人にも多く、山岳の趣味を伝えたいというのですから、雑誌の代価も、非常に安くしてあります。これが五千とか、一万とか部数の出る雑誌なら、もっと安くも出来ましょう。……右の事情でありますから、会員諸君、読者諸君は、なるべく多くの同志者を糾合して、加わっていただきたいのです。……本会は、かくのごとく微力ではありますが、発起人のいずれもは商売人でないだけ、体面を重んじておりますから、前金のお払込みに際しては、ご懸念のないよう願います。いかなる場合にも、不当な損失を諸君に蒙らすようなことはいたしません。義務は必ず尽くします。この点は十分にご信用を願います」

会の資財については、高頭式が私財を投じたればこそ、『山岳』は維持しつづけることが出来た。彼は一〇年間、毎年一〇〇〇円ずつ寄附することを約していたのである。『山岳』一冊の定価がなんと三五銭の時代で、会費はいくらかというと、会則の第九条と第十条を関連させて次のように分けた。

第九条　本会会員を分ちて正会員、特別会員および名誉会員の三種とす。特別会員は本会の事務を賛助し、次条に定むる会費を納むるものとす。名誉会員は本会役員の推せんに係わるものとす。

第十条　正会員は会費年金一円とし、特別会員は年金三円以上となし、何れも前納するものとす。名誉会員よりは会費を徴収せず。

創刊当時の正会員を数えると九一名、特別会員は高頭仁兵衛・城数馬・志賀重昂・神保小虎・山崎直方・小川琢治・田中阿歌磨ら二五名に過ぎない。ウェストンと重昂は「間もなく名誉会員に推された。特別会員というと金持ちか名士を連想するが、創刊号の最後尾に列している荻野音松は、その点、正に〝特別〟な存在だったので少し触れておこう。彼は『山岳』(一年三号、二年二号、三年二号)に南アルプスや奥秩父のきわめて初期の貴重な記録をもたらしたが、不幸にも明治四一年七月、病気で急逝してしまった。某氏は、彼から原稿をもらうため特別会員というのだから、さぞかし立派な門構えの邸宅とばかり思って捜しあぐね、側の焼芋屋に寄って訊ねると、わたしの家が荻野で……」といわれてびっくりしたというエピソードが伝えられている。

ここで一言。

荻野音松（東京市牛込区）は、正しくは会員ではない。父勝五郎の名で入会していることは存外知られていない。荻野は、非営利事業の山岳会を潰したくない一心で、三倍も高い特別会員を買って出たのである。心の温かな青年だったが二年後、惜しむべし、僅か二七歳で世を去った。

話を戻すが、山岳会の性質が、純正科学を旨とせず、一方に偏した学術の会ではないことから、会員には各界の名士が名を連ね、予想外の進展に幹部はみんな胸を撫で下ろしたのだった。

そんな主な会員にはどんな人達がいたのだろうか、を並べてみよう。

『帝国文学』記者で、詩人であり、劇作家の文学士小山内薫（撫子）。小説家・園芸家の前田次郎（曙山）。植物文芸に造詣深い畔柳都太郎（芥舟）。詩集『日蓮上人』・脚本『七桔梗』の著者山崎小三（紫紅）。自然愛好者で紀行文家の田山録弥（花袋）。『太陽』文芸評論家の高山樗牛。長谷川誠也（天渓）。詩集『孔雀船』の著者伊良子暉造（清白）。かつては詩人であり、その後法官となった柳田國男。『海洋青年』主幹で文界の鬼才伊藤銀二（銀月）。（彼は明治四三年『日本風景新論』を出し、志賀重昂の『日本風景論』を痛烈に批判した）。一派詩人の領袖で『塔影』著者の河井幸三郎（酔茗）。『日出國』新聞記者で、ラボック『自然美論』訳者の正岡芸陽。そして『破戒』の一作で文壇を聳動《しょうどう》し、信州の自然を活描する島崎春樹（藤村）。青年漢学者の泰斗、文学士久保得二（天随）といった錚錚たる面々を擁した文学会でないこうした会は、他になかったのだから素晴しい。

日本アルプス特集号ともいえる『山岳』第一年第三号は、巻頭にウェストンが「日本アルプスの壮美」と題した寄稿文を掲げ、「会報」欄に、

「自然の気運というは、妙なものにて、日本人の登山を愛好するは、今日に始まりたることならねど、こは一部人士の迷信に基づける、礼拝登山を最とし、専門学者、必要上の登山これに次げる観ありしが、近来は漸く一般的ならんとする傾向あり、これ大いに悦ぶべし、吾山岳会の起れるも、この機運に致するところとはいえ、登山趣味鼓吹に力ある一機関となれるは、これもまた悦ぶべし」と、急激に普及してきた登山熱が、新聞紙上にも掲載されたと報じた。中央新聞は「山岳の研究」、東京朝日新聞は「高山植物園の必要」などの論説を掲げ、大阪毎日新聞にいたっては、高山生活と称して社員二名を派遣し、立山・御嶽登山の経験談を載せるほどの熱の入れ方だった。

詩人・文士達が大勢入会してきたのは、『山岳』編集に持前の才覚を発揮した小島烏水の影響である。烏水はすでに『文庫』の編集者として、同時に文人として、山岳紀行文学の若き旗手として知られていた。処女作『扇頭小景』のあと『木蘭集』（明治三三年、新声社）、『銀河』（明治三三年、内外出版社）を相次いで出版し、このころから日本アルプス周辺の記行文をせっせと書きはじめた。「飛騨客信」「飛騨山水談」、さらに「乗鞍岳に登るの記」（三四年五・一一月号）のあと、渾身の力をしぼって自信作「槍ガ嶽探検記」を三六年一月号から一〇回にわたって連載し、この一作で山岳紀行家としての地位をゆるぎないものとした。

烏水は小島流といわれた一種独特の美文調で読者を魅了した。内容が面白いだけでなく、正確度は

別として、地理を論じ、動物を談じ、植物を述べ、ありとあらゆる方面にわたって盛られていた。

しかし、この連載記事を読んだ大町桂月は、あまりの意気ごみで、相当に誇張して書き過ぎた点を批判して、

「槍ガ岳は、高いといっても高が知れた土の瘤である。これしきの山に登るのに、何んだか命がけの旅でもあるように、長々しく書かれたのはどうも男子的ではない。しかし、これは貴兄だけでなく、文士の旅行家は、みんなあまりにも神経質で、臆病だ」

と辛辣な酷評を送りつけた。

烏水はこれを受け、後年の著書で軽く受け流した。

「未知の高山の興奮と、空想と、刺激性を桂月より多く持っているからで、つまり、傍観者と実行者との違いだ」

烏水のこの記録は、後に小訂を加え、『山水無尽蔵』という著書の巻頭に載せられ、一六〇頁を占めている。

なお、ここで一つの例外として、日本博物同志会の規則を見ると、その会告の末尾に、

「本会会員にして本会内山岳会の正会員たるべき者は、同会会費を年額金八十五銭に低減さるの特典を有す。但し右は、本会会員籍を有する間に限り、一旦会員名簿より削減されたる時は、直ちに消滅すべきこと、また申込みは本会事務所に宛つべきこと」

といういささか気になる文句がある。つまり日本山岳会は、博物同志会の一支会の形で生れたわけで、だからその会員は会費を少し負けてもらえた、とこんな次第になる。

日本アルプスの名は、日本山岳会設立以降に採用され、それはさらに、飛騨・木曽・赤石の三大山脈を北・中央・南アルプスに呼称するよう提唱された。登山の発達に従って、いままでは大きく一つに総称していた山名は、その峰頭の一つひとつにまで山名がないと不便になった。たとえば穂高山の場合にしてもそうで、目ぼしい峰には、前穂高・西穂高・北穂高・涸沢岳といったような新名がつけられた。それに登山の形式も、いままでは一つの山を上下するばかりであったのが、峰から峰へ尾根伝いに辿る方法が生れ、縦歩とか縦走ということばが使われるようになって、槍・穂高や、針ノ木・三俣蓮華間のような困難な縦走ですら可能になって、一度の登山で幾つもの峰々を経過するのであるから、日本アルプスの処女峰は、たちまちその姿を消していった。

もともと日本の山岳は、ずっと昔から信仰登山で開山された例が多く、明治になってからは、陸軍参謀本部陸地測量部員によって、三角測量標が到る所の頂上や尾根に設けられた。測量時の登山記録は、いつ、だれが、どこからということが不明だが、要するに、どんな山岳もすでに人が登った事実を考えると、純粋なパイオニアの感激は覚えられない。

烏水の槍ヶ岳登山は、鳴り物入りの大宣伝で、折に触れ何かと後世に押しつけられた感がする。もちろん書物の上では、たしかに槍ヶ岳の最初の紀行文には違いないが、登って見れば陸地測量部の標識がちゃんと建ててあったし、石祠も半壊ながら残っていたはずだ。ただ、烏水の人一倍の感激性が、いささか誇張に過ぎたことだし、その回顧趣味がいつまでも引き合いに出されたのかも知れない。この当時、文人大町桂月は、『文庫』の連載を読んでこんな意味の手紙を送った。

「実は槍ガ岳紀行は、この春第一回分を拝読いたした。その後、ぼつぼつ出でて、まとまりがつかぬゆえ、じれったく思い、完結したらまとめて読むつもりでいたら、過日は思いがけなく二部送ってもらったので、ありがたく読んだ。第一回を読んだ時、あまり大袈裟な書き方をしていると感じた」

一、二年して烏水は、桂月の主幹していた『中学世界』に、「日本の高山深谷を探検したる外国人および其紀行」を寄書したら、桂月は尽力して載せてくれた、という一節は面白い。

話は少し横道にそれたが、烏水は山岳会第二回大会（明治四二年五月）の開会の弁を頼まれ、その挨拶の中で、こんなことを話した。

「……十九世紀になってヨーロッパのアルプスは、盛んに登られた。その前、十七世紀時代には、わずかに七〇〇〇フィートばかりの山に登ったというに過ぎなかったのであった。本当に高山大岳が陸続と征服されて、パイオニアすなわち開山第一世というものが方々の山岳に出来たのは、十九世紀に至って殊に多かった。いまの日本の山岳はどうかというと、勿論、アルプスでいう意味のパイオニアは、現在の日本ではみられないと思う。……これからの登山者というのは、あとから登って、初めてその山岳を作って、これを公けなる性質の文書に拠りて世に発表するに過ぎない。だから、ヨーロッパのパイオニアとは大分意味が違うが、世に紹介されない山はまだ幾つも残っている。それらが次第に愛山家の手で紹介されてゆくのは、あちらの十九世紀の初めの時代に似ているのだ。

それが唯今では、欧米にアルパイン倶楽部すなわち山岳会がたくさん出来た。とくにヨーロッパ・アルプスでは、山という山は悉く登り尽くされて、ただせめては、人の行かない、新しい道から登ろう。新しい山に登りたくとも、登り尽くされて最早出来ないから、新しい道からでも登って、初めてのレコードをつくろうというふうになっていると聞いた。で日本では、未だなかなかそこまで行っていない。片方においては、二十世紀に進歩した事業があるのに、われわれは十九世紀前半後半の境界時代の仕事をしているのかと思うと、少々肩身が狭い。……イギリスなどの山岳雑誌を見ると、随分必要のない危険を冒して、山師的の方法で登山する記事などが登載されると、山岳雑誌何号の登山方法に対しては、われわれ会員は裏書きすることを好まず、というような一種の抗議書を送って、反省と注意を与えている。……いまに山岳に窓を開ける鉄道も出来るであろう。子供を背負って槍ガ岳の天辺に登って、それを自慢に新聞に書くようなことがあるかもしれない」

烏水の話も、この辺にくると興味深くなる。例えば、ヨーロッパのパイオニアを持出しながら日本を比較したまではよかったが、新しい道を開拓するということに冷淡な態度を示していたこと。新しい登山法に対する無理解さ。これらが、日本における岩登りの発達をいちじるしく阻害し、ピークハンターといわれる古典的アルピニストに安住する人達からよろこばれていたのではなかろうか。これについては、すぐこのあと、ウェストンの講演会を一例にしてもう少し明らかにしたい。〝子供を背負って槍ガ岳へ〟という予言はなかなか秀逸で、満一歳にまだならない自分の赤ん坊を背負って穂高を登った男が、週刊誌に「○歳、穂高に登る」と題して掲載された。泉下の烏水はさぞや苦笑していることであろう。

山岳会の雑誌『山岳』第一号が発行されたのは、設立の翌年の明治三九年（一九〇六）四月である。その日付で設立主旨書が発表されたので、山岳会が同時に創立した感があるのはやむを得まい。

会長は置かず、総括者を城数馬、編集主任を小島烏水、財政を高頭仁兵衛、他の者は手分けして手伝った。七人の発起人の名前で書かれた山岳会設立主旨書には、だいたい次のような意味を述べている。

およそ山岳が、一国の地文と人文に大きく影響していることは、いまさら説くまでもない。日本の名僧が山岳を道場としてきた例は数えきれない。日本の山岳は高度こそヨーロッパ・アルプスにおよばないが、さまざまな変化の多いことではアルプス以上のものがある。にもかかわらず日本人は山岳の知識を欠いているのが残念である。山岳会はイギリスの『アルパイン・ジャーナル』を範として山岳専門の機関誌『山岳』を発刊し、山岳に関する考察記事を網羅して山岳趣味と知識の啓蒙をしよう、というのが主張である。

巻末の山岳会規則には、

「本会は山岳および山岳に隷属する森林・湖沼・渓流・高原・瀑布・植物・岩石・天象などに関する科学、文学、芸術、その他いっさいを研究することを目的とし、かつ全国に登山の気風を奨励し、一般登山者に便宜を与えることを期する」

と、はっきり明記した。

しかし、会の主目的は、機関誌『山岳』の発行であり、年三回発刊を目標にして発足したのだった。会員氏名としては、高頭仁兵衛ほか一一七人の名を掲載し、いよいよ本格的な活動を開始した。第一年第一号の主な掲載記事は次のとおりである。

「山岳の成因について」(理学士小川琢治)、「高根の雪」(理学士山崎直方)、「北海道の火山」(理学博士神保小虎)、「湖沼研究の趣味」(田中阿歌麿)、「赤石山の記」(小島烏水)、「飯豊山行」(石川光春)、「女豹山

光）、「乗鞍岳採集記」（川崎義令）、「妙高紀行」（大平晟）、「赤薙の一角」（五百城文哉）、「尾瀬紀行」（武田久吉）、付録・「加賀の鞍ガ岳」（高頭式）、「飛信界の乗鞍岳」（高頭式）、「日光三山がけ」（武田久吉）。と太郎山」（城数馬）、「信州八ガ岳」（河田羆）、「女子霧ガ峰登山記」（高野鷹蔵）、「野州丹青山」（梅沢親

「利根、阿賀の両者は共に本邦屈指の大河たること言を俟たず。尾瀬地方は其の発源地にして分水界をなせるの地なり。而も深山大岳は東西に延び、南北に連なり、森林に富み、鉱石亦少からず、識者此処に意を注ぐのは値なからんや。然るに山深くして路なく交通の便の良からざるが故に、人の行くこと稀に、其の名世に現れず、千百の珍花爛漫たる自然の大公園も、旅行家の足跡を印せるもの殆んどなく、信飛越境上、天空に峙ち雲表に聳ゆる高岳を跋渉し、自ら明治の小角を以て任ずる人も、未だ尾瀬の名をすら耳にせずと云うに至りては吾人尾瀬のために深く悲しむところなり」（「尾瀬紀行」）

アーネスト・サトウの次男、武田久吉が仙境尾瀬を世に紹介した記念すべき文章がこれである。『植物雑誌』の早田文蔵「南会津竝《ならび》に其の付近の植物」に北海道以外に知られていない数種の植物が尾瀬に生えているという記事を見て、たまらずやって来たのだ。武田はこれまでに日光の諸山や八ヶ岳、甲斐駒、戸隠、妙高くらいしか登っていないので、奥上州から会津境の深山には恐怖を感じた。だが山ノ鼻に達し、広漠とした尾瀬ヶ原の風景と足下に咲き乱れる花の群落を見たとき、夢をさまようかと思った。

地図上では確かに道があるが、実際はわずか一尺そこそこの細径で、夏は人よりも高い草に覆われ、冬は一〇余尺の深雪が降る。山道十里の間に人家はなく、一夏わずか一〇数人の往来があるくらい。

とても都会人の行ける所ではなかつた。しかし、野宿しなくてもすむ小屋があり、戸倉で準備すれば大丈夫と分かったのだ。

『山岳』は、本欄・雑録・雑報・会報に分けて、だいたい一五〇頁にまとめた。それ以上になったら付録とした。第一号に付録が二つあるのは、このためだ。頁数をふやすと毎号それ位にしなくてはならなくなるので、出すものがあった場合には、付録という名称にしたのである。それにしても創刊早々、多彩な原稿が集まったのを考えると、山岳会が出来る気運と『山岳』を刊行する機会は、やはり別のものであったらしい。会を作って機関誌を出すというよりも、『山岳』刊行計画が先行していったといってもいいからこそ、創立したばかりで立派な『山岳』が作れたのである。これなら山を知らない人達も『山岳』を読んで、詳細に山の表裏を知ることができた。

一　山岳へのあこがれ

会員は単なる物好きや道楽でなしに、真に山を愛し、登山の知識や専門的技術を身につけた。そして、山に対する情熱によって従来一面識もなく、地位も年令も懸絶している多くの人を結びつけた。みんなは互いに路傍の人であり、年代間の隔絶はなはだしいのに、社会的地位にある人と白面の青年とが共に手をつなぎ合っているグループは、当時にあっては、まことに不思議な存在であった。『山岳』の人々は職業的山岳人ではない。そのために彼らの山岳へのあこがれは純粋そのものであった。この青年らしい純粋さと情熱が、初期の『山岳』を貫く主流であったと思う。

ヨーロッパ・アルプスの登山記録は、それぞれが登山技術の記録であり、当面必要な部分をいかにして登るかが観察され、そのように描かれている。けれど日本の場合、山頂に登る道は、ヨーロッパに較べるとずっと容易だった。そのかわり登山者は、個々の思索をより自由に伸ばせたのではなかったか。

山岳文学の立場からすれば、日本の登山記録は私達に親しみを与えてくれる。岳人は山岳そのものについて一歩一歩を考え、なにかを感じながら登っていく。山岳は、たたかい、いどむ対象ではなくて、自分を惹きつけ、まったく新しい世界を展開してくれる自然の思索なのである。日本人が山岳信仰の昔から見慣れた山岳の威容は、こうして再発見された。

山岳会創立には、当時の明治浪漫主義の影響が強く、日露戦役での戦勝ムードも重なり、祖国愛を反映して日本の山河の素晴らしさに眼を向けた時代でもあった。著名な山頂は、ほとんどが修験者や測量関係者に踏破され、未登頂の山を見つけるのは困難だった。だから未踏の山をきわめるというより、山の風物、動植物などを調査観察する意識が強かった。ただ一つの山を登って下るという単純な登山から、やがて山の変化を楽しむ登山に変わった。山登りに奥行きが出てきた。幅広い山脈の中央を横断したり、山脈の山頂を渡り歩く縦走登山が日本の登山の中心になり、『山岳』誌上にそうした横断記や縦走式の登山紀行が多く掲載されるようになった。

明治三九年（一九〇六）八月、小島烏水は畠山善作を先導にして中房温泉から燕岳、大天井岳、常念岳、蝶ヶ岳を縦走して上高地へ下ったが、途中の山々の名はよく分からなかったという。長野中学校教諭志村寛と大平晟、高頭仁兵衛らの一行も、同月に蓮華温泉から白馬岳、鑓ヶ岳を往復し、大雪渓を四谷にいったん下山。それから大町に出て針ノ木峠を越え、立山温泉、室堂へ廻って立山に登り、富山へ下ってから長野へ出た。一行はそこで旅装を改め、松本から中房温泉にむかい、燕岳、大天井岳、常念岳と縦走をつづけ、一ノ俣へ下ってから槍沢をさかのぼり、坊主岩小屋で林並木《なみき》の一行と同宿し、槍ヶ岳に登って上高地に下った。長期間、精力的に日本アルプスの中枢部を縦横に歩いた驚異的な大記録に成功した。

「八月二十四日、前夜槍ガ岳頂下の岩窟に意外の奇遇を喜びしも束の間、我は此の朝八時、槍の麓にて志村、高頭氏等のにぎやかなる一行と別れて、案内者と唯二人、雲立ち迷う蒲田谷をさして下る」

林並木は、志村一行との出会いを『山岳』第一年第三号（明治三九年）にこのように書いている。

「頂下の岩窟」には奇特の僧侶、播隆上人の事蹟がある。

「赤間ガ岳の麓を登ること二里ばかりの所に、不思議や大いなる岩窟《いわや》あり、内部《なか》は二間四面なれど入口は九尺ばかり、又そのうちの辰巳《たつみ》の隅に高さ一尺五寸ばかりの一室《ひとま》あり、その東の方《かた》に四尺四方ばかりの窓ありたり」

（『開山暁播隆大和上行状記』）

『和上記』に記されたのは、坊主の岩小屋といわれ、播隆が四八夜、参籠した所だ。

創立当時は会員一一七人（特別会員は荻野を含めて二五人）で発足したが、半年後には約四百人にも達し、しかもその顔触れは多士済々、各界の名士が名を連ね、予想外の進展に幹部はみんな胸を撫で下ろした。

山岳会の性質が、純正科学を旨とせず、一方に偏した学術の会ではないことから、詩人文士の入会者が目立った。

烏水の山への激しい情熱に感化されて、文学仲間達が入会してくると、会員達は励みを加速し、日本アルプスを中心に活動の輪をひろげていった。


中房温泉は、手ごろな登山口であった。明治四〇年（一九〇七）七月、この中房温泉から旅立ち、烏帽子岳から鷲羽岳を越え、遠く笠ヶ岳へ、当時では破天荒な大縦走を試みた人がいる。まだ「縦走」という言葉も文字も、その意味もほとんど知る人のいない時代である。

「明治三十九年夏、高頭式・太平晟両氏と共に日本アルプス三大横断を決行し、翌四十年七月、独り日本アルプスの縦走を企つ。この紀行は当時の日記を補修せしもの、文拙なりと雖も日本アルプス縦走の最初の者なり」

ウェストンが序文を寄せた志村烏嶺著『千山萬岳』（大正二年）の中の「日本アルプス縦走記」はここから出発している。中房温泉を起点に中房川の上流を遡り、乗越峠を越えて高瀬の谷に下り、北アルプスの連嶺を南走し、飛驒の笠ヶ岳から蒲田温泉へ下る計画であった。これまでこの山稜にそって縦走した者はなく、参考になる紀行文も案内記も見当らず、確かに人跡未踏の山域であり、神通川・常願寺川・黒部川・高瀬川、そして梓川などが発源する深山幽谷は、遥かに高く、遠かった。

烏嶺は中房温泉で三人の人夫を雇った。横沢類蔵は山中の地理に通じる老練者だ。畠山団衛も経験者で申し分なかったが、今一人の石工が思わぬ障害になった。

高瀬川は左右に峭壁をめぐらし、水勢迅く、絶壁の途中で幾度か進退に窮し、到る所の飛瀑には胆を冷やしたりした。一行は予定通りに濁小屋に宿泊、さあいよいよ烏帽子岳へ出発という朝、前日水中に墜落した石工が起きる勇気を放棄し、前進を拒んだ。こうなると荷物が運べない。笠ヶ岳から長駆して飛騨に入ろうとする大縦走は不可能だ。ほかにこれといった方法がないなら荷物をデポし、再び舞い戻ってくるしかない。

「一行は手を焼いた石工と袂を分かち、濁沢にそい、喬木帯に入って登った。高山植物が一面に開花し、濃紫淡紅に咲き乱れる中を、烏帽子岳から南へ向かって縦走した。

登山者は一尺の高さを争い、一歩、一歩の先を競うて、白雲迷う山頂をのみ目懸けて登れど、日本アルプスの美は、森林、幽谷の間においてもなお見ることを得べし。渓流の奇勝は山頂の展望と共に吾人の感興を惹くこと少なからず」

（「日本アルプス縦走記」）

志村烏嶺は栃木県那須郡烏山町の旧烏山藩士の子で、出生地にちなんで烏嶺と称した。明治三六年（一九〇三）、二八歳のとき長野中学校に赴任し、翌三七年から大正五年まで毎年白馬岳登山を続けた先駆者で、植物採集のほかに写真を趣味とした。

古来、白馬岳山下の村民は、岳（村民は白馬岳といわずに、岳あるいは西岳とよんだ）を神のように崇拝し、悪魔のように恐れおののいて、互いに相戒めて登山しなかった。この山に登れば山霊大いに怒り、〝岳暴れ〟ありと固く信じていた。烏嶺は最初のとき大雪渓から登頂したが、帰途鑓ヶ岳の崖下で九死に一生を得ている。第二回は前田曙山達山草家二一名と、北股入の白馬尻で大雪雨に登高を阻止された。山麓では近年稀な暴風雨のため田畑に甚大な被害を受け、この当時白馬山上に数名の植物採集家と細野集落の人夫が滞留したのが分かって大騒動となった。山上の人夫は下山させられ、今後は、一切案内者の登山を禁止することも決められた。この結果、山上の石室に残された河田黙や武田久吉は非常な難儀に遭遇した。

「余はすでに第二回の登山をなし、路の険夷山中の地勢に通ずること案内者に劣らざるを以て、ただ単に登山するのみなれば人夫を要することなし。故に止むを得ざれば単身にても必ず登山し、如何なる事情あるも決して山下村民の迷信を助長せしむべからずと決心せり。然れども単身にて白馬を上下するが如きは、徒らに危険を犯すのみにて得るところ少なきを以て、百方人夫を求め、ついに隣村神城より数人の人夫を得たり」

（志村烏嶺『やま』）

第三回の登山当日は、村民が一大厄日として恐れた二百十日の当日だった。この日に白馬岳に登るのは壮快だが、また暴挙でもある。村人達は烏嶺一行を見て、田畑で鍬をとる者、路上で会う者、みな不快の眼光で睨みつけた。登山の日から天候は俄然一変し、登山中一滴の雨にも遭わず、近来無比の快晴続きであった。登山を阻んだ村民の顔色はなく、烏嶺の顔は晴々していた。

白馬岳の困難さは、道の険しさではなくて、山中に風雨を凌ぐ設備のないことだった。諸山のように祭神がなく、参拝登山する者がいないのは当然だが、本当は明治以前、加賀藩奥山まわりによって立入りを厳重に禁止されていたお留め山の一つだったからなのだ。

「私は時々大石の上に足を止めて、いつしか姿を露し出した槍ガ岳の絶巓を眺めやった。絶巓は大きな石鏃《やじり》のように、夕焼の余炎が消えかかった空を、いつまでも黒々と切り抜いていた」
（芥川龍之介「槍ヶ岳紀行」）

明治四四年（一九一一）八月、芥川龍之介は嘉門次小屋に泊まったが、折悪く嘉門次は不在だった。だがしかし、頂上には播隆の祠がまだあって、小さなウィスキーのビンや空缶の中には名刺がたくさん残されていた。

第一高等学校一部乙（英文科）の第二学年生芥川龍之介が、級友二人と槍ヶ岳から下山し、その日泊まった上高地温泉に鵜殿正雄が泊まり合わせていた。

鵜殿は、今まで誰も試みた者のいない穂高岳から槍ヶ岳の初縦走を狙ってきたのだ。木曽山林学校三年生（明治三八年）の時には上高地から槍ヶ岳を日帰りで往復し、翌日は前穂高に登頂するほど足に自信の持ち主だ。鵜殿は嘉門次を案内に雇い、四年前に登ったなつかしい前穂高の一等三角点に立ち、最高峰奥穂高岳を経て涸沢へ下り、そこの岩小屋に泊った。この岩小屋は風が当らず、至極暖かだ。北穂高岳からが問題だった。測量員も危険のあまり通行しなかった難所で、さすがの嘉門次も初対面。岩角を一歩一歩慎重に這い、綱をたぐり、偃松《はいまつ》を握り、ようやく下り立った所が槍と穂高の最低部、大キレットだった。

鵜殿正雄が山岳会に入会したのは、明治三九年八月だが、彼はこの縦走記録を道程・気象・標高など他に類のない克明な科学的データと当時のスケッチ、地図まで添えて初めて投稿した。やたらと美辞麗句を連ね、肝心な描写が不鮮明極《きわ》まる文士ばかりの紀行文が多い中で、彼の正確な記録は『山岳』五年一号に異彩を放った。同誌掲載の辻村伊助、志村烏嶺、中村清太郎、小島烏水達錚錚たるメンバーに伍して、鵜殿正雄の名は断然光った。

翌四三年は、小島烏水の代表作『日本アルプス』第一巻の出た年で、この中で日本アルプスを三部に大別し飛騨山脈を北アルプス、木曽山脈を中央アルプス、赤石山脈を南アルプスと呼称することを提唱した。本書の出現によって、これまで烏水の山岳書中、断然群を抜いていた『日本山水論』は、その首位を譲ったといってもよいであろう。この夏烏水は、高頭・高野両名と上高地から槍を越え、西鎌・双六・蓮華と縦走、黒部源流から太郎兵衛平を経て、薬師に登り、有峰へ下った。烏水はこのときの紀行を『日本アルプス』第二巻（明治四四年）に書いている。

「私はまったく一新した気持で四辺の世界を見廻した。生れてこのかた幾百万年、いかにわれわれの祖先に懐しい棲所を与えたことであろうか。雲が湧き、水が流れ、雪は幾度か積もり、幾度か消え、かくして人間の歴史は転瞬の間に飛び去ったが、そのうちには、太平洋の岸に沿うた街道を往来する数多の旅人達——その多くは悲しむものも楽しむものも、ひとしく足元許りに気をとられている中で、わずかに見出した多感な心と、電光のごとく感応したこともあったであろうか。かくて今もなお、そして未来も恐らくは永遠に、この凡てのものがうっとり酔ったような、ほしいままな南方の空に、独り荒らかな光と色とを波立たせる。この赤石の山脈……」

（中村清太郎「大井川奥山の旅」『山岳』第八年二号）

明治四五年（一九一二）七月九日から八月一日まで、中村清太郎はこうして未知の大井川奥山へ踏みこんだ。静岡から大日峠を越えて田代—大井川信濃俣—光岳—イザルガ岳—仁田岳—上河内岳—聖岳

—大沢岳—赤石岳へ南アルプス南部の主脈を遠く縦走し、奥西河内からふたたび大井川上流へ戻ったのだ。この山域は最も神秘につつまれた高山岳地帯として注目されていた。中村清太郎は井川村の猟師松次郎爺を案内に、雲表の旅を続けて行く。眼下には、八百八谷といわれる大井川の支流が奥山の水を搾って生々と躍動していた。

山は苦しければ苦しいほどなつかしく、人の心をゆさぶるのではないだろうか。

山岳会は明治四二年六月になって、これまでの会名を「日本山岳会」と改称した。この頃は山岳熱が盛んになり、各地でも同好の人達のあいだで山岳会結成の気運が出始めたため、混同を避けたのが改名の原因だった。

日本アルプスの地元飛驒側岐阜県大野郡大名田村大名田小学校内に、明治四一年八月、校長古瀬鶴之助の主唱で飛驒山岳会が誕生した。この会の目的とする会則の第三項は、

「三、飛驒の山岳を世に紹介すること」

となっていて、地元山岳会としての性格を明らかにしている。そして、

「本会会員の研究したる事項は、之を東京の山岳会に報告して『山岳』(雑誌)に登載せしめ、または諸新聞雑誌に投稿することあるべし」

と、すこぶる意欲的なところを示している。日本の初期における登山活動の舞台が、いわゆる本州中央山岳地帯であったことが、飛驒山岳会の発会を早めた原因であるし、地方名を冠する山岳会の先駆をなしたのである。

明治四三年一月、日本山岳会は会員六二二名に達し、その中には高頭仁兵衛と同じ深才村から同じ

高頭姓を名乗る八人も入会しているが、この名簿に、飛騨山岳会が団体名で名を連ねているのである。日本山岳会は改名を機に、規則に手を入れ、その第二条を、

「本会ハ山岳及ビ山岳ニ関スル一切ヲ研究スルヲ以テ目的トス」

と簡潔に改めた。

山岳会は、その名前どおり、山岳全般をいろいろな角度から把握し、会員達が自由に参画するのが目的で、登山だけの団体ではなかった。もし登山そのものの会であるならば、「登山会」の会名が一番ふさわしい。

郷土の山を対象にした地元の人達中心の「地元山岳会」の発会とは別に、人口が集中する、たとえば京阪神のような大都市居住の山岳愛好者が集まる「都市山岳会」は、日本山岳会とは関係の有無を問わずその独自性を発揮しながら、やがて急激な勢いでひろがっていくのである。

そして、その人達を核にして、日本の大衆登山の時代がやってくるのだ。

二　岩登りの空転

明治四五年（一九一二）三月、ウェストン再度の来日を記念して、東京は神田の一ツ橋帝国教育会で日本アルプス講演会が開催された。割れんばかりの盛況で、聴衆約六〇〇名にも達した。場外は余寒

で手が冷たいのに、場内は蒸れるような人息で、狭い講堂の中は黒山の人だかりであった。幻灯写真を使用して説明する段になり、講堂は暗くされ、ウェストンが正面、通訳者の烏水は舞台に向って右に位置した。このときの模様を、烏水はこう書いている。

「ウェストンが弁じて、句を切るたびに私が通訳した。しかしウェストンが調子に乗って、原稿にないことをシャベリ出したり、幻灯の中に、いままで見せてくれなかった写真が交ったりしたのには、この怪しげな通訳者は狽狼した」

ところでここからが肝心なのである。つまり、いままで見せてくれなかった写真というのは、アルプスの岩壁登攀の一枚であったのだ。烏水はこれについて、

「そういう類の写真を見たことのない当時では、手に汗を握るものであった。しかし、岩壁登攀ということは．日本の登山者の間では行われていなかったし、むしろそういう仕事を、軽業か曲芸のように考えて登山の邪道扱いにしていたために、観衆には受けなかった。しかし鳳凰山の例のオベリスク型岩石（地蔵仏）に登攀の話は喝采を博した。話の後半には、ヨーロッパ・アルプス登りがあって、その方はかねての分担約束通り、岡野が代って通訳した」

というのである。折角、ウェストンが海の向うから導入してきた近代的岩登りの観念は、このようないきさつで失敗に終った。神経質で、指導的重責に置かれていた烏水には、このような危険至極な曲芸など、詳しく研究してみる気もなかったのである。それどころか、ピッケルやザイルの本格的使用法すら、大して興味がなかったらしい。

語学の達者な烏水や岡野が、このころから洋書を翻訳し、登山技術や登山思想に意を用いてくれた

なら、日本の近代アルピニズムは、具体的な発展に向っていたのではないだろうか。烏水は、ウェストンの山登りの伴をした猟師から聞いて、

「山の歩き方は、ゆっくり、がっちりしたもので、少しも飛ばさない。一つは近視眼のために大事を取っているところもあるが、しかし穂高では美事な岩壁登りをやり、また万年雪の上を、登山杖一本で調子を取って下りてゆく技術は、巧みなものであったという」

と感心しているが、烏水自身は登山技術の分野に手を染める気はまったくなかったようだ。さきの地蔵仏に登攀という箇所を、後年烏水の著書が解説するとこうなる。

「ウェストンの鳳凰山地蔵仏の初登攀は、日本におけるロック・クライミングの鼻祖として、若い人達の間にはそれに重い意味を見出し、ネオ・アルピニズムの最初の旗手とまで讃えている人がある。ウェストンは、地蔵の西南方面（賽の河原から正面に抑ぐ岩面）から登ったので、その中頃の岩架（レッジ）に立って、約八十フィートもあるロープの尖端に石を結びつけ、頂上目がけて幾度も投げ上げ、頂上の岩隙に石が喰いこんだのを確かに見きわめて、ロープ利用で登攀に成功した。それは明治三十七年で、彼が帰英の一年前のことであった」

その後、神戸のドーントの一行は、この岩の裏側（東北面）をルートに選び、西南を下るという新ルートを開いた。ドーントは、ウェストンの故事を偲び、ウェストン・レッジ、ウェストン・クラックと命名した。

このように、地蔵仏の小さな岩塔をめぐって一つの登攀小史が生れたが、これはずっと後年になってのことだ。ウェストンの講演会で、岩壁登りの写真が黙殺された、というのは、現在と比較すると、

さすがに時代の大きな変遷を物語っているが、それだけが岩登りの紹介であったわけではなかった。『日本山岳志』（明治三九年、高頭式編纂）に「登山術」の一章がある。これは大英百科全書から訳したもので、なかなか興味ある内容と思うから一部を抜粋してみる。

「総じて困難なる岩石を登るには、綱の非常に利便なるを知るべし。綱に頼れば、上るときは第一者、下るときは最後者を除くの外安全なり。このごとき所にては三、四人の人、綱にて身をくくり、十五乃至二十フィートの距離を保ち、最初の一人登攀するのみにて、他は皆綱を取り、之に随行するを可とす。……また嶮峻なる所の上に突出せる物あるときは、綱を投じて之に懸け、それより登るを要す。このごとき所に用うる綱は、強きマニラ麻にて製造せる、いわゆるアルプスクラブ綱と称するものを可とす。困難なる岩石に登るには、各自諸々の方法をもって相援助せざるべからず。あるいは一人の背上を一人辿り、あるいはその背上に二人、三人の攀ずることあり、あるいは氷斧をもって山側に階段を作り、あるいは岩石に鉄または木杭を打ち、その杭によりて上ることあり、あるいは険岩に薄氷の張りたりあり、このごとき所は、クランポンと称する登山用鉄棒の必要あり、総じて団体にて登山するときの大原則は協同なり」

文章だけで図解がなく、見たことも聞いたこともない道具のことをいわれても、なんの話かこれでは分かるはずはない。『日本山岳志』は千部発行されたと記憶しているから、当時はすでに岩登りの観念ぐらいは植えつけられていてもよさそうだ。これをもっと具体的に紹介した記事が、明治四四年（一九一一）六月発行の『中学世界』に、「ロック・クライミング」と題して掲載されている。執筆者は波韻生とあるだけで、誰のことか分からないが、『冒険旅行術』（明治三五年）を書いた村上濁浪と同一人物でないかと私考する。この記事は、イギリスの登山家アブラハムの所説を紹介したもので、この方は、もっと多くの人に読まれていたに違いない。

「四股の働きで、ほとんど垂直の岩壁を攀じ登ることと、飛行機で空中に乗出すのと、いずれが果して危険であるか。これは興味ある問題であるかに見える」

これが最初の書出しで、明治末年に飛行機を例に挙げたのは面白い。

「けれども、多くの登山専門家、すなわちマウンテニアという階級に属する人々は、岩壁を登攀することの方を、遥かに容易で安全だといっている。そうして、その第一の理由とするところは、飛行の運命は一に、その機械力に依らなければならないのに反してロック・クライミングの方の全責任は、実にその人自身の頭上にある。考えて見ると、あるいはこれが真理であるかも知れない。登山者その人の常識と、熟練と、緻密な注意力とに依っては、岩登りにおいて現わされる危険分子を、実際排除し得る可能性を有するものとも見えるのである」

岩登りの危険性は、平成の現代でさえ問題にされるが、遭難は自分で避けられるという説を、この当時述べているところに注目したい。

「イギリスのロック・クライミングは、目下立派な一つの遊戯（スポーツ）として、運動界からも認められている。従って、この遊戯の熱心家は正に数千を以て算せられんとしている」

これは実に驚くべきことではないだろうか。岩登りはスポーツとして認められ、数千人も愛好者がいるというのだ。筆者は、この数には信用を置きにくいが、当時の日本山岳会の名簿（明治四三年一月現在）で会員数を調べてみたら、六二五名もいた。筆頭は、名誉会員のウェストンで、以下イロハ順になっている。イギリスではもう数千人もがロック・クライミングをやり、日本では六二四人がそれを知らないのでは比較にならないではないか。

「イギリス人が真面目にクライミングのことを考えたのは、いまから三〇年ほど前のことであったが、それまでに、大アルプスの諸峰はすでにこの術を以って、多くの登山家に征服されていた。そうして、もっとほかに壮快な舞台がないかと、彼らは鵜の目鷹の目に捜していたくらいである。……一体、山の岩壁には、足に支え、手に掛け得べき箇所が無数にある。クライマーがこの凸起した岩の一角に死物狂いに取付いた時、彼の全生命はその一角に托されているようなものだ。勿論、山岳界の巨人、アルプスのそれに較べれば、イギリスの山は甚しく小規模であるには相違ない。けれども、小規模だからといって、頭から侮蔑してかかるものは、得て山神の怒りに触れる。いわゆる山登りの悲惨事が持ち上がるのも、大方はこれで、利口な人の取るべき態度とはいい難い」

といい、ゲレンデとして、カンバーランド山脈中のワストデールを初心者に推せんしている。それは、この岩壁に人工的に足場が刻んであるからであった。次いでロック・クライミング術に移り、隔時登攀の説明がある。

「されど、この登山（マウンテニヤリング）の妙味に比較すべきほどの運動遊戯が、今日の世の中に果してあり得るであろうか。高山峻峰の頂辺に攀じ上って、雲のごとき気を吐く登山家の心持ち、正にこれ人生の至楽である。心身の健全なる発達も、またこの運動の賜物でなければならぬ。ただ、心すべきは、その資格である。常久の注意力と、用心堅固の精神と、それに常識とが貴ばれる。これなしには、登山の快楽は決して享け得られぬ」

このように、きわめて面白い紹介をした波韻生という人は、どうも登山界には無縁だったとみえて、筆者の知る範囲には浮び上がってこない。なお、文章だけではなしに、実際に岩登りをしているところの写真が添えてあるが、この種の写真としてもきわめて初期のものと思う。また、クライマーという言葉を使っているのに注目しよう。当時の登山界では、日本アルプスに登るのがせいいっぱいで、ごく部分的な個所の通過に、ロープを恐る恐る使う程度だから、わざわざ危険な岩登りをする必要はなかったのだ。

こうして明治は終ろうとしていたが、日本山岳会の会員でない人の山登りも、年々増加していった。明治三一年創刊の『博物学雑誌』を調べてみると、地質や植物の研究に寄せて、かなり以前から山に登っている記録が散見し、同様なことは、明治三五年創刊の『信濃博物学雑誌』にも顕著である。このほか『地学雑誌』『地質学雑誌』『太陽』といったような文献や『無銭旅行』のような○○旅行と題した一連の単行本、露伴の『枕頭山水』、天随の『七寸鞋』といった類の紀行書から推しても、かなりの人達が、日本アルプス以外の山々へも関心を深めていったとみてよかろう。山岳会も日本山岳会だけではない。各地に種々の山岳会が続々と成立し、日本の山々は、次第にそれらの人で埋められてゆくのである。

三　スキーの発祥

ここで、スキーの話をする。

明治四五年（一九一二）一月のこと。

〝この下に高田あり〟の豪雪で知られた高田の第十三師団に異相の偉丈夫が現れた。六尺豊かな長身に鼻眼鏡をかけ、ドイツ風の美髯を蓄えたこの男の名前はテオドル・フォン・レルヒ。オーストリアの参謀少佐で軍事研究を目的に来朝し、陸軍省から隊付武官として配属されて来たのだ。

早速雪深い高田が選ばれたのは、陸軍省と第十三師団長長岡外史との間に一種の盟約があったとしか考えられないのは、その後の行動で判断できる。

少佐はなかなかの大食漢で、出される日本の食事は味噌汁でも、たくあんでも刺身でも、普通の西洋人が食わないものも一品残らずペロリと平らげる。

「君は大食いだな、羨ましいな！」といったら、

「大きい機械には油も沢山必要だ」と当意即妙。だが、

「蛇と蛇の兄弟と魔の魚だけは大嫌いだ」とたびたびいっていた。

蛇とは鰻で、兄弟とは鮹で、魔の魚とは鮹のことだった。

まあ食事はよいとして、体重二〇貫の大男に敷かせる寝具には閉口した。毛布や座布団など何枚も重ねて漸く凌ぐ有様だが、豪放な本人は大満足で寝息《いびき》が高かった。

着任早々、レルヒは師団長に、

「スキーの教練をやってもよい」

と、申し出て許可をもらった。

師団長はすでに北欧視察の際、スキーがどれほど役に立つかを実感してきた。だから実行は迅速であった。

陸軍省の物置に、前年レルヒの肝煎でオーストリアから送られたまま処置に困っていたスキー二組が、回送されてきた。さっそく歩兵第五十八連隊の将校一八名が講習を受ける生徒に選ばれた。

北欧で誕生したスキーを世界に伝えた人は、極地探検家ナンセンだ。その著書は大きな反響を呼び、これを読んだオーストリア人のマチアス・ツダルスキーが山間部でも自由に滑れるようにと研究・開発したのがリリエンフェルト・スキー術だった。このスキーは、一本杖で制動して滑降、回転しながら山の斜面を軽快に滑り降り出来る便利なものだ。

レルヒは将校のうち上達の速い者に修了証書を与えたが、恐らくこれが日本初のスキー術修了証書であったろう。だが軍事教練だけが本来の目的ではなかった。究極の目的にしていたのは、高山に登ることや、広大な山野を自在に滑るアルペンスキーにあった。

長岡師団長はそのやり方を見て、

「レルヒ少佐は日本陸軍の見学に来たのか、スキーの教師に雇われて来たのか、本人自身でも分からず夢中になって教えてくれた。まことに親切丁寧だった」

と感謝し、

「何千年来雪に虐げられ、冬期間、炉辺にのみ蠢動していた人間が、雪を征服する時代は来た。速やかに雪国の人の総動員を行い、スキーの訓練を普及させねばならぬ」

とまで言い切った。

レルヒは師団長の方針に従い、一般市民を対象にスキーの啓蒙・普及に乗り出し、二か月間、日曜日も返上して日本最初のスキー講習会を行った。こうして民間にスキー熱が盛んになってくると組織が必要となる。地元の高田日報社が音頭をとり、わが国初のスキー団体「高田雪艇倶楽部」が結成された。

この頃のスキー界ではドイツ語が大流行。せっかくの新知識を盛んにドイツ語で振りまわされるので高田では大弱り。日本語としての適訳が欲しい。そこでスキーを知らぬ語学者がクリスチャニヤミユウングをオスロ振動と訳し、シャンツェを砲塁と訳したり、軍人達も雪艇だの雪橇だのと訳語を捻り出してみたが、やはりスキーはスキーより外に適訳がない。原語そのままでないと気分が出ない。孤形滑降だの蛇行滑降だの、それに近い訳語を発明したが、いつの間にかボーゲン、ファーレンだとかスラロームだとか言わないと通らなくなった。細引では馬方を連想させるし、ロープでも馬力のような感じがする。ここはやはりザイルでないと本当の気分が出ない。人夫までラテルネと言うのは、カンテラやランタンでは縁日か炭坑を感じさせて面白くない、と若い人達は喜ばなかった。

それはそれとして第一に軍隊に植えつけられたスキー熱はたちまち一般民衆に伝播して、由来、高田市（現上越市）はスキーの発祥地として、またスキー製作地として全国的に有名になったのである。

第十三師団参謀山口十八は、レルヒから教わったスキー術を同年一二月『スキー教育法』として出版した。この本の応用演習には、障害物通過、野外休憩、難路通過、行軍および露営、高山通過法などの項目が列記され、スキーの技術よりも山へ登るためのあらゆる知識、技術、技能といった、つまり山に関した知識について書いてある。山口参謀は、長岡師団長とコンビで日露戦争を戦った乃木大将が院長の学習院の出身だった。

明治四五年（一九一二）一月、学習院の学生とOBとの八名が諏訪湖で会った同師団の鶴見大尉にスキーを薦められ、高田にやって来た。レルヒは五日間、付きっきりでかれらを指導し、修了証と越信スキー倶楽部（会長長岡外史）の会員証を授与した。また山口参謀は、レルヒの指導を受け、スキーと靴の国産化についても貢献した。高田の大工が作ったスキー板に藁靴用の締め具を考案したのもその一例だが、庶民のスキー購入に道を拓いた。

レルヒはスキーシーズンが去ると、四月には同国人と富士山にスキー登山を試み、太郎坊から九合目に達したが、案内人のワラジではこれ以上は無理と判断し、富士の斜面を大滑降した。同行の新聞記者達は眼を剥いて、オーストリア人の富士山登山を大きく報道した。次にレルヒは標高二〇〇〇メートルをこえる妙高山をめざし、伴の高田連隊スキー委員はスキー教程の最後の項目、応用演習として高山通過法を卒業試験にした。燕温泉から妙高山に向かい、悪天候の中、将校がスリップしたり苦労しながら登頂。妙高がスキー登山には急峻な山だったので、これが大きな自信となり、日本では珍しい本格的スキー登山となり、まだ出来たばかりのわが国登山社会に与えた影響は大きかった。

レルヒは同じ明治四五年、旭川師団にも招聘されて、同地でふたたびスキーの軍隊教練をした。大正二年（一九一三）の新春、高田師団では鶴見大尉以下六名が富士山頂行軍を実施し、当時の冒険的スキーが世人を驚歎させた。

白馬山麓に初めてスキーが出現したのも大正二年だった。神城小学校長丸山新一郎と丸山吉雄訓導が高田からスキーを買い求め、学校近くで子供達にスキーのやり方を見せたというが、それが本格化するまでには、まだ少し間を置かねばならなかった。

いつの時代、誰がつけたか知らないが、山にはそれぞれの名が呼び継がれてきた。

山の名――それは独自の魅力を持つ。自然がどんなに侵害され、人為化しても、山の名は自然の古典として存在するのだ。

山の名の最大の特徴は、それがある特殊な個人によって与えられたのではなくて、むかしの山国の人々の共同制作であったことだ。それは文字による記録に先行して、人々の口碑となって伝わりもしたろう。山の命名者は山国の素朴な大衆だったのだ。山の名が単純素朴な音韻を持つ理由はそこにある。

信濃飛騨の大山系に幾つもの無名の峰が残されていた時代、私達の先輩はそこに何か新しい名を考えようとしたことがある。その心理にはなにがしかの記録的意識が働いていたであろう。けれども山に対する愛着は、山の個性を保つためにその独立した名を要求せずにはいられなかったに違いない。山と人との交渉――その最初の表現として山の名がある。

参謀本部と農商務省の測量事業によって全国の地図が次第に整ってゆくにつれ、山岳の位置がだんだん明らかになり、山の名称の問題が生じた。

日本山岳会の『山岳』には、数回にわたって信州駒ヶ岳と白崩山とが同一のものか、別々のものかについての論争が載せられた。山岳の名称はそれを眺める地点によって異なり、登山路によって違う。赤石山系中の雄峰悪沢岳は今日ではよく知られているが、明治三九年（一九〇六）には、誰もこれを知らなかった。

荻野音松という白面の一青年が猟師の先導で赤石山脈を横断中、たまたま樹間を通して、赤く禿げた一峰を望んだ。

「あの山は何と言う」

と晃平（案内者）に問うと、こう答えた。

「この山から出る渓流の西股に注ぐもの、甚だ険悪なので悪沢とよび、この山を悪沢岳と云う」

ところがこの山は、信州の方からは荒川岳とか、東岳とか呼ばれていたことが、後で判明した。烏水が白峰山脈踏査中、山脈の後ろから奇怪な頭蓋骨のように谷底をのぞいて居る山を見出し、案内者に訊くと白河内岳と答えた。しかし、彼はそのような名前を聞いたことがなかった。

文献に明記してある山をその山麓の住人が知らないことがある。山が眺められる地点は、相互の間が山また山に隔てられ、互いに見通し、知り合うことが出来ない。そこで一つの山もそれと知らされずにさまざまに呼ばれる。これが地図に載せられると、その山名は普遍性を獲得する。こうして山は日本人全体のものとなる。初期の人達は、この過度期に自ら山名を絶対的なものにしようと一歩一歩探っていったのだろう。

白馬岳のような明瞭な山でさえ、一方では蓮華岳という宗教的な名がひろく用いられ、それが雪の消え残りの形容からの名称の山と同一であると分かったのである。

とくに赤石山系の高山は、その山の名は勿論、山体の存在すらもほとんど世に知られていなかった。

雪から生まれた農作暦、そしてそれが山の名となるものは、アルプス山系から越後、奥羽地にまで散在している。駒（甲、信、陸中）、農鳥、白峰、白馬、爺、蝶ヶ岳などは雪の形から生まれた名だ。上州仙ノ倉山を越後では「三ノ字ノ頭」と呼ぶが、これも残雪の痕から出来た名なのである。

駒ヶ岳――この同名異山は極めて多い。神話や山頂の形、山容、または往年駒を産したからだというが、最も興味のあるのは雪との関係、つまり農作との交渉だろう。東駒、西駒、南駒、会津駒、魚沼駒がよく知られているが、このほかにも各地にある。

朝日岳――旭岳とも書く。その地方で最も早く曙光を浴びるピークという意味だ。朝の光に輝く峰頭を讃美する感情は、かなり普遍的なものがある。

薬師岳――山と薬草、そして薬王院、仏僧との関係を示し、諸国の低山に見受ける名だ。烏帽子岳、笠ヶ岳、蓮華岳の名も多い。

要するに同名異山が幾組もあるのは、それは山に対する感じ方には、国が異なっても共通点があるということを示しているからだ。

第二部

第一章　登山の大衆化

明治四一年（一九〇八）創立の飛騨山岳会に次いで明治四二年、名古屋に愛山会が誕生した。北尾鐐之助が発起人で、絵画部・図書部・文芸部から成り、四四年には会員数一〇〇人を越え、その夏には第十三回旅行と称して北アルプスに登山するまでに成長した。

明治四三年、神戸に関西徒歩会（創立時は神戸草鞋《わらじ》会と呼び、後に神戸徒歩会と改名）が塚本永堯らによって結成され、関西地方における山岳熱の拠点となった、会則第二条は、

「本会は土曜日（午後のみ）日曜日或は祭日を選び毎月一、二回、主として神戸市背後の山野を跋渉し勝地を探り、半日或は一日の清遊を試み以て登山趣味を涵養し、心身の錬磨に資すると同時に一般登山者の便宜を計るを以て目的とす」

となっている。神戸港という特殊な土地柄、外国人の影響を強くうけ、彼らからの物心両面の援助は大きかった。神戸近郊の山道の修繕に貢献があり、余暇を利用しての登山趣味を高唱したことは注目すべきと思う。日本山岳会が高峻山岳探検登山主義、学術的登山志向なのに対し、前記の愛山会が

登山を旅行の延長から飛躍させたのと並んで、一般市民の間に旺盛な登山熱を鼓舞する双璧をなした。神戸徒歩会の前身が草鞋《わらじ》会であったように、山の用具を会名に用いる習慣は、外国からの輸入品に刺激され、このあたりから起こったとみてよかろう。

このことはまた後でふれたい。

大正時代は、日露戦争後アジア大陸への広汎な進出態勢を整えた帝国主義的日本資本主義が、やがて勃発した第一次世界大戦（大正三〜七年〈一九一四〜一八〉）を絶好のチャンスとして飛躍的な発展を遂げた、初めての国際参入への時代であった。日本は日英同盟の盟約に従って連合国側に立って参戦。大企業化してきた新聞・雑誌・出版などの文化関係事業は未曾有の好景気をバックに大衆を対象とする印刷・出版活動を盛んにした。講談社、主婦の友社、岩波書店、改造社等の創業。「中央公論」「改造」「我等」「思想」などの刷新または創刊。また「講談雑誌」「面白倶楽部」「講談倶楽部」「婦人倶楽部」「主婦の友」など男女大衆雑誌が出現し、文芸界もかってみぬ殷賑ぶりを呈し、激増する読者大衆を前にして「大衆文学」が台頭した。

時代とともに、それ以前の明治の山岳文学書に共通した固苦しい漢文口調を脱して、見た通り感じた通り思った通りのことを、自由に率直に書く新しい人達の文章が現れた。

河東碧梧桐《かわひがしへきごどう》の『日本の山水』（大正四年）は、雑誌『日本及日本人』の記者である著者が、同誌に掲載したものを是正し、一巻としたものである。内容を見ると、随所に古文献が引き合いに出されているが、それが一向に気にならない巧みさで当時の一般人の視聴を引いた。「槍ガ岳」の章は、大正元年（一九一二）九月の登山を書いているが、日本の登山が従来はとかく日本山岳会中心に考えられがちなのに、地方の学生や青年有志、とくに文化人と称される中の一部篤志家の登山に刺激された大衆の動きは、一種の市民運動としてこの頃から京阪神地方を中心に急激に流行し始めた。信仰登山発祥の地としての歴史的基盤の上に、飄逸な人情が庶民的で独特の山岳会（旅行会）を群立させたといえるであろう。

剛健・質素・天下の覇者と自ら称して「日本アルカウ会」が大阪府豊能郡豊中村で創立したのは、大正三年の紀元節であった。

第一条　本会ハ山岳秀麗ノ境ニ趣味深キ遠足ヲ試ミ身心ヲ錬磨シ剛健闊達ノ気風ヲ興スヲ以テ目的トス。以上目的ノ実行ヲ容易ナラシムルタメ毎月二、三回隔日曜日ニ僅少ナル費用ヲ以テ主トシテ近畿ノ山岳ニ登リ、其内一回ハ特ニ阪神手近ノ山野ヲ選ムモノトス。

第二条　本会ハ前記ノアルカウ趣味ヲ鼓吹スルタメ適時之ニ関係アル各種ノ集会図書ノ刊行及歩行能力ノ認定等ヲ行フモノトス。

右はその会則だが、この当時他にどんな会があったか、参考までにその幾つかを並べてみよう。

年々数回、汽車、汽船借切の大団体旅行を旗印にした「大阪探勝わらじ会」（この会は大正一四年に意思疎通の問題から内部分裂して、大阪探勝旅行クラブが生まれ、互いに文書合戦をしている）。地方旅行の権威と称した「岡山アルカウ会」。鷹取山を中心にして、毎日登山——近畿の山川行かざるはなしの「兵庫多加登会」。京都第一の活気ある新進気鋭の登山団「京都山岳会」。日本唯一の婦人登山旅行会の「日本婦人アルカウ会」。大正四年（一九一五）に神戸で創設された「探勝団ユコウ会」。六寸の草鞋、三尺の杖！「大阪ヨタヨタ会」。〝趣味の友柄、上品でおます〟の「大阪探勝青遊会」。〝朝日輝き、夕日さす、山は人生の理想なり〟の「浪花山岳会」。〝山川悠々果しなく、我庭広し、天高し〟を掲げた「日本サグロ会」。〝鶏鳴一声、吾会員既に山に在り〟の「神戸鶏鳴徒歩会」。〝雲雀は高く空に歌い、吾等は快よく地に歌う〟少年気鋭の「神戸ヒバリ徒歩会」。〝登れや登れ雲までも、自然の女神は莞爾たり〟あらゆる階級を超越してなる知識階級登山団「神戸野歩路会」などなど、これらはほんの一部に過ぎないが、吹き出したくなるような随分と思い切った会名を考え出したものである。

京阪神地方にすばらしい登山熱が台頭した大きな原因には、大正四年六月、大阪で開催された日本山岳会の関西大会の影響がある。この当時、日本山岳会員は全国で約六〇〇名、東京で二五〇名、京阪神で一〇〇名を算していた。元来、大阪はあまり山に縁のない地方で、少数の登山者層が住んでいたに過ぎなかった。ところが大会当日の会場には、二〇〇〇人を越す聴衆が詰めかけ、予想外に盛大な大会になった。

大阪の諸新聞は競って山岳に関する記事を掲げ、中でも朝日、毎日新聞は、毎日曜の朝刊に二ページ大の『日本アルプス日曜付録』を出すほどに熱を入れた。また同年八月、大阪市教育会主催による日本アルプス踏破団と銘うった登山団体の日本アルプス入りは、一般市民の間にますます登山思想を浸透させるのに効果があった。こうして徒歩旅行は急速に発展し、近郊の山々、名所旧跡を訪れるための旅行団体が大阪を中心に林立するようになったのである。

しかし、京阪神地方の登山熱は、本来が社寺巡礼を中心にした山岳旅行熱であり、指導的立場の人に恵まれなかったので、各自の自由行動にまかせてまとまらず、残念ながら尻すぼみの状態になってしまった。

一　大正期の山の本

『霧の王国へ』（大正五年〔一九一六〕・警醒社書店）は、山を〝聖なる所〟と信じている清教徒の別所梅之助の偽らざる記録を収載したものである。かつて『開拓者』『文明評論』『山岳』『護教』『やまと新聞』、青山女学院の『会報』などに発表された三一篇を、地理的にほぼ東北から西南へ向かって配列している。

「私の山登りは、勇ましいのでも、元気なのでもありません。私は気息奄々として山へゆきます。しかもこれまではたいてい、一人旅、荷背負を頼んでゆくだけです。他の人と一緒になれるほどの余裕が、体にも、時にはないからでありますし、連れの入るほどの深い山に分け入らないからでもありますが、一つには、他に頼るものなくして、強い自然に接したいという念が、下に働いていたかも知れません」

と、率直に述べている。著者は人文地理学者であり、青山学院山岳部の初代部長をつとめ、『山のしづく』『聖書植物考』などの著書もある。

『日本アルプス縦断記』（大正六年）は、一戸直蔵・河東碧梧桐・長谷川如是閑《にょぜかん》の共著で、針ノ木峠か

ら槍ヶ岳までの、日本アルプスきっての難所を縦走した一行の記録である。大町の対山館に書き残した宿帳を見ると、

「大正四年七月十四日出発、針ノ木蓮華より野営九日、槍ガ岳、上高地に至る一行。理学博士一戸直蔵・大阪朝日記者長谷川如是閑・日本及日本人記者河東碧梧桐」

と記帳されている。この縦走記録は、すでに大正四年、三人の名をもって、『大阪朝日』『東京朝日』の両新聞に掲載したほか、碧梧桐が『日本及日本人』に連載したものを合わせたものである。当時この区間を踏破した記録は、明治四四年（一九一一）に大阪の榎谷徹蔵があるだけだった。これを読んだ三宅雪嶺が、「本書著者三君は生来健脚の上、山登りの経験に富み、加うるに十返舎一九より見識及び知識があるので、紀行文が実用と趣味とを兼ねるはいうまでもない」と書いているが、知識人のこの本は好評を博した。

田部《たべ》重治《じゅうじ》が、はじめて出した山の本は『日本アルプスと秩父巡礼』（大正八年）である。この本はのちに改訂増補して『山と溪谷』（昭和四年）と改題して何度も版を重ねた。田部が多くの登山の文章を書きはじめたのは、明治の末年ごろ日本山岳会に入会して、会の雑誌『山岳』への寄稿を求められてからだ。

はじめは頼まれていやいやながら書いたのだったが、やがて、大正の初め頃に日本山岳会の幹事にさせられてからは、責任上、止むを得ず積極的に筆を執るようになった。

大正七年（一九一八）ごろの文章が、この本で目立って多くなっているのは、山のことを書くことに興が乗ってきたためで、一年に何回も、春につけ、新緑の候につけ、夏につけ、冬につけ、山へ渓へ

と分け入らねば済まなかった。

時はちょうど第一次世界大戦のころで、日本の世の中もどんどん変わりつつあった。山登りが本当に熱心に世間一般にも行われだしたころだ。


大正前期に大衆登山がにわかに勃興したのは、第一次世界大戦がもたらした好景気もさることながら、鉄道などの交通機関が発達して山へのアプローチを著しく短縮したこと、また山小屋や登山路が整備され、さらに特記すべきは大衆へのガイドを務める『案内書』が続々出版されたからである。

大正七（一九一八）年八月、東京府立第一高等女学校が、日本ではじめての女子団体登山を白馬岳で実行し、女人にあるまじき不謹慎の行いだ、と喧《かまびす》しい論議を呼んだ。だがそんな一部の批評にもかかわらず、それ以後、女性の登山をはじめ、一般世間の人の登山が年を追って盛んになり、日本アルプスの山々などに初めての山小屋が開設されるようになった。

『日本アルプスと秩父巡礼』には、「笛吹川を遡る」「釜沢より甲武信岳に登る」「金峯より雁坂峠まで」「甲州丹波山の滞在と大黒茂谷の遭難」など秩父地方がよく書かれ、木暮理太郎、中村清太郎両名との同行が多い。日本アルプス登山は案内人を伴うのが常識だったが、大正二年（一九一三）、田部は木暮理太郎と二人だけで槍ヶ岳から日本海まで縦走した。二人は天幕や携行品の軽減に、なかなか苦労しながらも、画期的記録を樹立した。これまでを「日本アルプス開拓時代」と呼ぶ人がいるのはそのためである。

『山と溪谷』は、清流のような淀味のない文章で、山岳文学に接しはじめた人達にとってはよかった。山の好きな多くの人達は、山について、山登りについて、ものを書くことをこの本から学んだ。そして自己を、また人生を、客観視する援けにした。人間の悲しさ、孤独の淋しさにぶつかり、それを抱えては山に入った人は多い。それは、木暮理太郎の場合にも当て嵌まるだろう。

「霧の旅会」は、大正八年（一九一九）、東京府立工芸学校教諭、松井幹雄が主宰した東京では早期の社会人山岳団体になる。この会が出版物を通じて一般の人達にいち早く低山趣味を普及させた功労は大きい。日本の山岳界が探検時代を脱し、ようやく登山が社会の中に根を下し始めた頃で、当時はまだ東京でも登山者の数は少なく、登山知識も低かった。会員達に能筆家が多く、『大菩薩連嶺』（松井幹雄）、『山を行く』（高畑棟材）、『一日二日山の旅』（河田楨）などの好著を次々に発表して大衆登山の先頭で旗を振り、理学博士武田久吉は指導的立場で参画し、昭和初期へと堅実に発展していった。

「東京アルコウ会」は、大正一〇年（一九二一）、日本画家三好善一、彫刻家林良三、文筆家大町桂月、天下の食通松崎天らが多摩川堤をハイキングしたのが動機となって発足。創立当初は顧問に、田山花袋・大町桂月・遅塚麗水・木暮理太郎・谷口梨花など、山水紀行や登山界の名士を仰ぎ、武田豊四郎・美代司斗南・井関孝雄らが理事に就任、ハイキングやスキーの普及に活躍した。のちに日本旅行文化会を設け、講演会・出版を通じ、中央と地方との文化上の連絡、旅行道徳の普及に力を尽くした。

人が明治期の山岳文化を語るとき、近代登山の夜明けとして捉え、日本アルプス開拓時代、あるいは開路時代と称するとしても、それは夏のシーズンに集中した。また大勢の人達には、日数的にも、経済的にもかなりの制約を受けざるを得なかった。

しかし、大正前期に入ると、第一次世界大戦の軍需景気のおかげと交通手段の発達から余裕が生じ、また夏季以外にも山岳旅行の延長気運が横溢し、いわゆる大衆登山の黄金時代という幕が開けた。一般庶民がとくに近郊の山々へどっと繰り出し、その新人達の肩の凝らない気さくな文章が本や雑誌、会報に載るようになると、山は高い低いの差はあっても、身近に感じる所で親しめる時代が到来したのである。

富士、白馬はいち早く公園化してしまった。新婚旅行に富士登山、白馬登山をする者まで出て来た。富士山頂で、野球や謡曲大会を催した時は、千人近い見物人が集まった。富士山は須走口を八合目まで馬で行けるので、わずかに歩けば頂上に登れた。白馬も俗化して、老人子供でも易々と登ることが出来た。

山は俗化してきたが、学生や若い元気な人のためには、登山設備がなくて、前人未踏といえるような新鮮で、そして冒険心をそそる嶮しい山がぜひ必要であったのだ。

山国の長野県に信濃山岳会が出来たのは明治四四年（一九一一）、松本女子師範学校長矢沢米三郎と河野齢蔵・牧伊三郎・百瀬慎太郎・井口良一らが中心となり、最初は信濃山岳研究会の名で発会した。この会は山岳の保護と研究調査および登山者の便宜を図ることにあり、日本アルプス開発に尽くした功績は、実に大きかった。

『日本アルプス登山案内』（大正五年）は矢沢米三郎・河野齢蔵によって、当時は唯一のハンドブックとして多くの登山者に愛用された。本の題名は案内書だが、実体は自然科学が豊富に盛られた勉強向きの良書であった。構成は「日本北アルプス」「日本中央アルプス」「日本南アルプス」から出来ているが、好評にこたえて四版から「浅間山」「戸隠山」「登山心得」などが追加され、日進月歩の変化に適応すべく、面目を一新するまで全部書き直しては増版した。著者達は、もともと日本アルプスきっての科学探究者であり、これに八木貞助の地質学が加わって重みを増した。

『日本アルプスへ』（大正五年）は、歌人として知られる窪田空穂《うつぼ》の作で、槍ヶ岳と焼岳の紀行文に、上高地で詠んだ歌が九一首、付録にある。文中にⅠ君、T君とあるのは、茨木猪之吉、高村光太郎であり、この連中のはなしが弾んでにぎやかなとき、廊下の外から「もしもし静かにしてくれ」と外国人が要求してくる。これがウェストンであったのだから面白い。

この時代の山好きな人には信州人が多かったが、丸山晩霞《ばんか》もその一人だった。小県郡祢津村に生まれ、本名健作。一八歳のとき洋画修業のため上京、一年間油絵を習得して帰郷。一時は画壇に見切りをつけたが、若き日の吉田博を知り、その画風に新しい希望を見出す。明治二二年（一八八九）、先輩らと明治美術会を創立。

「信州の高原で育った私は、幼い時から日本アルプスの連峰を眺め、夏時なお白雪を載くその雄姿に憧憬していた。而してその連峰は人跡未到の境であると聞いて、ますます憧憬の念を強うしていた。

大正二年に至ってその境に足を入れ、自馬の谷の万年雪を踏んだ時は、壮大の感に打たれてほとんど我を忘れ、写生をする事が出来なかった。また、欧州大陸を歴遊してスイスのシャモニーという山村に足を駐め、名高いリギ岳に登山した事がある」

丸山晩霞は『水彩新天地』（大正三年）に、このとき大氷河を踏み、雄大峻険な高峰を望んで心打たれ、写生の筆が取れなかった、と述懐している。本書にはそれらの産物として、「ローン氷河」「マッターホルンの月」「ハイランド」「シンプロン山」などの傑作と、「吾妻川の流域」「乗鞍頂上の展望」「雪の妙高山」のような山岳画で飾られている。

本文は、「高山植物の特徴美」「高山植物由来の学説」「高原植物の画美」「山岳と南画の山水」「瀑布の感じ」「山岳は造化の彫刻」「山を感情的に見る」「山岳美の第一印象」「山岳の雪と絵画美」「雪中の登山」「氷河と我国の雪山」など、かなり思い切った論説を展開し、山岳画家の第一人者の眼を通した独特の山岳論は、昨日今日出現したばかりの人達の自分本位の紀行文からは感じ取れない芸術文化の格調がある。

本書に紹介されたヨーロッパ・アルプスの近況については、同じ年に『アルペン行』（鹿子木員信）が発行された。学生時代から内村鑑三に師事してキリスト教に入信したこの教授の高邁な人格に示唆され、慶應大学山岳部が創立されるが、そのいきさつはもう少しあとで述べたい。

山梨山岳会は大正三年（一九一四）、山梨師範・白川中学・甲府商業校の教諭らによって創立された。四年には九州山岳会、五年には赤穂山岳会、七年には山形研究会が生まれた。富山県に越中山岳会が生まれたのはもっと後の大正一〇年だが、越中山岳会の発会式は来場者が少なかったかわりに、その全員が入会したという愉快なエピソードが伝えられている。

二　神戸徒歩会について

山登りを楽しむ内外国人は、明治の中頃よりぼつぼつ現れていたが、六甲の背稜が開拓されてから、だんだん範囲が広くなると共に、登山を目的とした人々も多くなって、明治三八年（一九〇五）日本山岳会が創立されて間もなく、神戸を中心として登山会が設立された。

明治四三年（一九一〇）、塚本永堯を中心にして、神戸草鞋《わらじ》会が発起人五名で会員を募集して活動を始めたところ、たちまち内外人がこの会に集まり、会名も神戸徒歩会（KOBE WALKING Society）と改め、大正二年には会員三〇〇名を超える大きな登山会となった。

大正二年八月、会初めての遠征旅行として、塚本会長以下三一名で、木曽御嶽へ黒沢口より登り王滝へ下った。

そのころの木曽御嶽へは講社の人々が先達に導かれて多く登っていたが、登山会としてはこの団体登山が初めてで、大いに意気の上がり行事になった。この秋、後に神戸の登山界を語る資料となった機関誌『ペデスツリアン』を次々に発行して、登山および愛山思想を普及したことは立派であった。

この会は内外人のインテリ層が集まり、永く神戸の登山界をリードし、実践活動の先頭を歩むと共に、登山路の改修を会の主旨の中に組み入れて、常に実行したことは特記せねばならない。

そして大正四年、学生登山会最初の神戸高商山岳会の創立に参劃し、外国人登山団体ドントのグループと友好を結んだ。今村幸男・藤木九三・三木高寄・直木重一郎・水野祥太郎・加藤文太郎といった人達を会員に迎えたのである。

会員制度は、準会員・正会員・賛助会員と区分され、その内「賛助会員は年金五円以上を山路修繕及び新設費に寄付する内外有志者とす」と会則にあり、正会員金二円に対して賛助会員の会費は多額であり、会員数も大正三年には正会員一五〇名に対し、外国人の賛助会員は八〇名にもなった。ここで注目したいのは、日本の山岳界に特異な存在となったH・E・ドントを中心とした外国人のみ約三〇人前後（後には日本人の会員あり）の登山団体だ。

KOBE Mountain Goat Club（神戸カモシカクラブ）を名乗り、ドントは Bell Goat（カモシカの指導者）と愛称されていた。

この会は明治四三年（一九一〇）ごろから会員を募集して活動を始め、その登山記録や感想文・行事報告をまとめて、『INAKA』と題する英文の立派な登山書を大正四年より大正一三年の間に一八巻連続して発刊しているのは異色といってよいだろう。

しかしそれにしても、京阪神地方には、山岳会を名乗る団体の多いのには驚くばかりだ。なぜかといえば愛山協会に所属する神戸登山団体は、神戸徒歩会を筆頭に九九団体。京都旅行団体は、エスエス会以下四三団体。大阪旅行団体はニコニコ会をはじめに四四団体（大正一二年現在）数えるからだ。その中には、日本アルカウ会（大正三年創立）・日本婦人アルカウ会（大正七年創立）・神戸野歩路会（大正五年創立）など、各地の山岳会が真似た会名がある。だが大阪のように探勝マイロ会（大正八年創立）・ヨタヨタ会（大正六年創立）、テクテク会（大正一二年創立）などふざけた名の会もある一方で、京都山岳会（大正九年創立）・京都ワカバ会（大正三年創立）のように手堅い名の会もある。

山岳団体にとっての会名は、世間への大事な表看板だと思うのだが、どう理解してよいものか。それは多分、関西地方の近郊は低山が広がって誰にでも登りやすく、また遊びの場所に適しているから、なにも登山とか、山登りとか格式張る必要がなく、自由だからそうしたのであろう。

会名のことではないが、山岳会が度を越すと物議を醸す一例として、神戸徒歩会機関誌『ペデスツリアン』第五九号二頁目を取り上げてみよう。

「市背の山路に就いて」と題して、各会の幹部に向けて載せた文章だが、あまりにも内容が穏やかでないので参考までに一部を披露したい。遠く明治四三年以来、山路の新設・修繕・除草・植林などに独り苦労してきた同会の不満は、一応は理解出来るのだが――。曰く。

「即ち一般登山者の便宜を謀ると云う実に尊い社会的精神の発露であって、偉大なる犠牲に甘んじている次第である。毎日軽いスポーツシャツを着て山靴を穿ち、ステッキを振り廻し、意気揚々として山路を闊歩している幾千の登山者の悉くの者が、吾が神戸徒歩会の洪恩を蒙ってその利便に浴しているのである。なおそれに付随して喫茶店・靴店・被服店等の商人も延いてその余沢に潤っていることは云うまでもない。……或る登山会の如きは漸く一周年を迎えたとて、大いに祝賀の盛宴を張る可く準備して、不幸雨天に遭い折詰弁当三百個を腐敗させたそうだ。僅か一年位経過したからとて祝詞祝文賓客招待等その馬鹿騒ぎするのからして不真面目千萬である。そんな無駄な飲食費に充当する資金が有るなら神戸徒歩会に寄附すればよい。そうして山路費や美化事業費に使用して貰えばその資金は活きて来るのである。又多くの会では何の必要があるか判然しないが、連隊旗のような立派な会旗を調整して嬉しがって担ぎ廻っている。……またそればかりでなく、天幕付近の木陰へは所嫌わず犬猫同様大便の垂れ放題だから迂闊にその付近を通行できぬ有様だ。又某々会では神聖なる県廳や市役所の制札に広告紙を貼付したり、乱暴にも毀損する無知な者もいる。

今後は発見次第着々と本紙で仮借なく会名を一々挙げて大いに反省を促す筈である。現在再度山を中心として百ばかりの登山会があるけれども、神戸徒歩会を除いて完全なのを一つとして見出す事のできぬを甚だ遺憾とする。然らば如何にすれば……

実は頗る実行容易である。即ちその問題の鍵は各会毎にその収入会費の十分の一乃至二を割いて山路費として神戸徒歩会に寄附してくれることで万事はそれで解決する。その結果各会は遠慮なく山路を通行する事を得るし、神戸徒歩会もそれによって多年の経験に基づいて現在よりも一層十分に山路や美化事業に尽力するを得るのである。敢えて百余の登山会の深慮ある幹部諸賢の熟考を煩わしたく、ここに緊急動議として提案する所存である」

右の記事が神戸愛山会の機関誌『登山年鑑』にそのまま掲載されたのにはわけがある。編輯同人は、「人心攻撃や団体の攻撃は盲目して眠りたい、けれども田中生（注：兵庫在住）曰く、この原稿を掲載せねば、徒歩会の廻し者である。犬であると申さるるから、徒歩会の九月号会報を転載して公平なる愛読者の批判を受くるのであります。左記に掲ぐるの外、二、三投書もありましたが、論理が徹底していないのと、余りに人身攻撃でありましたから、同人協議の結果掲載を見合わせました。

田中氏は責任は愛山協会河西氏に在りと申さるるより、河西氏に弁明を願ったような次第でありま す。愛読者よ、責任ある事で且つ義務ある事と存じます。又無理からぬ点もないでもありませんか ら、読者その人々の判断を待つ他ありません。故に掲載した次第であります」

これが編輯同人の意思だと弁明しているが、逃げの一手の編輯同人を周章させた田中生なる人の、「神戸徒歩会に答う」を少し拾い読みしてみよう。

「そもそも彼の記事の文責者は、着眼点を誤ってはいないが、神戸には立派な愛山協会というのが成立して、しかも神戸徒歩会は副会長の一員である。筆者は愛山協会の存在を認めないのか、神戸愛山協会を無視して神戸徒歩会が神戸市百余団体の牛耳を執りたいと云う腹心か、その辺は筆者が明らかにして貰いたい。

神戸愛山協会の生るるとき、最も早く賛成加盟せられた神戸徒歩会が、今更各登山団体を敵にして喧嘩買いをなさるならば畠違いである。神戸登山団体として神戸徒歩会の事業に感謝せぬ者は一人もいない。然るに会報を以て貸金でも請求するがの如く、収入額の二割を出せと高飛車に出られたから問題が起こったのである。彼の本道を何が故に徒歩会が修理せねばならないのだろう。神戸市に責任がある市道ではないか。私達は再度山本道のみを往復し、決して徒歩会の道路を通行していない。市道を歩くのに、なんの遠慮がいるのか、何故二割という税金を支払う義務があるのか。

市背の山々に大小便や古新聞が散乱とあるが、日曜や祭日に登山してみると、登山家か市民かすぐ分かる。各登山会幹事にと麗々しく書かず、一般市民に、と訂正してもらいたい。一カ年二回や三回、徒歩会の道（区会議員曰く、〝勝手に道を造って困った奴だ〟）を通るのに税金が必要ならば、日本アルプス等では相当の税金が入るだろう。筆者よ、全国を通じて登山料を有する所は一カ所だけだ。収入の二割を呉れと云うのも神戸徒歩会あるのみ。薬草採集の名義で五十銭を徴収するのは伊吹山のみだ。公平の眼で静かに考えてほしい」

神戸市背の山路をめぐって、こんな不調和音があったが、関係者の河西兵衛は、私個人の意見と題して第一次大戦後の不景気が原因だ。経済の不如意で各会とも会費が集まらないで困っているのが現状だと指摘する。協会の事業は県庁や市役所から歓迎され、讃辞を受けている。しかし、市背の山には登山趣味、愛山観念から割り出された法規の制定が何もないから何の要求も、取扱いの原則が無いため半端に葬られている。団体の力で公園区域、あるいは散歩区域のごとき制定の運動から開始し、市役所に愛山事務の基本を定めてもらうことが必要だ。そうなれば路直しのような事業は土木課でやって貰えるであろう。と本件を無事に結んだのだ。

神戸市背の山のことから離れて当時の山岳会（登山会）の山登りとはどんな内容であったろうか。前記の『登山年鑑』に戻って眼を通すのも一興かとおもう。

「毎朝登山に就いて」

現今の登山は真面目の登山になったようです。今夏のように、お祭り騒ぎの登山は私共は好ましくないのです。真に登山を理解する人々のみならば一小集団となっても満足であります。（三四徒歩会KV生）

「大悲山幕営記」

静かに迫る夜の帳にせき立てられて、テント張りに水汲みに、薪取りに飯炊きに、手分けに間もなく支度は出来た。斯くて想像だにしなかった幕営の美味珍味に晩餐を終り、瞑想に微吟に暫し時を忘れた。神秘を蔵した魔の森のような木立の奥から時々梟の声が聞え、耳を澄ませば遙かに下の渓澗からせせらぎの響が葉末を伝ってくる。（京都SM会員）

「暮るるままに」

浄土龍王あたりより来るとおぼしき霧が、又一しきり五色の花の台を包んだ。詩と云わんには余りに凄く、現と云わんには余りに幽かである。

〝この調子なら明日は大丈夫だ〟

と長次郎は、篝火ほてる赤い顔輝せる。

〝猪は犬と鉄砲やちゃあ〟

と苦もなげに、云ってのけるその物語の底に原始人のみもちたる驚きと喜びがハッキリ浮き上がって来る。

こんな事を感じながら私は長次郎の話を聞いていた。

〝熊は手槍で、やるだ！〟

一突きを、すぐ抜かねえと、噛み切ってしまうので、その二突き目が大切だ。

さしもに、大きかった篝火も、大方消えてしまった。はるか彼方真暗な、闇の空の中に一様の白い線が引かれている。そして無数の星をかきる山の背の一層強く浮出している。

〝今宵は十七夜だ。明日は南沢か〟
もうそろそろ眠くなってきた。
平蔵は突然、
〝旦那もう寐なせえ、明日はまたきついで〟
上に横たわれば、夢は、現実より更に美しい。
思えば人生は、遍歴の旅だ。

（五色ヶ原にて、まさかず生）

大阪探勝わらぢ会
創立　明治三九年（一九〇六）
第一八五回例会　八月、富士山登山と裾野巡り、身延探勝。行程六日間、会費二六円、参加者一五〇名。

神戸日の丸会
創立　大正八年（一九一九）
七月　日本アルプス、午後一〇半神戸駅発。翌日午後二時、信濃鉄道有明駅下車。有明神社。午後七時半中房温泉一泊。第三日、雨天にて温泉気分を味う。第四日、午前五時発、燕岳より大天井を越ゆ（正午より細雨）東鎌尾根にて暴風雨となり殺生小屋一泊。時は午後三時半、歩程七里。第五日、七時半、槍ヶ岳の山頂を極め、大槍一里の雪渓を辿り。二の俣合流地にて中食。梓川に沿い、上高地の森林帯を経て、河童橋畔の旅館一泊。歩程六里。六日目、六時発、田代湖、大正池等上高地の幽邃なる所を探り、徳本峠、イワナ止茶屋中食、犀川に沿いて島々に出で、筑摩鉄道にて松本市に出で長野下車。善光寺参詣。中央線を経て帰神す。会費三〇円。

これらの記録は大正時代の大衆登山の一端を偲ぶ資料になるが、当時の山小屋についても少しふれておきたい。

古い時代の山小屋は、やはり信仰登山と関係が深く、石室・籠堂・参籠所・坊の名で呼ばれた山小屋に始まっている。

明治時代から大正初年にかけて日本アルプスを跋渉した先人達の宿営は桐油紙と簡単なテントによるほかはなく、岩小屋は重要な役割を持っていた。槍ヶ岳登山に果たした赤沢の岩小屋は今では一つの名所になっているが、当時としては唯一の根拠地として貴重なものであった。大正五年頃の北アルプスの山小屋といえば白馬頂上小屋・同石室・立山室堂・岩魚留小屋・黒部平小屋・白馬尻小屋・アルプス旅館の七か所に過ぎない。赤沢の岩小屋の上部にアルプス旅館と称する山小屋が建てられたのも大正五年（一九一六）だ。北アルプスにおける最初の営業小屋として記憶されるが、当時としてはまったく無茶な計画だと冷笑されていた。

大正一〇年の燕山荘・殺生・大槍の三つの山小屋。大正一二年の立山弥陀ヶ原から薬師方面への大量の新設によって、アルプス縦走も次第に容易なものへと変わっていった。

南アルプスはどうかというと、信仰登山で開かれた甲斐駒ヶ岳の五合目小屋（明治一七年建設）・六合目石室（大正八年建設）が古くから利用された。その後大正一三年に至って山梨県庁は登山小屋の建設に力を注ぎ、早川尾根・北御室・北沢・両俣・広河原・白根御池の六か所に新設し、次第にその数を増やしていった。

中央アルプス方面では伊那小屋が古くて明治四四年。宝剣小屋（大正五年）・摺鉢窪の小屋（大正一五年）がこれに次ぐ。宮田頂上小屋は昭和三年（一九二八）、木曽小屋や木曽福島町営小屋は昭和五年になっての建設だ。

山小屋は飲料水を取るのに便利な所に建てるが、四六時中、暴風に吹き曝され、雪に埋められ、殊に湿気が多いため、平地の建物とは違う特別の建築にしなければならない。山中は寒気が強く、内部で火を焚くため、煙が濛々と広がりほとんど眠られない。みんな目を悪くして、脂目《やにめ》をしばたたいている。

少しでも入り口の扉を開けると、さっと白い夜霧が吹き込み、焚き火に当たっている足先から背中がぞくぞく寒くてならない。こんな有様で高山の小屋の一夜は、忘れられない寂しさ、侘しさを感じさせたものだ。

外は一面の雲の海。小屋の庇にびゅうびゅうと音を立てて風が吹き付ける。だが混沌たる夜の世界！ 不可思議なる天地の色！ 僅か十坪そこらの小屋の中は、暖かな団欒のある国なのだ。方幾十里の山中。人間の国はここだけではないか。

小屋はだいたい間口二間四尺、奥行は登山者の多少、その山の地形によって、三間もしくは四間とした。間口二間四尺の中、四尺だけはずっと縦に通じて土間となり、ここは火を焚く炉になり、通路となる。そして左右の各一間は、高さ五寸内外の板張りの床としてある。草鞋を着けたまま足を焚き火の方へ投げ出して、板の上に仰向けに一列に並んで、寝られるようにとしてあった。

それから四方の壁は、厚さ一尺、高さ六尺の石壁に仕上げた。これは室内の暖気を長く保ち、外気の寒さを防ぐのに最適だからだ。石は正しい切石を積み上げて、その隙間毎にセメントを填充した。

入口は、両方に同じように設ける。高い山の上では、どちらから風が吹くとも分からない。南北に建てた小屋なら南風の時は南の戸を閉めて北から出入りし、北風の時は南から出入りするのだ。しかし、山によっては双方に出入口は無理だ。そうなら入口の前一間くらいに、石塀を設けて常風を防ぐようにする。

窓は絹硝子か、通常硝子を穿め込んだ引戸に金網を合わせて左右の石壁に取り付ける。屋根は厚さ一寸ぐらいの板の上に板葺き、所によっては檜皮葺《ひわだぶき》の木造にした。

こうして出来た山小屋の予算は、その当時平均六〇〇円ぐらいしたという。収容能力は二〇名ないし三〇名。登山シーズン中は混み合うので、早目に到着するのがコツ。超満員の時は少しも隙間なしに押し込まれ、身動き出来ない。便所の用足しには勇気が必要だ。このため山馴れた連中は念のため、テントの携行を忘れない。要所の山小屋は増築したり、別の場所にも新築したりして登山者の需要に心を配ったのである。

白根三山縦走に役立つ北岳小屋のように、風雨を避けるため、主稜線から四〇〇メートルも下に離れた水場に設置すると利用するにはあまりにも不便だ。否、これくらいは我慢出来る、と論争した例もある。

高山の小屋といっても、富士だの、御嶽だの、大峰だののように一時に何百人と人を入れる設備を要する所は建物を立派に、食物もかなり贅沢になってきて、中には立派な風呂まで沸かしていた。

上高地方面、槍登りの途中にあった赤沢の岩小屋なども、ババ平にアルプス旅館……旅館の名が税金に関係があるとかいって、アルプス小屋に名を変えた……が出来てから、あの大きな岩陰に入って、寝なくてもよいことになつた。

三　山の温泉

烏帽子下れば葛《くず》ノ湯泊まり
山の疲れは湯で癒る

火山の多い日本の山登りは、どこへ行ってもその労を慰める立派な温泉に恵まれている。一方は清冽氷の如き雪氷の迸っているのに、一方には、沸々と温泉が湯気を立てて湧き流れている光景は、全国各地に珍しくない。

天地、開け放しの野天井、それを僅かな河原の石で囲んで、湧き出る熱湯をそこに集め、一方からは渓水を導くと、入湯にほどよい温度を保つ自然の湯槽がつくれた。

凄じい音を立てて岩に砕ける渓谷の水。それを聞きながら自然の湯槽に沈んで、じっと川を見ていると、いつかその谷には、薄い霧が峰の方から、さっさっと匍い下りてくる。一ところ広くなった河原の草地に張った天幕がハタハタと風に鳴って、そこからは、もう濃い夕餉の煙が立ち上っている。今夜は途中で買い取った岩魚《いわな》を食べよう。山蕗もたくさん採ったっけ。食後はココアにしようか——

こんな、谷川に湧き放しの温泉は、至る所に湧いていた。

日本の温泉は、だいたいが単純泉・酸性泉・炭酸泉・塩類泉・硫黄泉とに分かれている。山の中の温泉は、多くは硫黄泉だ。赤黄色の色を湛え、息気のある煙を盛んに噴出していたっけ。

温泉の発見には神仏の示現伝説とは別に、高僧や貴人、獲物を求めて山中に分け入った猟師や地元の村人が、動物が傷を湯で癒す様子を目撃し、開湯伝説にした口碑が少なくない。鶴・鴉・鷺・鷹・猪・鹿・狐・熊などそのまま温泉名にしている所も珍しくない。

妙高山麓の赤倉温泉の由来については、『赤倉温泉記』（大正六年）にこう書いてある。

「抑《そもそも》この温泉は往昔親鸞上人越後國國府の浜より屢々戸隠山へ登山の砌《みぎり》、妙高山の麓、関川の沿道を徂来し、妙高山に霊泉あるを知り、之を里民に告げたりしが、文化年間に至り始めて樵夫霊泉の湧く所を発見し、同一二年一二月、高田藩主榊原遠江守高顕公直ちに湯元を視察し、地の利を考え、字一本木と言う所に浴舎を創設し、妙高山の霊泉を導きて温泉場を開き、邸殿を設け、かつ年々補助金を下付せり。ここにおいてか土地漸く繁栄に赴き、旅舎酒楼軒を並べ、弦歌の声絶えざるに至れり」

樵夫《きこり》が発見した温泉は、ほかにもまだある。火山の爆発で有名な浅間山麓の上州霧積温泉は、源頼光四天王で名高い碓氷太郎貞光が山中で樵夫同然の生活をしていたときの発見だというし、磐城の鎌先温泉も、白石の某という者が木を刈ろうとして鎌の先から湧き出したと伝えられ、現在の地名になっている。

別府・霧島・阿蘇など顕著な温泉をかかえる九州は、元より大きな温泉群だが、北に日本アルプスを囲繞する飛騨高原、信州地方も正に温泉王国の感がする。

まず、八ヶ岳、蓼科火山を主体とするものに唐沢・明治・上下諏訪・夏沢峠の頂上近くに本沢がある。御嶽および乗鞍・焼岳等の火山を主体には浅間・山辺・小谷・別所・河原・鹿教《かげ》・霊泉寺・沓掛・田沢・戸倉、越後の燕《つばめ》・関・赤倉などがある。浅間、白根火山をめぐっては渋付近に無数の温泉が湧き、七味《み》・山田・鹿沢・古瀬・小瀬および有名な草津温泉がある。それから苗場山付近には野沢・和山・切明、越後の逆巻・湯沢などを数える。

これらの山々には二、三千尺ないし五、六千尺の高所に登山客を慰む温泉がいくつもある。白馬の蓮華温泉、立山の立山温泉、祖母谷《ばばだに》・鐘釣《かねつり》温泉・御嶽の濁河《にごりがわ》温泉、平湯峠の平湯・蒲田峠の蒲田温泉、上高地の上高地温泉、燕岳下の中房温泉など、数えたてると際限がない。

中房温泉は、ラジウム・エマネーションの含有量が多いので有名だ。常念山脈のステーションとして、夏季はかなり多くの登山客を吸収している。ここでは湯治者のために、鶏卵狩ということをしてよく遊んだ。硫気が上がって地熱のある丘上に鶏卵を埋めて、それを茸狩のように客に探させるのだった。地熱のため鶏卵は半熟となって、ちょうどそのまま食べ加減になっていた。エマネーションというのは、地中のラジウムが崩壊して生じるガスで、これは地盤の割れ目からも放射するといわれている。人間がこれを肺臓へ吸収すると、一種の生理的感応を起こすのだという。

明治の初期から、草津に来た外国人は実に多かったが、その中でとくにノルデンショルトとベルツが有名である。ノルデンショルトはスウェーデンの生んだ世界的探検家で、明治一一年（一八七八）、困苦の末に北氷洋横断に初成功し、翌年交通不便な草津に立ち寄った。彼の「日本印象記」の中で、外国人の目に映った次の一部が面白い。

「草津の湯は非常に熱いので、入る前に予め適当な方法を講じなければならない。ごく感じ易い皮膚の部分にそれぞれ木綿の薄物を纏うのである。この後がまた奇妙で、浴客全部が大きな重い板で湯を撹き廻しながら、奇声を発するのである。それから彼等は浴槽の背後に居る浴長の号令一下、同時に湯に跳び込み、又それに従って上るのである。そうしないと熱くてとても入れるものではない。何しろ湯から上った彼等の体はまるで火のように真赤だし、顔もいかにも苦しそうだ」

厳寒の氷の海で長いあいだ暮らしてきた彼にとって、草津の光景は強烈だったたし、素朴なあっけらかんとした男女混浴の露天式には驚いた。

ベルツ博士は正しくはエルヴィン・ベルツといい、明治初年、ドイツから招かれた医学者であった。東大医学部教授として三〇年の永きにわたってわが国の医学界に貢献した人であるが、同時に『日本鉱泉論』を著し、日本の温泉学にとっても恩人であった。ベルツ博士は草津を愛し、いくたびもこの地を歩いて訪れ、自身でも草津に土地を求め、ヨーロッパにあるような温泉保養地を作ろうとした。

草津には無比の温泉以外に、日本で最上の山の空気と、まったく理想的な飲料水がある。もしこんな土地がヨーロッパにあるとしたら、カルルスバード（筆者注：チェコスロバキアにある欧州第一の温泉）よりもにぎわうだろう。

『ベルツの日記』には、そう書いてある。

彼は草津を日本の草津から世界の草津にまで宣伝し、科学的に分析して、医学上から研究、指導した草津の恩人であった。日記は明治一三年（一八八〇）から始まるが、次の文は同三七年（一九〇四）のものだ。

「全く神秘的な草津温泉の効能を最も適切に表わしているのは日本の有名な小唄〝お医者様でも草津の湯でも、惚れた病は治りゃせぬ〟である。普通あれほど難症の癩病ですら、往々にして全治することがあり、尠くとも快方に向うのを殆ど常とする。最初に草津を訪ねて以来、自分はこの土地に非常な興味を覚え、土地の人々に各種の改革を提案した」

ベルツは、この温泉の特異な効力が知れわたれば、あらゆる国の人々がやって来るのは確実だ、と予言したように、草津は次第に賑わった。英文『日本案内記』の著者チェンバレン教授も、トーリストの『日本旅行案内』も草津を紹介し、このため世界の草津として有名になったのだ。

「命の洗濯」という言葉そのままに、昔から日本人はお湯好き、温泉好きの国民だ。「温泉は人生の縮図」という。温泉は人のある限り、社会学の対象であると共に、人生そのものの謎をとく秘密がかくされていることを意味しているからだろう。

温泉の研究が、医学的に、理化学的に研究される以上に、もっと民族的、郷土的文化に対しても掘り下げられなければならないのは、こうした理由からである。もし、そうした面に向かっての探究が行われるならば、現在行楽本位の温泉社会は、もっと驚異すべき人間の歴史文化を示してくれると思う。

そうした意味で、東西日本の文化を結んだ交通の要衝「箱根山」を一例に取り上げてみよう。

四　箱根山

「此山は昔時《せきじ》、江戸京都の西面街道の重鎮なりしを以て、関門を構えて行人を点検すること頗る厳なるものなりしことは、浴《あま》ねく人の知る所なるべし。其東南の長さ四里四町余、南北には山岳重畳して其幾千なるやは知り難きも、大凡《おおよそ》五里余なるべきか。又山間の所々には温泉盛んに湧出して古来有名なるものなり。所謂《いわゆる》箱根七湯とは東海道の北、箱根町の東北に当り、山沢の間に散在せる湯本・塔ノ沢・堂ヶ島・宮の下・底倉・木賀・芦の湯是れなりとす。其他小涌谷・湯の花沢・姥子・仙石原・強羅等の新温泉場を加えて現今は十三湯と云い、四季の差別なく、文人墨客及び浴客等の唯一の静養地として喜ばしむるところなり。山中の最高所を神山・冠ヶ嶽・金時山と云い、之に次ぎては早雲山・二子山等もあり、頂上には倒《さかさ》富士を以て名高き芦の湖あり。

富士山の噴火の際は、砕石飛散して道路を閉塞し行路に非常に困難なりしかば、桓武天皇の延暦二十一年五月、さらに山中に新路を開きて官路を通ぜしが、翌年五月再び足柄の旧路に復したり。されども全く箱根路を弊せしには非ずして、通路は峻嶮なれども、頗る捷径《しょうけい》なるを以て、旅人は両路を往来せるものの如し。されば現今の坦々砥の如き東海道は、往古の所謂箱根路にはあらずして、之が幾度か変遷を重ねたるものなるべし」


（『箱根案内』明治四三年）

紅葉見るなら箱根へござれ
箱根八里はみなもみぢ

昔は天下唯一の嶮とまで謳われた箱根八里も、広く天下の遊園地と認められ、春は新緑、夏は避暑、秋は満山の紅葉、冬は雪景とその季節を問わない。

文中の湯元（湯本）温泉は、箱根温泉最初の発見地で、聖武天皇の天平一〇年（七三八）と伝えられている。

「荒金《あらかね》の土より湧き出ずる温泉というものを、私は大自然が人間に寄与する芳ばしいうま酒と称えたい。清水とくとく苔の髭を潤す岩陰の、盃を浮かぶるほどの細い川の源にも。雲白く嵐青い深山の峡にも。昼も夜も断えず炎の胆《い》吹きする火山の懐にも。岸の柳、渚の葦、霞を引き靄を籠《こ》めた長い江の滸《ほとり》にも。松青く沙《いさご》の白い海辺にも。凡そ舟車の行くところ、輿《かご》や馬の通うところ、往くところとして其処《そこ》には、温泉のない土地のない我が国は、誠に大自然の恩寵の、殊に豊かに多きことを思わしめる。病める者には肉を与え、力なき者には骨を換え、憂あるものは楽しみ、悲しみあるものは歓ぶ。四時の行楽、おりおりの遊山、そこに滾々として湧き出づる大自然のうま酒を、思いのままに酌むことを得る私達は、誠に幸福であるといいたい」

（遅塚麗水「温泉案内に題す」『日本温泉案内西部篇』）

麗水をはじめ多くの文士がとくに温泉を好み、その風光名媚と静寂の中に寵って、畢生の大作をものした形跡は、私達が各地の温泉地に旅したとき、その執筆記念の部屋や揮毫の書画をよく見かけることでもよく分かる。

たとえば明治時代に伊香保温泉を愛し、ここで息を引きとったのが、名作『不如帰《ほととぎす》』で若い男女の涙をしぼった徳富盧花である。伊香保に篭もった木下尚江《しょうこう》も木暮武太夫旅館の離れで外界との接触を絶ち、いくつかの作品を書いている。島崎藤村が「千曲川スケッチ」の旅情をねった田沢温泉のますや旅館には、「藤村ゆかりの宿」の看板が出ているし、川端康成の『伊豆の踊り子』は、湯ヶ野温泉の福田屋をモデルに書かれ、執筆した記念の部屋がある。そして、明治文化の誇り高き道後温泉の三層楼（元湯、または本湯、神の湯ともいう）には、夏目漱石ゆかりの「坊ちゃんの間」が今も名所の一つになっている。

これらはその一例に過ぎないが、日本の温泉文化を語るとき、しばしば引用されながら、これからも脈々と鮮明に生き続けていくことだろう。

五　案内書

山には全然無関係なはずの「野球界社」（東京都日本橋区）が、雑誌『野球界』の臨時増刊号として『山岳旅行案内』を発行したのは大正九年（一九二〇）、第一次世界大戦の終結後であった。目的は、登山趣味を鼓舞し、山岳旅行を国民的習慣化して国民の体力を向上させることにあった。さらに云えば男も女も平均六尺の身長と、平均二二貫の体重の所有者にしたいためであるという。欧米人と較べて日本人の体格があまりにも貧弱だからだが、土台無理な発想だ。と云うことで登山に眼をつけ、

「登山は地球の引力にさからって、何千尺、何万尺という高い所へ登るのだから、骨が折れる。あらゆる困難に打克って初めて頂上に達することが出来る。そのためには己に打克つ勇気、自己のエネルギーを注して得られる努力が必要だ」

と性急に説いている。要するに山岳教育は、男子たると、婦人たると、老いたると、若きとを問わず、之を授けねばならぬ、といった調子の理想論だ。

書き出しの「学理と経験による登山総心得」は、山岳教育の必要に始まって遭難に際しての心得で終わる。肝心の本文の方は、日本全国の鉄道路線ごとに山を並べ運賃まで書いてある。それならと参考までに妙高山の項を読んでみよう。

「妙高山　田口駅　上野駅より三円二十九銭　約十時間にして達す。田口駅の西一里二十七町（人力車賃七十二銭）にして妙高山麓赤倉温泉に達す。この地海抜二千五百尺。眺望雄大、近来スキー練習場として著名である。温泉から頂上まで三里、標高八千九十八尺、路はかなり嶮岨であって、溪間には、夏なお残雪を見る。通の狭い危険な所には鉄鎖があるから危ないことはない。頂上に阿弥陀堂がある。頂上の風光は雄大。三国一の富士を見ることができる。普通の人は、頂上まで四時間かかる。これ以上費やす人は余程足の弱い人である。健脚者は頂上から更に妙高の裏山を一見し、帰路六堂の池に下り、北地獄の硫気孔を見学すべきである」

以下の山々の記述もだいたいこんな調子で書かれていると思えばよい。

鉄道省という名は、たいていの人が馴染み深い。はじめは鉄道寮といい、明治一〇年（一八七七）に鉄道局、つづいて明治二三年には鉄道庁と呼び、ふたたび明治二六年に鉄道局と称した。さらに明治四〇年には帝国鉄道庁と名乗り、明治四一年には鉄道院と改称。そして大正九年（一九二〇）、鉄道省に変わって内閣の直轄となった。その鉄道省の名で携帯便利な小型本『羽越線案内』が出版されたのは大正一三年八月のことである。

「本書は羽越線の全通により裏日本の交通に一大変化を来したるため、自然同線によって旅行せらるる人の多からんことを慮りその参考に供せんがために発行したものである」

というのが趣旨である。

羽越線は裏日本を貫通し、北陸、関西方面と北海道方面を連絡する主要線路で、奥羽本線秋田を起点とし、新津に至って信越線及び磐越西線に接続する。この沿線は秋田・山形・新潟の三県に跨がり湯《ゆ》温海《あつみ》・湯野浜・湯田川のいわゆる庄内三温泉を始め吹浦《ふくら》・由良・温海《あつみ》その他の海水浴場もあり、出羽三山及び鳥海山など好山名水も少なくない。

そのため「登山のしるべ」の項をもうけ鳥海山と出羽山について各登山口からの案内を詳しく述べてあり、登山者にとっても、とても親切な案内だといえる。

これだけではない。驚くことに鉄道省は、同時に『日本北アルプス登山案内』という冊子も出しているからだ。

「近時登山趣味の勃興と共に、日本アルプス登山者は年々激増する状態であって、誠に国民保険上喜ぶべき現象である。本書は是等登山者案内の一助として発行したものである」

と、こちらの『日本北アルプス登山案内』は登山者のための案内書だと冒頭にはっきり記載。さらに飛騨山脈を北アルプス、木曽山脈を中央アルプス、赤石山系を南アルプスに分けているのを見逃してはならない。本書の特徴は「登山者の為に」の項を設けて自己の力、山、天候の三拍子揃って初めて登山が成功すると述べているのだ。地図・著書・精通者についての研究調査、服装、履物、携帯品の選択、天候や歩調、露営地の選定などを細かく注意。本文は四谷口・大町口・中房口・豊科口・鳥川一ノ沢口・島々口・白骨口に分かれ、立山連峰方面と黒部峡谷を別掲にし、最後を「登山道徳」の項で結ぶ。

驚くべし。鉄道省の山への傾倒は、異常なほどまだまだ続く。鉄道省は今度の『日本アルプス案内』（大正一四年七月）は、前年の『日本北アルプス登山案内』に中央・南アルプスが記載されなかったので、それらを増補改訂したという。そのため鉄道省独自でなく、地元山岳会の協力を得て編纂し、一般用にと市販された。しかし、一日二日で容易に登り得る山を簡単に纏める主旨のためか、せっかく挿入の南アルプス案内は交通が不便すぎるので、ごく概略にとどめてあるのがいかにも惜しまれる。「南アルプス方面は登山設備未だ不完全であるから、案内人と野営の準備とを忘れてはならぬ。山中の各小屋には食事防寒具の設備なし」といった調子で、便のよい北アルプスとは余りにもかけ離れた内容だ。余談のつもりでその一例に「大河原口」を取り上げる。

赤石岳、荒川岳、東岳（悪沢岳）方面

中央線辰野駅より岐れる伊那電車に乗り、伊那大島駅下車。賃金一円三十三銭大島より大河原まで六里三十二丁。途中部奈《べな》まで一里余徒歩天龍川を渡る。部奈より久原鉱業会社の木材搬出用のトロに便乗することが出来る。一台三人乗りで四円四十銭。一人ならば一円五十銭。乗る時は前日までに同社青木事業所に申込んでおかねばならぬ。

トロとはトロッコの略称で一般に森林鉄道（軌道）と呼ばれ、材木や鉱石の運搬に用いられた。トロッコは登山者にとって恰好の乗物だったので、出来得れば後述したい。

トロ軌道は小渋川（末は天龍川）に沿うて断崖絶壁の間を走るので眼に写る風物送迎に遑《いとま》が無い。小鷲で乗換え、それより約三時間半を要して大河原に着く。大河原は赤石連峰絶好の登山口で郵便局、商店、旅館等がある。登山に関する案内人夫等のことは赤岳会が活動しているから便宜を計って貰える。

赤石山脈南部縦走　七日―八日

第一日　大河原発、小渋湯、広河原を経て大聖寺平石室泊

第二日　石室発、赤石岳、百間平を経て百間洞野営

第三日　百間洞発、大沢岳、大沢丸岳、兎岳、聖岳、聖沢水源野営

第四日　聖沢水源発、上河内岳、茶臼岳、仁田河内岳、易老岳南方野営

第五日　易老岳南方野営地発、イザルケ岳、光《てかり》岳、加々森山を経て加々良銅山飯場泊

第六日　銅山飯場発、大野、下栗を経て上町泊

第七日　上町発、小川路峠を経て飯田町。

このコースには山小屋がまだなかったので、野営がどうしても必要だった。百間洞は今でも五万分図上に百間洞露営地、聖沢（聖平）は聖平露営地、大聖寺平から北方の小西俣水源地は高山裏露営地（現在はない）と記載されたままなので、当時の事情が偲ばれる。

世間には旅行者の同伴用の書籍がたくさん出ているが、鉄道省の『鉄道旅行案内』（大正一四年）は、さすが本家本元だけに、あらゆる点で超越し、最近開通の各線をも漏らさず、まったく面目を一新した。最も新しく、最も完備した案内書として発売以来間断なく重版を出し、実益上にも趣味上にも好

伴侶として歓迎された。

山岳旅行、そして登山がますます大衆の中に浸透するにつれて案内書の類は売れ行きがよく、書肆はその方面の出版に力を向けはじめた。

鉄道省をはじめ、各地の山岳会、登山研究団体、案内人組合、山小屋、温泉などが俄に案内記めいたものを作り出した。同時に、一般登山熱の隆盛に伴って隠れていた小さいグループ同志間の小雑誌、小報告類に筆を執るのが精一杯の登山家達が、まず筆を振るい、一方山岳書の売行に対する懸念の薄らいだ書肆が、その方面の出版に力を向けはじめた。

鉄道省の『日本アルプス案内』（大正一二年）、『日本北アルプス案内』（大正一三年）が続いて出て、また各地山岳会の活動により、各地方部分的の案内書が続出した。もっとも、これ以前、『立山』（大正四年、立山登山会発行）、『日本アルプス蓮華岳登山案内』（大正六年、西頸城郡役所発行）、『日本アルプス登山手帳』（大正七年、信濃鉄道発行）、『白馬登山案内』（大正八年、高山館発行）、『日本アルプス槍ヶ岳案内』（大正九年、上高地温泉発行）などというパンフレット体裁のものは出ていた。この種類の中で一般的なものとしては、大正六年発行の『山岳登攀心得』（小山憲治著）、『山岳旅行秘訣』（紫陽道人著）の二冊がある。さらに特筆すべきは、甲斐山岳会機関誌『山』（大正一四年創刊）、単行本では『吉野群峯』（大正六年）が地理的環境を生かして、一般山岳記事よりも郷土山岳に関した記事が多いことである。

この部分的研究の展開につれて、東京では日本登山界の先覚者、高山動植物の権威、矢沢米三郎が『上高地』（昭和二年）を出し、昭和四年には山岳誌上の先輩、冠松次郎が前年のアルス版『黒部溪谷』

を改めて『黒部』を、これに『立山群峯』『劔岳』を加えて、いわゆる立山三部作を成した。冠はこの売行に乗じてさらに姉妹編『双六谷』を出した。

これ以前、田中薫の『登山』(大正一四年)、平賀文男の『日本アルプスと甲斐の山旅』(大正一五年)、北尾鐐之助『山岳巡礼』(大正六年)、『山岳夜話』(大正一〇年)などの諸著が、改訂、改装、変型、縮冊、さまざまな転変を見せていた。

なおこの他、玉石混淆の案内書濫出時代としては、昭和三年に『山登り』松永安左衛門著、『日本北アルプス登山案内』松下元著、昭和四年に『登山』太田行蔵著等があり、速成的な、大泉黒石著『峡谷を探る』だの、『登山用カード』鈴木勇著なども現れた。

しかし一般的の案内書としては、矢沢米三郎・河野齢蔵共著『日本アルプス、附登山案内』が大正五年に初版を出して以来改版数度に及び、昭和四年には大改訂に加えて、記述を文語体から口語体に移したほどの進展をしめしたが、まことに白眉である。

山岳の部分的詳細な研究は、この時期の特徴で、熊沢正夫・大川義孝の『上高地』、松井幹雄の『大菩薩連嶺』、武田久吉の『尾瀬と鬼怒沼』もこの傾向を示している。

『一日二日山の旅』『静かなる山の旅』二書の著者、河田楨と前記の松井幹雄は、武田久吉を指導者とする霧の旅会(大正八年創立)の機関誌『霧の旅』に育まれた人々である。

第二章　上越時代の幕開け

一　川は大地の母

私達人間が住むこの大地を生み、一刻も休むことなく大地を育て耕した川は、いったいどこから生まれてきたのだろうか。

利根川（坂東太郎）は、新潟・群馬県境の丹後山から発流し、関東平野を北西から南東へ貫流し、銚子港で太平洋に注ぐ大河。一都五県に支流をはりめぐらし、流域面積は日本最大という。

ところで、関東平野を悠々貫流する大地の母、利根川の源流探検への試みは、いったいどうであったのであろうか。

利根川の名は早くも『万葉集』にみられるが、徳川時代の中世以後になると、利根川は利根郡文珠岳の幽谷から発す、または藤原村山中、文珠菩薩に似た文珠岩の乳頭から滴り落ちる水が利根川の源だ、という意味の文献が出ている。『利根川図誌』や『江戸名所図会』などはこの例だし、出来栄えがよいと評判の『富士見十三州輿地全図』をひろげると、利根川源、と明瞭に記入し、そこに大スミカミ山が標示してある。これは今の大水上山の誤記にちがいなく、この山は刀嶺岳、刀根岳、利袮岳、大刀嶺岳などいくつも別名をもつ。

明治維新後になっても文珠菩薩の伝説はまだ生きていて、明治一二年（一八七九）編纂の郡村誌藤原村利根川の条下に、

「本村ノ北方駒ガ岳（一名文珠岳）ヨリ水長沢ヲ出ス。三渓山中ニ合シ、十五里許ニシテ利根ニ入ル、世人是ヲ利根川ノ源トス、大ニ誤レリ。コノ三条ノ内何レノ一条カ文珠岩ノ乳ヨリ滴ルモノナリ」

と興味深い記述があり、水源については、

「ケダシ利根ノ本根ハ古来見究タルモノナシトイフ」

とあって、従来の水源説はおかしくなる。明治もこの時代までくると猟師達が入山し、実際の見聞が少しは役だったものであろうか。それはともかくとして、文明開化とともに新しい文化が入ってきた時代に、いつまでも謎を謎のまま放置しておく手はなかった。

そして、ついにその日――

明治二七年（一八九四）九月一九日、湯桧曽に勢揃いした探検隊員は総勢三九人。数年前から県庁内で幾度となく議論し、練りに練ってきた水源探検計画を、いよいよ実行に移すときがやってきたのだ。未知未見の大冒険に興奮する一行を迎える地元民の表情は不安を隠しきれなかった。なぜなら彼らは口々に、こういって戒めてきたからだ。

〈今までにこの深山に分け入って死んだ者は、もう一〇人以上だ。無事に行き着くことは出来ない。昔から山中にはおそろしい鬼婆が棲んでいて、人を殺して食うという。そうでなくとも一度深山に入ったら山霊の怨念がたちまち暴風雨を巻き起こし、一歩も進めなくなるぞ。ただ口伝ての一二〇年以前もの話だが、水源の文珠菩薩様の乳頭から水が滴り落ちていて、そばに金光を放つ何か不思議なものを見た者は確かにいたそうな〉

一行中の人夫一九人は、地元の藤原村、小日向村の中から選ばれた血気盛んな者ばかり。いずれも降りかかる苦難にひるまず、古来未曾有の大発見に猛進を誓う面々だ。

九月二二日、一行はようやく水長沢の出合に到着。なおも遡行を続けると水勢ますます急奔し、両岸屹立して屏風の如く、水は激しく瀑布となり、その下は深淵に変化。子連れのカモシカも回り道して避けるという〈シッケイガマワシ〉の難所に阻止された。やむなく千仞の崖を匍匐し、水長沢山の尾根に進路を変更、そしてビバーク。一滴の水なく、餅を焙って食う。

九月二三日、落伍者発生。残る二七人はさらに前進し、水源の出所を確認。俄然行く手に文珠菩薩さながらの奇岩を発見、思わぬ幸運に拍手喝采したが、水源は文珠岩から発するとの説は、否定された。

そして日を重ね、尾瀬沼を経て戸倉に至り、彼らが無事沼田に帰着したのは、九月二九日であった。この探検は、正に当時の一大壮挙で、雑誌『太陽』創刊号に発表された。正確な地図一つなく、幼稚な時代に火を吐く意気込みで、苦心惨憺大河の源流へ分け入った先駆者達の努力には頭が下がる。だがなにせ初めての試みだ。残念にも遂に目的の大水上山を逸し、問題を後に残した。

それから時が流れた――

大正九年（一九二〇）になって木暮理太郎、藤島敏男のコンビは幽ノ沢から小沢岳に登山し、本谷山、越後沢山と上越国境通しに大水上山に至り、さらに藤原山、剣ヶ倉山、平ヶ岳へと利根源流を囲む山々の初縦走に成功。『利根川水源地の山』と題して『山岳』十六年三号の奥上州特集に発表され、当時の登山界は色めき立つ。世にいう〝上越時代〟の幕あけである。そして水源地の山々の記述は、次の清水峠の項で始まるのだ。

「上州の湯桧曽から越後の清水へ踰える峠で、清水山塊の名はこの峠から導かれたものである」

が書き出しで、その中で興味をひくのは、

「上州側は谷川連峰のすばらしい赭色の岩壁を仰ぎながら上下することを得るのがせめてもの心遣いであろう。頂上の展望も相当に広いであろうが、私がここを通過した時はいつも霧か雨で僅かに雲霧の途切れ目から一ノ倉山の頂を垣間見たのみであった」

とあるところだ。いうまでもなく谷川岳一ノ倉沢、幽ノ沢の岩壁にふれた初期の文章である。なおこの巻には、藤島敏男、森喬両名が「上越境の山旅」として谷川連峰縦走の記録を初めて載せている。

「ただ私は上越鉄道が完成した暁は言うまでもなく、目下工事中の鉄路が沼田、後閑、小日向と延長するに連れて今日の秩父のように必定この地方に入り込む登山者が増加するものと信じているから、もしこの文がそれらの人に幾分なりとも参考となることもあらば幸いである」

木暮理太郎の結びの文章をこうして読むと、今昔の思いをしみじみと知ることであろう。

日本における山岳の初期は、近代登山の導入以前に、神仏崇拝の対象として、あるいは狩猟や魚獲、採石、伐採の場所として、かなり古くから山麓の村人の生活に深い根を下していた。

谷川岳を含む上越国境の山々は、関東地方北西部の障壁をなし、この山脈は奥羽山脈の延長である帝釈山脈の西方につづく山系で、山容はみな高峻、その中央に三国峠（一二四四メートル）、清水峠（一四四八メートル）の鞍部があって、ここに三国街道と清水越への交通路を通じていたので、そのことに少し触れておく。

上野国は、古く王朝時代には東山道の一部で、その駅路にあたり、坂本、野後《のじり》、群馬、佐位、新田の五駅を設け、駅馬、伝馬がおかれて、京と東国地方を結ぶ重要な所であった。戦国時代になると厖大な交通者の一群が現われた。それは戦争に必然的に伴う兵士、軍需品の交通であった。干戈絶えざる戦国約一〇〇年、幾多の諸侯はいずれも席暖まる間もなく、幾千幾万の大軍を率いて東西に奔走したが、これは偉大なる交通行為といえよう。戦国諸侯の領内を走廻する飛脚、分国間に絶えず交換された使節なども、戦国時代における特異な交通者として理解できるが、これと同様な一群に、公卿、連歌師、禅僧、猿楽などの都会文化の担当者もいた。

防戦を主とした消極的作戦では道路を破壊して効果を挙げたが、積極的な攻撃戦では、兵員、軍需物資の迅速なる輸送のため、道路橋梁の完全性が要求された。だから戦国時代の道路の修築、新道の開拓は、しばしば外征前に着工されている。一例として、越後上杉領では、伝馬と並称される「宿送り」の制度があって、馬匹とともに人が逓送の重要な担い手となった。これは上杉氏駅制の特質として注目できるが、人の負載力が馬に比して著しく劣るため、一時に二〇人、三〇人の大量の動員を命じられた場合が多く、この宿送りは、伝馬とともに領民の労力によってまかなわれた交通夫役であった。

駅制とは、飛脚、使節の交通接待法を一つの制度にまで高め、完璧を期したもので、戦国諸侯の中でも最も進歩的な東国諸侯、すなわち北条、今川、武田、上杉、徳川の各氏は、領内に高度の駅逓制度を設けた。この駅路は本城を中心に領内の各支城を縫い、主要幹線道路に網の目のごとく建設された。農民は封建制度の支柱的分子として土地に緊縛され、その郷里からの逃避は厳重に看視されていた。徳川幕府時代になると、道路は著しく整備されたが、江戸防衛を眼目とした関所が各所に置かれ、三国街道は猿が京に関所が建てられた。「古道中留書」によれば、延享二年(一七四五)に、

「猿ケ京　信濃及越後筋へ　布施弥三郎代官所」

とあって、その中に、

「武具、鉄砲、前髪、女、坊主、手負は領主、代官の証文。但し近辺作場通女は通す」

という記録がある。

三国街道は、中山道の高崎から分れて、越後、佐渡へ通じる街道で、一名「佐渡街道」ともいわれた。高崎から金古、渋川、金井、北牧、中山、塚原、下新田、今宿、布施、須川、相俣、猿が京、永井の十三宿(群馬側)、越後浅貝、二居、三俣、湯沢、関、塩沢、六日町などが置かれ、長岡、与板を経て出雲崎に至り、佐渡へ渡ったので、「三国越出雲崎通り佐渡道」ともいう。佐渡から鉱物の江戸輸送と、ことに唐丸籠によって罪人を佐渡へ移送するのに用いられ、越後諸大名の参勤交替もあって賑わった。

清水越は、前橋、沼田方面から湯檜曽を経て、清水峠を越え、越後の清水村へ通ずる地方道で、三

国街道に較べれば間道的存在であった。清水峠は、古くは直越《すぐごえ》（「上杉記」）、または馬峠（「新編会津風土記」）といわれ、標高一四四八メートル、湯檜曽からは八九〇メートル、清水からは八五〇メートルの登りになる。清水峠が通行されるようになったのは、かなり古くかららしいが、文献の上に現われたのは天正以後のことだ。「上杉記」の中に、

「右ニ記如ク上野衆北条ト一味故、越後へ之通路自由ニテ、三郎殿へ加勢ノ兵北上野へハ志水谷へ下テハ長尾伊賀守城ヲ取巻ク。三國が峠ヲ越テハ坂戸山樺山城ヲ打囲テ攻ル。樺沢ノ栗林肥前守、志水長尾伊賀、坂戸山城へ入ル故、越後へ直越ノ道自由ナル故、八月上州厩橋城主北条安芸守ノ子丹後守ニ北条殿ヨリ五百騎差越、三郎殿へ加勢也。丹後守南方衆ヲ引率シ、北上野ヨリ直越ニ松ノ山ノ峠ヲ越、御館へ来リ云々」

とあり、このほか同書には、天正一〇（一五八二）年六月一三日夜、沼田の城主藤田能登守信吉が北条氏に敗戦して、清水峠を越えた記録が残っている。徳川時代の絵図では、比較的出来栄えのいい『富士見十三州輿地全図』には、湯檜曽から先は道が記されてないが、天保一三年（一八四二）版の『越後國細見図』には路もあれば清水越の記名もあり、わずかな通行はあったらしい。明治維新後、交通が頻繁になったので道路の改築が企てられ、明治一四年七月から新道の工事に着手し、同一八年八月になって竣工した。当時は、運送馬車も通行できたが、まもなく群馬側が積雪のために荒廃し、あまり曲りくねって不便のせいもあって廃道の一途を辿り、三国街道にまったく依存してしまった。

現在、一般に谷川連峰というのは、以上の二つの峠に峡まれた山域を指すので、この山の歴史とは深い関係があるわけである。とくに清水越は、谷川岳東面を一望にできる地の利を占めているのだか

ら、この道を往来する人々は一ノ倉の壮絶な岩壁や雪渓をどんな気持ちで眺めて通ったことであろうか。そして清水峠に立ったとき、谷川連峰の高く嶮しい山波を間近く展望したはずである。しかし谷川岳のもっと明確な歴史は、浅間神社をめぐる信仰の面に現われている。江戸期から明治にかけての古文献を調べると、いまの谷川岳とおぼしき地点に、富士山という記名があるが、これは頂上に富士浅間権現を祭祀し、信仰した事実による。神体は谷川村（現水上町）に安置し、天神峠を経て奥社に参拝登山したもので、旧幕時代は沼田領の総鎮守として栄えた。この当時の名残は、いまも各所に用いられている地名にも明らかで、ザンゲ岩、ノゾキ、銭入レ沢、薬師岳（トマノ耳）、浅間岳（オキノ耳）などがそれだ。

こうした信仰登山とは別に、秋田マタギによる狩猟（明治一〇年頃まで盛んだったという）の歴史も、同様に地名となって残っている。オジカ、マチガ、中ゴー、タカノス、マナイタグラは、この好例といえよう。こうした古い時代の登山は、明治以降の近代登山とは峻別され、さらに大正、昭和と暦をめくるごとに進化し、分化するのは当然ではあるが、わたし達の今日あるのは、すべて先人のトレールによるものであることを思えば、登山の妙味もまた、いっそう高揚されるのではなかろうか。

近代登山の歴史の中に谷川岳が現われたのは、比較的後年のことになる。

日本の登山の発達を便宜的に区分けすると、第一期（一九〇六～一七年）とは、日本山岳会の長老小島烏水のいうところの、「日本アルプスの探検時代」に相当する。この時代の終りの頃になると、日本アルプスのうちに登山家の足跡が印せられない未登峰はなくなり、世にいう開路的登山はこの時期をもってひとまず終りを告げたとみていい。しかし、なんといってもまだ山へ登ろうとする人はきわめて少なく、日本アルプスへ登るには大勢の人夫を雇い、天幕を持参するなど、実に大袈裟な仕度が入用だった。だから探検時代が去っても、山そのものは太古のままの姿で変りなく、山小屋といえる施設はほとんどなく、道らしい道とてもなかったから、まだ探検気分はかなり残っていた。

第二期(一九一八〜二六年)に入ると、日本アルプス以外の山岳が注目され、とくに秩父、上信、上越方面の山々がようやく興味の中心を呼ぶようになった。黒田孝雄は、「日本山岳会三〇年」と題してこの中でこれを称し、〈上信上越時代〉ともいったが、谷川岳登山への萌芽は、ようやくこの時期に蒔かれたのである。そこで参考までに、この当時の、この方面の登山記録をいくつか拾ってみよう。

大正五年(一九一六)、辻本満丸は信洲笠ヶ岳と横手山に登り、日高信六郎は武尊山に登った(『山岳』十一年三号)。翌六年には森喬、日高信六郎両名の白砂山(『山岳』十四年一号)があり、大正七年(一九一八)は辻本満丸の岩菅山(『山岳』十三年三号)があるが、大正九年(一九二〇)を迎えると俄然注目される記録がもたらされた。それは、木暮理太郎、藤島敏男両名による利根川水源地、武田久吉の宝川笠ヶ岳、そして、仙ノ倉、茂倉、谷川の諸峰が藤島敏男、森喬の両人によって登られたのであった(『山岳』十六年三号)。

さらに大正一一年になると、木暮理太郎、松本善二、武田久古達は阿能川岳、三国山へ。一二年は同じく木暮、松本の赤谷川・金山沢の記録が作られ、一四年は武田久吉、山口成一の河内沢ノ頭、一高旅行部斉藤十六の万太郎谷・大グリ沢、同部塩川三千勝・秋吉勝広・塩川佐久雄らの残雪期の仙ノ倉山、蓬峠越え、といったような登山が次々に行われて、谷川岳周辺の山々はだんだん明るみに出されてきた。そして昭和元年には、東京商大（現・一橋大学）五十嵐数馬・松本謙三・渡辺九六郎のパーティーによって、谷川温泉から国境稜線伝いに法師温泉までの初縦走（『針葉樹』二号）がなされ、さらに松本善二・吉田直吉・野口末延三が土樽から蓬峠を経て三国峠までの画期的な全山縦走（『山岳』二十五年三号）をなし遂げるに至った。

以上のようにこのころは、谷川岳一帯が急激に開拓されはじめた時期であったが、それではここで眼を転じて、当時における他の山域はどうなっていたかを、ざっと展望しておこう。東北地方では飯豊山塊、朝日連峰が登られ、北海道では大雪山ほかの中央山地、石狩川上流の山々、十勝、日高、夕張の地方にも記録がもたらされた。東京近郊の丹沢山塊や大菩薩連嶺も次第に歩かれるようになり、それより少し遅れて、道志、御坂の低山、そして西上州の奥深い山々も注目を浴びつつあった。

さきにも触れたように、大正九年（一九二〇）は谷川岳が近代登山の流動の中で、初めて登頂されるという記念すべき年に当るが、しかしそれは一朝にして発生したわけではない。すべて物事には順序があり、それにはそれだけの動機がなければならないはずである。

話は四年遡って大正五年（一九一六）、武尊山に登った日高信六郎は、当時次のように述べている。

「谷川岳の辺と思われる清水越附近の連山から右は、剣が峰に遮られてしまう。天気は申分なく、満天には一片の雲もなく、うららかな秋の日は暖かい光を投げ、風さえ静かに拡げ列べた地図を吹き散らされるおそれもない」

（『山岳』十一年三号所載）

この日高は、さらに大正八年（一九一九）、木暮理太郎・藤島敏男と三人して皇海《すかい》山に登る予定でいたが、急用ができて行かれなくなり、結局、木暮、藤島の両人のみが一一月一六日、東武線浅草駅を出発、一九日に登頂をとげた。このときの紀行は木暮が発表しているが、その中に次のようなことが書かれてある。

「皇海山とは一体どこにある山か、名を聞くのも初めてであるという人が恐らく多いであろう。それもその筈である。この山などは、いまさら日本アルプスでもあるまい、という旋毛《つむじ》まがりの連中が、二〇〇〇メートルを越えた面白そうな山はないかと、蚤取まなこで地図の上を物色して、ここにもあったとようやく探し出されるほど顕著でない山である。自分も陸地測量部の男体山図幅が出版されて、はじめて〈皇海山、二一四三・五メートル〉ということを知った。そして、その付近には二〇〇〇メートルを越えた山がないのを見て、これは面白そうだと喜んだ。勿論、かく喜んだのは自分ひとりではなかったであろうと想われる」

この文章からは、この時代の人達の感情や志向性がよくうかがえて、興味深いものがある。ところで、木暮のことはこれで少しは分かったが、もうひとりの同行者、藤島はどんな影響をこのとき受けたであろうか……。谷川岳の登山史を調べるには、実はこの辺がなかなか重要になっている。翌大正九年、谷川連峰を登山したいという気持ちは、実はこのときに強く萌芽したのである。これについて藤島は、こう述べている。

「吾等の晩秋一日、日光連山の頂に立って利根の谷の奥また奥に、金字形の秀峰仙ノ倉山と、左右に連亘する列嶂の絶大観に対した時、〈あの山の懐へ〉との願が芽ざしたのは、真に当然だった。こうして吾々の胸に憧憬として銘ぜられたこの山々への思いは、山麓土樽村小学校から、〈上越国境には千古未知の幽境あり、仙ノ倉山の東に方り、いわゆる万太郎谷の仙寰《かん》あり、（魚沼川の本流）

飛瀑奇巌筆紙につくしがたし、御嶽に富士権現鎮座す、古来名ある霊山なり云々〉との報告に接し、いよいよ鮮かに燃え狂って行った」

この中に出てくる土樽村小学校というのは、教員の南雲善太郎からきた返事のことで、森が事前にいち早く地元へ照会したからであって、藤島も手回しのいいのには驚いた。南雲は両名の登山に際して、土樽村の名案内人劔持政吉（雑貨商）を周旋したが、彼はこのときから越後側の登山には縁の下の力持ちになったのである。後年になって、谷川岳の岩場を発見し、その開拓に力をつくした大島亮吉は、木暮理太郎に強く影響を受けているが、藤島もまた、それは同様であったのだから、登山の歴史というものもまた、所詮は人間同士の縦横のつながりとして興味深く察せられる。その意味で、藤島の他の一編の中からもう少し、この辺の事情を探ろう。

「日本登山界の耆宿木暮さんの口から物語られた過去のかずかずの想い出や挿話を通じて、日本登山界における先輩達の業蹟や伝統というものをわたし達は胸底に刻まれたのだ。短いとはいうものの三十有余年に亘る近世日本登山界の推移をわたしが朧気ながら感知し得るのは、この時代の賜物に外ならない。こうした雰囲気の内にあってわたしの〈未知の山〉に対する熱は、だんだん高まっていったが、上越の山々に強く惹かれて、どうしてもあの山に登ろうと思い立ったのは、大正八年の十一月、木暮さん（この行には日高君も参加する筈だったが、急用で行けなくなったのは残念である）と日光の皇海山に登って帰り、上州、野州の国境の或る伐材事務所に泊めて貰った翌る朝のこと、その国境の尾根にある事務所の西の窓に、三角錐のような雪の尖峰をふと見出してからだ。「皇海山紀行」（山岳十六年三号）に木暮さんが、〈外は霜が雪のように白い。硝子窓を透していながら左は浅間から、右は谷川岳附近まで望まれる。苗場も見えた。殊に仙ノ倉が立派であった。昨日降った新雪が折からさし登る朝日の光に燃えて、バラ色に輝いた〉と、書かれているように、はじめてはっきりと望んだ仙ノ倉は、わたしの心に忘れ難い印象を与えた」

このようにして、当時は奥上州と呼ばれた上越国境の山々への関心は俄かに高められてきたが、これよりもさき、谷川岳に早くから注目していた人がいた。辻本満丸その人だ。それは明治の末期あたりか、それとも大正の初期に入ってからなのか、定かではないが、奥上州の山に関する資料を集めて研究していた事実が明らかにされている。例えば、谷川岳で植木採りと行者が凍死したという当時の新聞切抜きや、信仰登山中に凍死した二人の報道記事などを保管し、いろいろと登路などを研究していた。しかし何分にも上越線が開通していなかった時代だから、この方面への入山はなかなか億劫《おっくう》であった。

上州の山といえば、いわゆる上毛の三山と呼ばれる赤城・榛名・妙義山ぐらいがやっと登られていたに過ぎない。交通機関といえば、上野を夜行で発って高崎で始発の澁川行電車に乗り、澁川から先は、東武電車経営の怪し気な列車に乗換えねばならなかった。一、二台の狭い客車を索くボロ機関車は途中でエンコ、機関士は馴れたもので蓆を利根川の水に浸し、それでモーターを冷やすのが約半時間という悠長さ。客車の中には大型のリュックサックでは窓からも入口からも持ちこめないという狭さだった。

しかも愉快なことには、電化されているというのに停電に備えてか、ランプの代りにローソクが立ててある始末だ。こうして苦心惨憺、午前一〇時頃に沼田に着けば、まずは上等であった。さてこれから先は、ガタガタ馬車か、バスでも拾えれば幸運で、それもせいぜい小日向《おびなた》まで、あとは重い荷を背負って歩かなければならないのだから大変だ。越後側からならどうか、というと、これもなかなか厄介だった。藤島、森両人の足取りを追ってみると、前夜七時に上野を出発、来迎寺駅で魚沼鉄道に乗換え、午前七時二〇分、小千谷に到着。駅から坂を上って、そこから塩沢行のバスに乗車、午前一〇時過ぎ、終点の塩沢着。あとは土樽まで徒歩しかない。途中、土樽村立の小学校で約三時間費やしたから、土樽の劔持宅へ着いたときは、午後七時になっている。

交通便利な今日では、ちょっと想像もできないような当時に、前人未踏の山々へ第一歩を踏み出すことが、いかに感激であり、苦労であったか想いを新たにするといい。

大正九年(一九二〇)の藤島、森パーティーの行程を要約すると、彼らは七月一日、劔持政吉を案内に立てて土樽を出発、毛渡沢からシッケイ沢を登って仙ノ倉山に登頂し、仙ノ倉谷を下って土樽に帰着。翌日は茂倉谷から矢場ノ尾根を経由、茂倉岳、一ノ倉岳、谷川岳と縦走し、天神峠を谷川温泉へと下降している。劔持は鉄道院測量隊の仕事に従事したことがあり、この辺の地理に詳しかったのだ。「上越境の山旅」と題した貴重な記録は、このときのもので、巻頭には次のように清新と感激に満ちた美文が寄せられ、当時の読者を魅惑したのであった。

「本州中央部の脊梁として、利根、信濃両大川の分水界を成している長大な清水山脈に属する山々には、世に知られていないものが少なくないが、その一部たる清水峠と三国峠との間、仙ノ倉山を盟主とした一連の峰巒のごときも、二〇〇〇メートルを出入する標高を保ち、その豪壮な儀容に盛夏なお饒侈の残雪を帯びて、上越両州の境に君臨しているにかかわらず、人々からその存在さえもまったく忘れられている始末である。かの岩骨稜々たる鋭峰と、天鵞絨《びろうど》のような熊笹を纏うた鈍頂嶺とが相交錯して、空際に織り成した曲線の綾なす趣致は、恐らく峠道に悩んだ昔の旅人の目を慰め、その脳裏に深い印象として刻まれたことでもあろう。また、峰間を渡る鹿や熊を追うて走り廻った猟師達の、その無心な神魂も、純白な恒雪の横たわり、ハイマツの濃烈な香を放ち、無数の高根の花の妍を競うの環境に立って、己れを繞る自然の崇高さに気付いたとき、睿然たる幸福を覚えずにいられなかった筈である。唯々彼らの言は、その美を歌うには余りに朴訥なのであった。さればや、山霊の秘庫は未開のままで今に及んでいる。そのために山上に輝く白雪、山腹を彩る群花、轟々たる岩石、欝蒼たる樹林、山岳を形成するありとあらゆるものが、太古そのままの純潔さ、清浄さを保っているのである。ああ、吾々がつねに最も尊いとする汚れのまったくない、処女の山々が実にここに残っていたのであった」

こんなにまでも興奮と憧憬をもたらしたのは、かの日本アルプス開拓期に遅れて新たに加わった次代の青年達が求めていた、多分に探検的要素を含んだ未知の高峻山岳の発見であったからだ。だからこの記録が日本山岳会の『山岳』十六年三号「奥上州号」に発表されるや、登山界は少なからぬ驚愕に包まれ、俄かに地形図を探し求め、先蹤者の足跡を追うべく色めき立ったのは、至極当然のことなのであった。「奥上州号」こそ、今日の上越国境を登山界に価値づけ、一躍時代の寵児とした記念すべき文献といわねばなるまい。

こうして、一九二〇年を契機にして上越国境の山々は急速に登山家の間に知れ渡るようになったが、一九二七、八年頃までの登山の多くは、主に尾瀬、利根水源を繞る山々、魚沼三山地方に向けられ、最も肝心な谷川岳はそれほどでもないという奇異な現象を生じた。恐らく当時の人達は、木暮・武田の記文に多く影響を受けていたためもあり、また交通機関の不便さがそうさせていたかもしれない。このころの登山の傾向は、登頂することに目的があって、岩場としての谷川岳の存在価値には一顧だに関心が払われていなかったのだった。したがって、藤島、森パーティーが、

「この辺りの東面の山側は、俗に〈覗き〉といわれている絶壁の連りで清水越の道に臨み、偃松の枝に頼って恐る恐る俯瞰すれば、まさに崩れんとする勢いの崖峭、その高さ数千尺に及び、谷底には物凄い灰色の雪田何物かを求むるがごとく巨口を開き、牙のごとき尖岩のその間に屹立するなど、目も眩みそうな凄惨な形相を呈している」

と、東面岩壁の模様をこのように記述したにもかかわらず、これはこれで惜しくも過ぎてしまったのであった。

しかし、これを同時代の北アルプスに舞台を移してみたときは、どうであったろうか。大正九年（一九二〇）は北鎌尾根が松本市の土橋一行によって初トレースされた年になり、大正一二年（一九二三）には小槍、剱八ッ峰の登攀、大正一三年（一九二四）は北穂高北尾根、同屏風岩、大正一四年（一九二五）では北穂高滝谷、剱源治郎尾根、昭和元年（一九二六）になると前穂高奥又白、剱八ッ峰長次郎谷側壁、源治郎尾根Ⅱ峰平蔵谷側壁、といったような岩場が開拓されている。

それとこれとの比較論はさておいて、谷川岳登頂時代とも呼ぶべきこの年代に開路的役割を果したのは、日本山岳会の諸先輩、一高山岳部のメンバーだったことを記憶にとどめておきたい。

疾走する列車の窓から眺める山々の風景は、いつ見ても見あきぬ旅の醍醐味がある。安曇野の沃野を縫う大糸線と平行する北アルプス連山の美しさ。天龍川に沿う飯田線の車窓に展開する南アルプスや中央アルプスの全容のすばらしさ。甲山峡水の地を横切る中央線に接した八ヶ岳や鳳凰・甲斐駒ケ岳の雄々しさ。

だがなにも山間部ばかりがいいのではない。海岸線から見る山の情景も捨てがたく、平野部での遠景も悪くない。刻々うつり変わる景色には、四季折々の言うにいわれぬ日本のよさがある。

上越線に乗って清水トンネルを抜け、日本海側の魚野川ぞいに越後平野へ下る登山者なら、今しも後ろに遠ざかり行く上越国境の山なみをきっと振り返るだろう。そしてなだらかな円みを帯びた巻機山の連なりや、八海山・中ノ岳・越後駒ヶ岳など越後三山を取り巻く越後の山々が、遠く近く入れ替わり立ち替わりしてくるさまに、時間の経つのを忘れてしまう。

しかし日本海沿岸の上層気流は、これらの山々にいち早く冬の訪れを告げる。頂き近くの灌木が少し紅色に染まったかと思う間に、山麓の木々の色も変わり、一〇月上旬には降雪を見るようになる。初雪はその年によるが、一〇月下旬から一一月上旬にはやってくる。すぐ根雪にはならないで一一月も半ば頃、谷沿いの木の葉が風の吹くたび散るにつれ、気温はぐんと下がって降る雪がふえて根雪となり、越後名物ドカ雪になる。

上越国境谷川岳に発した魚野川は、仙ノ倉谷・谷川・三国川・水無川などの水を集め、越後川口で信濃川に注ぐ。

二　〝雪国〟の主人公

「国境の長いトンネルを抜けると雪国であった。夜の底が白くなった。信号所に汽車が止まった」と、書けばもうお分かりのように、川端康成の小説『雪国』は、ここから始まっている。小説の面白さは、最初の書き出しのほんの二、三行にかなりの比重がかかるものだが、この書き出しは読者の心を見事に射貫いた美文で、覚えやすい。ましてや冬の清水トンネルを抜け、雪国に出たことのある登山者は一様に実感をかみしめて魚野川を下るのだ。

『雪国』は、昭和九年（一九三四）から一二年にかけて書かれた著者の代表作の一つだ。「無為の孤独」を清潔に非情に守っている山好きな島村の生理に、雪国の汚れない女の命が触れてゆく人生の哀しさを美しく描いた巨匠の名作だから、多くの人達が読んでいる。

待ちに待った上越線が、一万数千の延人員と、十星霜の年月をかけ、清水トンネルを貫いて全通したのは昭和六（一九三一）年九月一日であった。太平洋側と日本海側を結ぶこの鉄道の出現は多くの人達にすばらしい恩恵をもたらしたのは当然だが、私達登山者の眼前には、清水トンネルを中心として東は尾瀬から西は白砂山に至る未知の大自然が、にわかに展開したのだった。

小説『雪国』は、こうした時代を背景にして、開通したての上越線の越後側の出口、今の土樽《つちたる》駅の寒々した情景から書き始めているが、上州側の出口、土合《どあい》もこの当時はトンネルを守る信号所でしかなく、幾棟かの鉄道官舎だけがあり、ひっそりとしていた。

『雪国』の主人公島村は、無為徒食のあまり、自然と自身に対する真面目さを失いがちなので、それを呼び戻すには山がいい、とよく一人で山歩きをしてきた。その夜も国境の山々から七日ぶりに湯沢温泉へ下りてきて、芸者を呼んだ。

「僕は思いちがいしてたんだな。山から下り来て君を初めて見たもんだから、ここの芸者はきれいなんだろうと、うっかり考えてたらしい」

と、島村は笑ったが、実はその心の中で七日間の山の健康を簡単に洗濯しようと思いついたのは、初

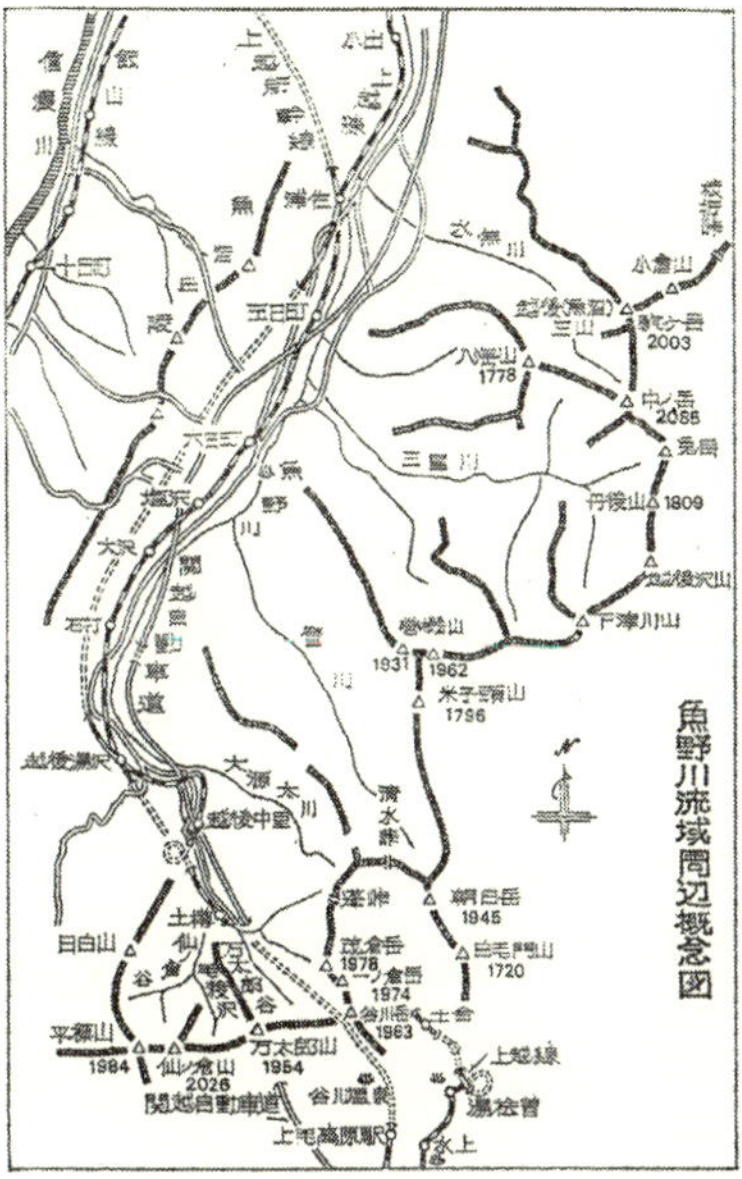

魚野川流域周辺概念図

めに清潔なこの女を見たからだった。男女の情感を心憎いまでにしっとりと描写した『雪国』の中で、山はほんの付けたりでしかない。川端康成は島村一人だけ、七日間も上越国境を苦もなく歩かせているのだから、よほどのベテランに想定したものか、無関心でそうしたものか、私には分からない。

「島村は出発の前に駅の売店でここらあたりの山案内書の新刊を見つけて買って来た。それをとりとめなく読んでいると、この部

屋から見晴らす国境の山々、その一つの頂近くは、美しい池沼を縫う小路で、一帯の湿地にいろんな高山植物の花が咲き乱れ、夏ならば無心に赤蜻蛉が飛び、帽子や人の手や、また時には眼鏡の縁にさえとまるのどかさ、都会の蜻蛉とは雲泥の差であると書いてあった」

主人公島村の境遇は、今の私達からみると、実に羨ましいかぎりだ。当てもなく七日間も悠々彷徨した揚句、温泉場で芸者遊びとは豪勢なものだ。芸者はまあ別として、せめて山から下りたときぐらい、温泉にゆっくりつかってみたい、とは誰でもそう思う。

当時の案内書には、登路・日程・宿泊所・費用などが簡単に書いてあるだけで、あまり頼りにはならない。それだけにかえって空想を自由にできたというが、『雪国』の作者は島村にどんな案内書を読ませたのだろうか。この頃の案内書といえば、鉄道省の『景観を尋ねて』『登山案内』くらいは駅で売っていたかもしれない。中村謙の『上越の山と渓』や河田楨・高畑棟材の『東京附近の山々』なら上越地方のことは詳しい。

仮にそれらの本を参考にしたとして、山好きの主人公は、どことどこに泊まり歩いたことにしたらいいのか、想像してみるがよい。

「三国山の絶頂から北方の空を望むとき、誰しも、サゴノ頭に続く小松嵓《くら》ノ頭の右隣りに、凄然たる大岩壁を繞《めぐ》らせて立つ峻峰のひとしお印象深き勇姿を見遁しはしないであろう。これぞ谷川岳である」

『東京附近の山々』の「上越境の山々」は谷川岳の一部をこう書いている。この本は、昭和六年

（一九三一）が初版で私の手許にあるのは昭和一〇年の二三版だからいかに人気を呼んだかが、これでも分かるだろう。

谷川岳は、三角点近くに薬師如来の石像を祀り、一名を薬師岳ともいい、北隣りの谷川富士と併せて〈耳二ツ〉とも呼ぶ。眺望はすばらしく、上越のめぼしい山は指呼のうちにあり、潤達な魚野川流域の彼方に日本海の波光を見ることができる。

「上越南線の最大難工事として世人の耳目を欹《そばだ》たしめた東洋一の清水トンネルは、多大な日時を費やして、昭和六年九月から旅客列車の運転が開始されたのである。されば上越境の山々の登山の根拠地として、越後側の土樽などは、逸早く登山者が入りこんだのである」（『東京附近の山々』）

上越線の開通は、新しい山々を知らせてくれた。東京から前夜発日帰りで、しかもアルプス的登山が満喫できるという魅力が大いに喧伝されて、どっと登山者が押しかけるようになった。けれども谷川連峰特有の悪天候と峻嶮に阻止されて遭難者が続出し、ついにジャーナリストから〝魔の谷川岳〟の不吉なレッテルまで貼られ、あわてた鉄道省は谷川岳の宣伝を取りやめるという一幕さえあった。

およそ日本の登山史上、鉄道の開通とこれほど密着した山は珍しいが、だからといって、それ以前がまったく空白であったわけではない。

糠のような、油のような、日々降り続く霖雨《りんう》が上がった大正九（一九二〇）年六月、希望に躍る心を抑え、旅運好かれと神に念じつつ、宿望の谷川連峰登攀の途に就いたのは、藤島敏男と森喬の二人であった。

魚野川は古書に「魚沼に作る」とあり、南北魚沼地方を貫流しているから魚沼川とも呼んだのだ。二人の登行は、まだ上越線開通以前の昔だから、交通便利な今日では、ちょっと想像しにくいが、前人未踏の山々へ第一歩を踏み出すことがいかに感激であり、苦労であったかが偲ばれる。後年、谷川岳の岩場を発見し、その開拓に先鞭をつけた大島亮吉は木暮理太郎に強く影響を受けているが、藤島の場合も同様であった。

大正八年（一九一九）一一月、藤島は先輩の木暮と日光の皇海山に登った時、左は浅間山から右は谷川岳付近までを眺めた。苗場も見えたが、三角錐のような雪の尖峰仙ノ倉が殊に立派であった。それが彼に忘れ難い印象を与えたのだ。

こうして、大正九年を契機にして上越国境の山々は急速に登山者の間に知れわたるようになったけれど、昭和五、六年頃までの登山の多くは谷川岳をよそに尾瀬、利根水源をめぐる山々、そして魚沼三山（越後三山）地方に向けられたのは、やはり交通の不便さがそうさせていたのかもしれない。

昭和初期時代における貴重な記録の第一歩は、昭和二年（一九二七）三月、慶大山岳部の大島亮吉（OB）と大賀道昺によって谷川岳が初めて積雪期登山されたことであった。近代登山の双盤ともいうべき積雪期登山と岩登りは、大正九年（一九二〇）あたりを前後にして日本に勃興したが、前者の方が少し早くに発達している。谷川岳についても、これはそのままいえることであった。

両名は三月一七日、夜行列車で上野を発ち、午前八時に後閑着。同駅から建設列車（当時は上越線が工事中で、後閑から先は通じていなかった）の便乗を得て鹿野沢着が午後二時、ここからはスキーを履いて土合着が午後四時、同夜は第一合宿所に宿泊した。このときの積雪量は、約二メートルあった。

一九日、午前九時に出発、雪が多いため湯檜曽川の川床を進み、初めてその岩壁に接して胸を躍らせた。

「谷川岳、一ノ倉岳の東壁、雪をもかかりおらず、甚だ壮大なりき」

大島がここで、〈東壁〉という近代的な言葉を遣っているのは注目すべきであろう。午後一時、白樺沢に達して蓬峠へのルートを求めたが、雪崩の危険を感じて登高を中止、武能附近の山毛欅《ブナ》林中に雪洞を掘ってビバークした。

翌二〇日、前夜からの降雪が多く、雪崩への考慮と登高のアルバイトが大きいことを判断し、土合へ引き返して宿泊。二一日、土合からの登頂を断念して谷川温泉に向い、ここから夏路を偵察し、これ以外に方法がないことを知った。そして二二日、浅間神社の裏手から天神峠に達し、天神尾根伝いに登った。このときの模様はこうだった。

「余等の予想を裏切りしは、天神峠以上の行程の、スキーに対してはかなり良好なりし事なりき。スキーを脱せる、僅かに一回。谷川岳頂上まで終始スキーにて登行せり。加うるに雪質良好となり、とくに谷川岳直下の四〇〇メートルほどの高距の登行は、大なる凹斜面ありて至極く良好なりき、地形図上の判断と現地望見による求路法を裏切る事大なりき」

登頂には成功したけれど、大島は天神尾根からのルートは疲労が多い割には興味が乏しいことを反省し、今後のルートの開拓を次のように示唆した。

「要するに谷川岳のスキー登山は、労力比較的大なる事、その標高の割に谷川温泉より登行高距（一四〇〇メートル）ある事、スキー行路として可ならざる事等よりして、一般に推奨し難し。むしろ土合より西黒沢を雪崩の危険なき時間に通過して登るをもって、より面白く、労妙き登路と断ずるに躊躇せず。降雪期を過ぎたる〈カタユキ〉の時期にて雪質良好の際には、もとよりイヲノ沢（注：マチガ沢）よりも、また谷川温泉よりオジカ沢に沿いても、蓬峠尾根づたいにても登り得べし」

積雪期の谷川岳初登頂に成功した大島のこの山に対する研究心は、このときから本腰が入れられ、息もつかせぬ激しさで実施された。すなわち、この年の五月になると、斉藤長寿郎と清水峠から宝川笠ヶ岳へ登って偵察しようとしたが果さず、芝倉沢を登って一ノ倉岳に登頂。翌日はマチガ沢（大島のイヲノ沢）を中途まで登攀し、附近の岩壁、支稜を偵察した。そして第二回の入山は、大賀道昺、酒井英の両名を伴い、一ノ倉沢（大島のマチガ沢）についに入った。つまり大島のいう、〈東壁〉の核心部は、いったいどんな感じを与えたか、ということは、まことに興味が深いので、一部を書き抜いてみよう。

「沢の登りは甚だ楽にして、少時にして雪渓となりぬ。この雪渓は大岩壁の基脚まで緩傾斜にて続けり。余等の前もって登路として望みをかけ来りしは、谷川富士（注：オキノ耳のこと）より下り来れる直線的にして恐らくは高距六〇〇メートル近きクーロワールにして、これは五月には全部雪を以って埋められ、傾斜急なりしも不可能には非ざるがごとく看取せられたるなり。しかうるに七月なるこの期においては残雪断続し、加うるにその基部は滑らかなる岩壁にして大なる滝懸り、望遠鏡にて精細に観るに不可能に近く、近接してますますその感強かりき」

ここにいうクーロワールとは、きっと滝沢を指してのことにちがいない。一ノ倉沢の正面に位置したこの壁は、大島の注目したルートであった。しかし、この当時における岩登り技術とその思潮では、まだこのようなバリエーションルートの開拓気運は起っていなかった。岩壁専門のクライマーが現れても、滝沢はなかなか陥落しなかった後年のことを思うにつけ、大島のいつもながらにすぐれた思想と実践力には敬服のほかはない。とくに一ノ倉沢の場合、雪渓の状態如何が登攀の成否をまず左右することを、わたし達はこの後の登攀の歴史の中で随所に見出すことができるのである。話しを、また前に戻そう。

「かかる絶壁も、ただそれを下方より何等登攀するの意志なくて仰望するにおいては、まことに愉快なり。然れどもそれを登攀するの意志を抱きてそれに近接するにおいては、甚だ威圧的の力あるを実感せり」

大島は一ノ倉岩壁の物凄さに完全に圧倒されたが、他日に再挙を期するごとくであった。翌一四日は、隣のユーノ沢（大島の一ノ倉沢、またはコマチ沢）に入って右俣を試登し、左俣の大滝を偵察した。そして一六日にはマチガ沢本谷を登攀し、一ノ倉岳、茂倉岳へと縦走して、この方面の行動は終った。第四回の入山は、同年九月、今度は西面の赤谷川に着目し、成蹊高校の成瀬岩雄とふたりして、金山沢の枝沢からエビス大黒ノ頭を往復、笹穴沢を試登した。交通不便な当時としては、まことに驚くべき足跡の数々ではなかったか。

このように昭和二年（一九二七）という年は、大島らによって前後四回、延二五日間にも及ぶ谷川岳の試登が広範囲にわたって強力に実施された。そして谷川岳への最大の関心が〈東壁〉にあったことを明白にするため、次の文章を掲げておく。

「谷川岳より北に谷川富士（または奥ノ院）、一ノ倉岳、茂倉岳と続く山稜の正東側は実に文字通りの絶壁を懸け列ね、その間に派生する支稜は鋭尖なる鋸歯状の尖峰を連続さするを以って知られたり。この絶壁半里以上に亘る間の全容を最も眼近に望みおる所は、その湯檜曽川を隔つる対岸、宝川笠が岳南方の尾根独立標高点一七五〇メートルの辺りなるべしといえども、余未だこの点に到らざれば、その近接しての全容はこれを親しくするを得ざれども、至仏山頂、武尊山頂よりこれを遠望して、本邦においては稀有とすべき程度に甚だしく壮大なるに一驚せり。（中略）同絶壁を秋、武尊山上より望みたる時は赤褐色なりき。すでに古くより清水峠を越えられし木暮理太郎氏もまた同絶壁を、〈素晴らしい赭色の岩崖〉と記されおれり。（中略）余のこの絶壁に痛く感興を得しは、まことに武尊山頂において快晴の午後、静かにもこの絶壁を打ち眺めし以来なり。しかしてその岩質の堅硬にして岩攀に適せるを知りし以後なり」

ここでいっている秋の武尊山頂とはいつのことか、というと、登山年譜から推して昭和元（一九二六）年一〇月になる。思えば谷川岳東面の開拓史は、この日にはじまった、とみてもいい。前にも触れたように、武尊山と谷川岳との関係は、大正五年（一九一六）の日高信六郎の記述の中に出てくるし、木暮理太郎のことも藤島敏男のところで書いておいた。この二つのことが、一〇年後の大島の上に微妙な影響を与えたのは、いったいなぜであろうか。

それは木暮の記文「利根川水源地の山」の中に「上州側は谷川連峰の素晴らしい赭色《しゃしょく》の岩崖を仰ぎ

ながら上下することを得るのが、せめてもの心遣りであろう」

と、ある一節を指してのことにちがいない。

惜しむべし！　近代登山の先駆者、大島亮吉は、東面岩壁試登の翌年、つまり昭和三（一九二八）年三月二五日、前穂高北尾根四峰の下降中、忽然として遭難、はかなくも二九歳の若さで世を去ってしまった。当時の山岳雑誌『山とスキー』（八〇号）が、その一ページを全部割いて、その文に、

「大島亮吉氏、山岳旅行中奇禍に遭い逝去せる報に接し、哀悼この上もなく、ここに謹みて弔意を表す。昭和三年三月二十九日」

と、深く故人の霊を慰めたのもこのときだった。不世出の名アルピニストと謳われた大島の死去によって、せっかくはじまった谷川岳研究は、その主人を喪失し、一頓挫してしまったのであった。後年、日本山岳会の『山岳』二十七年三号誌上に、遺稿「秩父の山村と山路と山小屋」が発表されたことがあるが、その序文を書いたのは木暮理太郎で、その中に昭和三年（一九二八）三月一五日付の大島」からの発信が紹介されている。その末尾に次のような、きわめて興味深い個所がある。

「前略……谷川の例の岩崖は、二筋ばかり谷は登れましたが、あとはあまり急で、途中でホントウに下を見て恐ろしくなり、這々の態で下りました。あんな所を登っては乱暴でしょうか」

三月一五日といえば、大島が前穂高で遭難した一〇日前に当たる。東京を出発したのは一六日だから、なんと出発の前日の手紙だ。谷川の岩壁に示していた容易ならぬ執着のほどが知れると同時に、当時における岩登りの限界といったふうなものが、この中から察知されるのである。

大島以後の谷川岳岩場に、ふたたび記録をみるまでには、残念ながら三年の空白期間を置かなければ

ばならなかった。

そしてそれは、彼の出身校慶大山岳部の中からは、ついに後継者を見出せずに終ったことも意味する。むしろ谷川岳への遺志は、よきパートナーであった成瀬岩雄によって一時は実現するかに見えたが、天候に恵まれず成果はなかった。結局は、その成瀬が東北大学に進学し、その影響を受けた小川登喜男らによって昭和五年(一九三〇)、大島の遺志はようやく達せられることになるのだが、それでは少し話が飛躍してしまうので、それよりも順序として昭和三年以降の動向を若干眺望してからにしよう。雪の多い谷川岳周辺の山々への関心は、岩場よりも先に積雪期登山が多くなされても一向に不思議はあるまい。

昭和三年(一九二八)三月、法政大学山岳部高橋栄一郎は、案内人を伴って越後側から仙ノ倉山、茂倉岳、笠ヶ岳などに登頂記録を作ったのは注目される。同年一一月は、立教大学山岳部木越誠一が新雪の天神尾根を谷川岳へと登り俎嵓《まないたぐら》山稜を辿って阿能川岳に登頂。翌六日は単独で谷川温泉からオジカ沢を遡行、大滝直下を中ゴー尾根にトラバース、さらヒツゴー沢を下降するという南面の疾駆をもたらした。

昭和四年(一九二九)の一月は、遠い金沢からやってきた第四高等学校山岳部の藤田喜衛が、単身で浅貝からスキーで三国峠を越えて湯宿に下れば、法大山岳部角田吉夫、高橋栄一郎パーティーは元橋から仙ノ倉山を目指したが、こちらは吹雪のために中退した。次いで三月、法大山岳部は平標山、清水峠方面に行動した。そして一八日、法大の角田吉夫パーティー、四高藤田喜衛・吉田邦男パーティー、それに慶大の後藤宗七・渡辺良太パーティーの三つが、期せずして各ルートから吹雪の中を仙ノ倉山に登頂し、再び別れ去る、という珍しい記録ができた。四月になると、法大高橋栄一郎が土樽から オキイノマチ沢を経て万太郎山に登頂したほか、茂倉谷から矢場ノ尾根に取付いて茂倉岳、一ノ倉岳、谷川岳へと縦走し、イシクラ沢を下降して万太郎谷を下る快記録がなり、また一方では、早稲田大学、慶應大学両パーティーは一日違いで谷川温泉からスキーで谷川岳まで往復している。

三　三山まわりの山

遠い越後の空を大きく遮る山々は、上越特有の根曲り竹やハイマツ、シャクナゲの猛烈な藪に覆われていながら、肝心な山容はどちらも比較的柔和な形をしている。だが、八海山や中ノ岳、越後駒ヶ岳などとはちがう。これら三山は、空に向けて嶮しく屹立した岩峰を押し立てているからだ。日本海から吹きつける永年の風雨雪に彫琢《ちょうたく》され、苦悶の深い皺を刻んだ山々は、岩と雪の王国をこの地に創造した。八本の乱杭歯をむき出して天に噛みつく八海山。天嶮オカメノゾキを前衝にして俗界から隔絶する中ノ岳。上越・会越から押し寄せる山なみの勢いをぐんとふん張って支える駒ヶ岳。いずれも一騎当千の荒武者が、互いに肩を組み、足を揃えてすっくと立った姿は、まさに越後の圧巻というべきであろうか。

八海山は峰続きに環状する中ノ岳、駒ヶ岳とつながった霊山で、これらを魚沼三山または越後三山ともいい、南魚沼の人達は三つの山をサンタケ（三岳）と呼ぶ。八海山をマニンタケ（前岳）、中ノ岳をナカンタケ（中岳）、駒ヶ岳をシモンタケ（下岳）という。最も早くに開け、地域住民の信仰をうけ、生活と結びついてきたのは八海山で、登山道は六日町の城内口、大和町の大崎口、大倉口に社寺を構え、七月、八月の二か月に登拝する白衣の行者の数は万を数える。

水無川・宇田沢川・三国川などの渓流は八海山を水源にして生まれているが、常にその恩恵を受けている住民達は八海山神を山の神だけでなく、水の神としても熱烈に信仰している。

また凶作をもたらす日照りのときは、八海山各所の奥宮・里宮・別当寺でお祓いや祈祷を行った。村を代表した男衆が登山し、池の水をいただいてその地方に撒くと呼び水になり、必ず雨が降ったという。病人のいる家では山の水を薬にして飲ませたが、日の池・月の池が一番効いたし、眼病には屏風道の金剛水がよいという。

八海山の名がよく知られるようになったのは、木曾御嶽の王滝口を開いた関東秩父の出身普寛行者が、その弟子で地元大崎出身の泰賢行者と寛政六年（一七九四）、城内側の屏風道を開削し、中興開山したのが端緒なのだ。

八海山のハッカイの由来は、すでに江戸時代に三つの説が生まれている。八層の連峰が階梯の形になっているから〝八階〟だとの説、山中に八つの深谷があって〝八峡〟の名をとる説、山中に八つの池があるので〝八海〟だという説が今に伝えられているのである。

八海山は雪の消えるのが遅いわりに降雪が早い。だから山開きは、昔は半夏生《はんげしょう》（七月二日頃）であり、山閉めは九月一五日だった。今は七月一日に開いて、九月二日にはもう山小屋を閉じてしまう。せいぜい二か月から二か月半の短い期間の中で、多くの信者は登山し、八海明神に参詣し、あるいは祈念した。カーンという澄んだ金属音は、山頂の方でも聞こえる。あちこちに釣鐘があり、来意に答えるように響いてくる。いかにも古くからの信仰の山らしく、日ごろ無信心の人達もこのときばかりは思わず手を合わせ、無我の境地に誘われてしまうのだろう。

三岳講、八海講など善男善女の白衣姿の行者は、三山まわりを〝三山がけ〟と呼んでいる。それは、まだ完全な山小屋や登山用具がない昔、天候を見定め、機を見て駆け抜けるように飛ばして三山を縦走したからで、八海山を起点にしたものであった。

「石抱橋《いしだき》の上に立つと、雲の晴れ間から駒ヶ岳の鋭い頂が僅かに現われ、恐ろしく高い山のように仰がれた。北ノ又川の流れも美しい。駒の全容を望み得たならば、どれほど強い感銘を与えたことであろう」

田部重治から〝新進の登山家〟と賞讃され、上越国境の研究者としても知られはじめた角田《つのだ》吉夫《よしお》は、数日前に下ったばかりの枝折《しおり》峠を新たな憧憬を抱いて登って行った。

膨大な荒沢岳が雲間に隠見し、只見川の広い谷間も次第に現れた。峠の明神様の御堂に着いたとき、大湯方面から銀山平へ荷を運ぶ人々が休んでいた。峠道を東へ少し下って小倉山から駒への山道に入る。

「一二八七メートルの独標の峰に着くと、白衣の行者が五、六人駒から下りて来たのに会う。八海山から三岳をかけて来た人達で、昨夜は駒ヶ岳の頂上で雨に降られて酷かったと言っていた」

角田吉夫は行者と別れ、駒から三時間後、中ノ岳山頂の美しい草原に立つことができた。白い雲の映る山頂の池で米を洗い、ハイマツを集めればもう仕事はない。三岳まわりの行者のように、簡単な露営だった。防寒具もなく、桐油紙一枚がすべてだ。

太陽が西に沈んで真っ赤な満月が平ヶ岳の上に昇った。

昭和六年（一九三一）七月、三岳まわりの角田吉夫は、月光を浴びて夜を明かした、と書いている。

第三章　黒部峡谷と電源開発

一　渓谷開拓時代はじまる

黒部峡谷は越中の最奥、信・飛・越の三国の境上に聳ゆる鷲羽岳（二九二四メートル）に源を発し、東西ともに二五〇〇メートルないし三〇〇〇メートルに及ぶ大山列――立山・薬師連峰と白馬・針ノ木・烏帽子連峰の間――を隔てて本邦第一の深峡を刻す。日本北アルプスの北半を縦貫することおよそ六〇キロ、黒部市愛本に至って始めて平野に出で、北西に拡がる大扇状地を造り、富山平野の東北隅に至って日本海に注ぐ急流だ。

黒部峡谷は飛騨の双六谷とともに最も原始的風趣を保有し得た峡谷で、大部分が花崗岩で構成され、景勝地が非常に豊富なのが特色だ。猿飛・仙人谷・十字峡・神仙峡、さらに下廊下・中廊下・上廊下等、ほとんど全流を通じて景勝に満たされている。岩壁の高い黒部の廊下では、森林は自然に高所に移り、日光は直接大峭壁を射て激流の面に反映し、明快壮麗の感を与える。また至る所に温泉が湧出し、天然の浴槽に身を浸しながら仙境に遊ぶのは、壮快の限りである。

木暮理太郎と田部重治が二人だけで槍ヶ岳から日本海までの大縦走を試みたのは、大正二年（一九一三）七月から八月にかけてであった。さらに大正四年の七、八月には、彼らは毛勝岳から剱、赤牛、黒岳への縦走を行った。まだはっきりしない登山路、そして案内人もいない中でのこの大縦走は、新しい登山の時代を告げるものだった。それを果たすために、特別製の軽量天幕の発明、食糧には重い缶詰をやめ、味噌と削り節を携行する工夫を忘れなかった。

大正二年には、俳壇の巨匠河東碧梧桐が黒薙温泉から黒部の猫又谷に入り、白馬岳を登頂した。これは山岳会に所属しない、いわゆる文人の本格的登山としては最初のものだったので、忽ち一般の人達の注目の的となり、評判を呼んだ。また、翌三年には第一高等学校旅行部の学生達が、鹿島槍から五竜岳、さらに祖母谷温泉を経て、鐘釣温泉に至り、小黒部谷から剱岳の登頂を狙ったがあきらめ、立山室堂に出た。そして長次郎谷から剱岳にふたたび挑んで成功するなど、黒部峡谷をはさむ後立山と立山連峰との連続登山がおこなわれたのである。

もうこのころになると、夏山登山は一般にすっかり普及して、女性達の登山もボツボツはじまった。大正五年の夏には、東京の暁星中学校の生徒四人を含む一四人もの団体が、数年前までは登頂不能と騒がれた剱岳をめざし全員が登頂に成功した。

そして、「大縦走」の距離も長くなる。木暮・田部の仲良しメンバーは、大正六年七月、朝日岳から針ノ木峠に至る後立山縦走を試みた。

そして大正中期から、いよいよ冠松次郎による黒部峡谷への「探検」がはじまる。冠が黒部峡谷に分け入ったのは大正七年(一九一八)夏以降のことだが、最初の接触は明治四四年(一九一一)、白馬岳から祖母谷を下り、宇奈月に出たときの感動であったという。

この大正七、八年ごろを、日本の登山史上に「渓谷開拓時代」と呼んでもいいような、志向性上の大きな変化がある。

それまで多くの山を峰伝いに、または平凡に作られた道を登り、展望の爽快さを満喫してきた人達は、次第にそれだけにあきたらなくなって、山脈と山脈との間の凹地、つまり渓谷の中に隠された美を探求しようとしだした。これまでも登路の一部に渓谷(沢)が利用されたことはしばしばあったが、渓谷それ自体を目的に入れる例は、ほとんどなかった。大正七年頃に始まって一五年頃までは黒部川流域、双六谷などの広大な支流一帯のめぼしいものは、ごく少数の開拓者達によって、次々にトレースされていった。

黒部川の遡行が盛んに喧伝されたのは、なにもその水源地の鷲羽岳への登山ではない。それらはつまり、遡行が登山の一手段であり、単なる付属物に過ぎないのではなく、渓谷遡行自体が本当の目的だったのだ。渓谷遡行そのものが独立し、愉快な登山行為として認識が高められ、しかも実践された証拠が明確に記録にとどめられている。

渓谷遡行の面白さは、大体三つの要素から成り立つ。まず、第一は、渓流の水の綺麗なこと。第二は、流域に多くの絶景をもっていること、第三は、頂上近くまで終始流水をたどって、登山コースの大部分を流水とともにすることだ。多くの断崖、急潭、瀑布、森林は渓谷を千差万別、刻々に変化させ、私達に冒険心をふるい立たせてやまない。

黒部川の源流部は、北アルプスと呼ばれる飛騨山脈が分かれる立山連峰、後立山連峰に囲まれた最も僻遠、深奥に位置し、本州中央高連山岳地帯で一番多くの高峰をめぐらす渓谷では、この大河の右に出るものはない。

黒部川の「下の廊下」が完全に遡行され、「黒部川探検」に終止符が打たれるのは、大正一四年（一九二五）の夏である。宇治長次郎を案内に人夫八人を伴った一行は、八月二六日、鐘釣温泉を出発した。ちょうどこの時は、水力発電機設置のための軌道を敷くために、宇奈月から奥は火事場のような騒ぎであった。岩を削る発破の音、火薬の煙と土煙などが濛々として岨道を通ることも容易ではなかった。

上野を発った夜行列車は、直江津から日本海の岸辺に出ると夜明けを迎えた。さらに越中の平野に入る頃には、裏白馬の山続きと毛勝、剱方面の山並みが乱霧の中に明滅し、一行三人の気分は落ち着きがなかった。

目的の三日市駅で下車したこの一行中のリーダーは、精悍な顔付きのうえに風采が悪く、鉱山師か、よくて写真家といったタイプをしていた。彼らは駅前で食事をとり、名物の黒部西瓜に舌鼓をうってから町に出かけ、補助ロープやカスガイ、釘、金槌を買って駅に戻ると、大山村の宇治長次郎を先頭に屈強な九人の立山衆がどかどかやってきた。品物も人間も揃った。さあ、出発だ。

満員の黒部鉄道に乗って最奥の停車場宇奈月に着いたとき、リーダーの冠松次郎は、唖然と立ちつくした。

　今しもペンキ塗りたての停車場からぞろぞろ吐き出される浴客の群れ、駅前に雑然と軒を並べる売店やいかがわしい飲食店。黒部川寄りにはかなり大きな温泉旅館が建てられ、白い顔に化けた女達の派手な色彩と嬌声は、これが宇奈月の姿とは、とても信じられたものじゃない。今は大正一四年八月だ。この前ここを訪れてから、まだ何年と経っていないのに……。

　つい二、三年前まで、宇奈月平は冬になると熊が迷いこみ、猿の一群が餌をあさりに来ていた。貧しい温泉宿が一軒と、物売りも一軒しかなかった。この山間の僻地宇奈月に鉄道を引きこみ、上流の黒薙温泉から引湯して一大遊覧地にする計画は、たしかに聞いてはいたが、まさかこんなに早く、こうも変わろうとは……。現実は東京人の冠達の予想をはるかに超えていた。

　信飛越三境奥深く、万年雪の下に産声をあげた黒部川は、八千八谷といわれる大小の渓流を右に左に息つく暇なく送迎する間、懸崖高く屹立し、断崖深く彫琢し、山勢極まれば廊下を形成し、渓水鋭く奔落してゆく。しかも源流から日本海に注ぐまで、絶景美観を連続して少しも弛怠を見せぬ堂々たる大峡谷なのだ。古くは黒部奥山の名で呼ばれてきた豪快無比な山水は、さらに黒薙、鐘釣、祖母谷、仙人谷などに天恵の浴槽を隠す天下の一大秘境であった。とくに黒薙温泉は正保二年（一六四五）の発見と伝えられ、加賀藩奥山廻り役人の度重なる巡視、鉱山発掘などわずかな開発が祖母谷入口までの細々とした一縷の林道にその名残を偲ぶくらいであった。

　だが、黒部奥山はほんのわずかとはいえ、ついにその秘密のベールを脱ぐときが訪れた。豊富な水量に着目した東洋アルミナム会社の二〇万キロ水力発電開発を契機に、三日市から宇奈月への黒部鉄道の敷設は、なおも奥地を目指し、今は猫又谷付近まで開鑿工事の発破の音が賑やかで、鉱山の仕事場の中を通り抜けるようだったし、上流への歩道づくりも進んでいた。そして黒部峡谷を温泉地帯にし、遊覧地への繁栄を目論む黒部温泉株式会社の出現は、世間に黒部の絶勝を賞揚する一方、熱心な登山者はここに絶好な足がかりを獲得し、さらに奥地へ、未知の源流地帯探求へとつなげてゆくのであった。

二　旧加賀藩領の奥深く

宇奈月から待望の剱沢落口を探り、長次郎らの活躍に助けられて下ノ廊下の嶮を突破し、平ノ小屋から無事下山した冠松次郎は、さらに昭和二年、紅葉と新雪を訪ねて鹿島槍から棒小屋沢を降り、剱沢の大瀑を経て平ノ小屋に戻り、針ノ木峠を越えて信州大町へ帰着して対山館に泊まった。すると主人の百瀬慎太郎がやって来て、「今朝の読売新聞に貴方のことが出ている」と、親切に新聞を持ってきた。

見るとそれは、「冠松次郎氏におくる詩」と題した作家室生犀星の長詩である。全文は長いので、その中から私の好きな一部だけを載せてみよう。

松よ　冠松よ

冠松は行く、
黒部の上廊下、下廊下、奥廊下
鉄でつくったカンヂキをはいて、
鉄できたえた友情をかついで、
剣岳、立山、双六谷、黒部、
あんな大きい奴を友だちにしている冠松、
あんな大きい奴がよってたかって言うのだ。
冠松くらいおれを知っている男はないというのだ。
あんな巨大な奴の懐中で、
粉ダイヤの星の下で、
冠松は鼾をかいて野営するのだ。

「ふるさとは遠きにありて思うもの」とうたった犀星は、詩・小説・随筆など多くの作品を世に問うたが、まだ一面識もない冠になんでこのような詩をのこしたのであろうか。

犀星の故郷は加賀百万石の城下町金沢だ。しかも彼は旧加賀藩の足軽組頭の子として生まれ、犀川のほとりで育った。ついでだが犀川の西に住むので犀西とし、犀星の字を当てたという。これは私の推測だが、犀星が冠松に注目し、興の趣くままに詩作したのは、旧加賀藩領奥深く、人跡稀な奥山に入りこむ壮大な気宇に心打たれ、そこに鬱勃たる共感を覚えたからと思うが、冠松の面目躍如たるものがある。

旧加賀藩の時代、山廻り役が数年毎に黒部奥山を巡視し、黒部川の一部に触れていることは記録にうかがえる。天保頃の絵図だと、祖母谷までは流れに沿って道が造られ、中流は平から御前谷の下手へ出る道があったらしく、平から本流沿いに東沢に入り、南沢岳、鷲羽岳を連ねる国境の尾根筋への道もある。南沢岳へは針ノ木谷の南沢を遡り、尾根を縦走して鷲羽岳に達し、ここから黒都源流に下り、薬師沢を遡って有峰に出、常願寺川筋へ下山したという。こうした古道の歴史については、郷土史研究家の方々によって貴重な研究がいくつも発表されており、興味深いものがある。

ここで便宜上、冠松次郎と黒部川との出会い前後の事情を少し書いておく。

黒部から帰ったばかりの私は、ＪＲ田端駅からものの五、六分、これといった特徴のない横丁を入った奥の左側、いかにも下町らしい構えの冠翁の〈万松山房〉を訪れた。玄関からすぐ奥の広い座敷に通され、打水を敷いた涼しげな庭に見入っているところへ、当家の主人公が着席した。あらかじめ来意は告げてあったが、私達は初めての対面だ。きっと正面から正視してみれば、写真で見た顔に違いはない。年のせいで頭は禿げあがってはいるが、どうしてなかなか精悍な面構えで、目も耳もまだ達者だという。幾分うつむき加減に、問われれば答え、終われば沈黙、といった、あまり愛想のいいとはいえぬ老人との会話がつづいた。が、話が黒部に移ると、鋭い眼はいっそう輝きを増し、語気には熱をおび、話を聞きにきた私の方も片言隻句を聞き洩らしてなるか、とばかり自然に気合が入るのだった。

　明治一五年（一八八二）、東京の本郷で生まれた彼は、明治四二年（一九〇九）から北アルプスに入り、穂高・槍・常念・白馬・立山・剱・薬師へと精力的に歩きまわったが、黒部へ入る動機になったのは、明治四四年、立山頂上から眼下遥かに展開する雄大な黒部峡谷の姿に心うたれて以来だ。大正六年（一九一七）は、早月尾根から剱、立山、黒部川を東沢から赤牛に登って槍ヶ岳へ出た。翌年は立山から御山谷に下って御前谷を探り、タンボ沢をつめて立山を越えた。さらに九年、初めて下ノ廊下に入り、黒部別山下の大ヘツリを過ぎ、岩小屋沢から扇沢を経て大町へ下った。大正一一年は欅平から仙人谷の落口に達したが、南仙人の大岩壁に阻止され、内蔵助平・黒部別山・立山・剱岳へと登った。そして一三年は長駆、神通川の双六谷を遡行して国境尾根に出たあと、今度は反対側の黒部川源流に下降、上ノ廊下を通って平ノ小屋へ出、それから下ノ廊下をさらに下ろうという次のような素晴らしい計画を立てたのである。

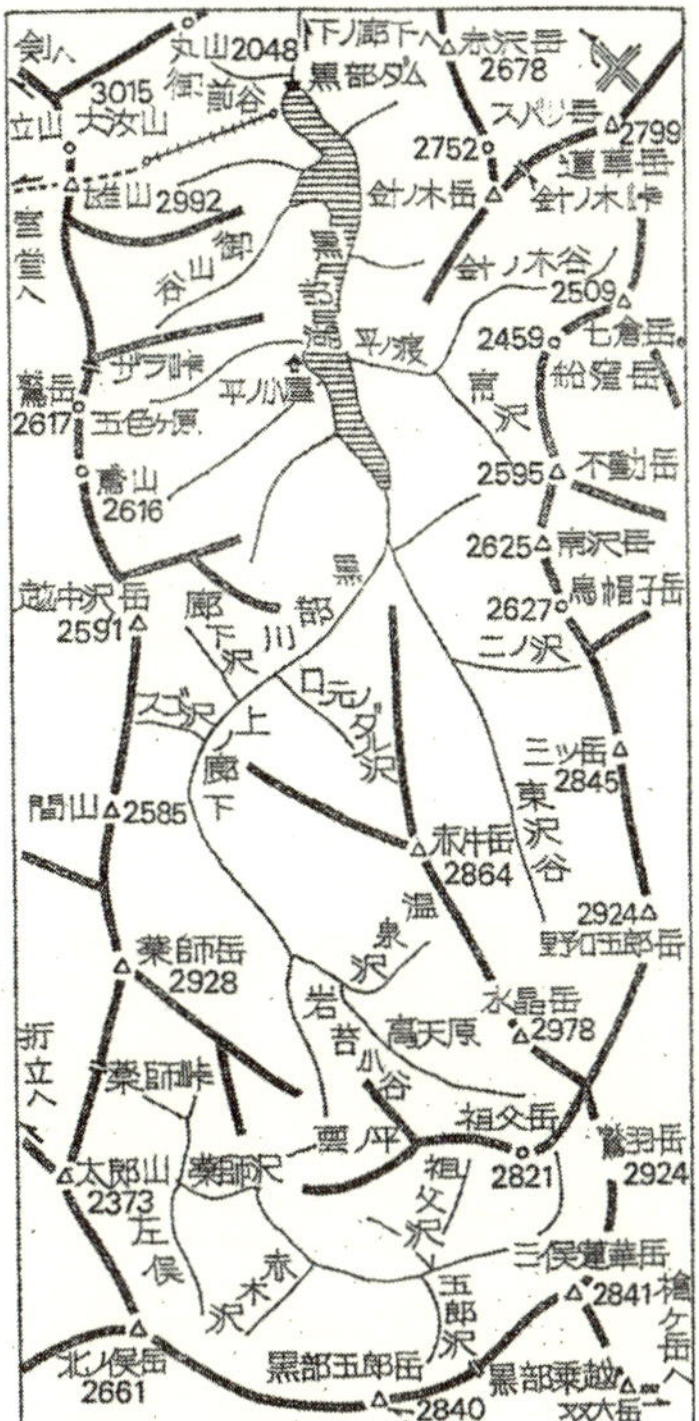

黒部川源流概念図

一度は探ってみたいと思っていた双六谷を、黒部上流へ入る足固めに、二つには双六谷と黒部峡谷の渓趣の特色を確かめたい、と心にきめた冠松であった。高原川は水が少なく、両岸に河原が露われ、川中に巨岩が背を見せていた。谷から谷へと渉ってゆく今度の旅程では、水が少ないことが何よりの味方だ。今年こそ下ノ廊下の天嶮を突破できるぞ、と足は軽い。双六谷の遡行に三日かけ、九郎右衛谷から飛越国境に出た所は、高山植物の咲き乱れる美しい高原、黒部乗越であった。乗越の向かいの空は澄みわたり、薬師がドッシリ腰を据えていた。

雲ノ平は蒼黝い防波堤のように薬師の懐に突っ込み、谷寄りの急崖の間に黒部の源流がいかに躍動し、飛躍し、奔走し、あるいは瞑想し、沈静し、大悟しているかを思うと、冠は上流の水を見るのが待ち遠しくてならなかった。双六谷を隔てて冴えた笠ヶ岳の全貌、蓮華岳は東の尾根に隠れて見えないが、双六岳は稜々たる山骨を右に連ねていた。

「なんぼう谷が好くっても、岩魚の様にのべつに谷底ばかりを行くのでは、身体も疲労するし、自然興味もそがれるので、今日は少し山の上を歩いて見ようかとも思った。しかしながら黒部乗越で、一夜を過ごし、笠ヶ岳や双六岳を見、黒部五郎岳に連なる山骨を眺め、近く黒部谷を隔てて上廊下の王者薬師の大岳を望み、越中の山奥の大観に腹がふくれると、どういうものかもうそれで、山上の景色は沢山になった。やっぱり谷に限る。流動あり、潤沢ある谷の美観、しかもそれが海内無双の黒部峡谷。その深渓から重錯された嵩岳を仰がないで、何の景勝だ。何が日本アルプスだ、と私は吐きすてる様に独言した」

右は、冠松次郎の処女出版『黒部谿谷』の一部だが、谷狂《たにきち》冠松の真骨頂ここに極まれり、といいたい。彼は岩永信雄と平《たいら》で落ち合う日程を勘定した。当初は蓮華岳を越えて鷲羽へ登り、東沢の乗越から東沢を下って黒部の本流に達し、平ノ小屋へ一日も早く着こうと思ったが、山よりも谷が一番とばかり、渋る人夫をなだめて黒部の源流へ下り立った。

川はしばらくして右へ右へと曲がり、両岸は狭く、オクノタル沢までは、奥ノ廊下中の美景であった。次の日、上ノ廊下に入る。岩に激した黒部の水は藍黒色に澄んで涼々と流れる。薬師のカールから落ちる沢を過ぎ、板状に積み重なった岩壁を約一時間へツルと、ここで黒部は大きく落差をもつようになり、幾つもの峭壁が谷底をふさぎ、狭い峡間を廊下の水がどうどうと叫声を挙げていた。大雨はなかなかやみそうもない。雨にぬれた岩壁や崖側は危険だ。今日は岩永が平ノ小屋で待っている予定なので幾度か思案してみたが、廊下の中で幾日も閉じ込められているより、強行して赤牛岳に登り、次の日のうちに平まで出ることに変更する。口元ノタル沢南方の尾根のタルミでこの日は野営。

翌朝、薬師の大屏風を賞讃しながら赤牛岳を越え、折からの雷鳴と豪雨に追われて東沢を下り、黒部本流との出合いで再び野営する。越中の夕立ほど始末の悪いものはない。日によると朝から晩まで、一日ゴロゴロ鳴っていることがよくある、と人夫の金作が嘆息する。東沢の野営は寒いので有名だそうな。

「今朝はなるべく早く平に出たいので、急いで朝食をすませ、午前六時に出発する。東沢を合わせてから、黒部の水は非常に大きくなる。今までとは打って変わって、行く手もますます明るくなり、両岸から翠緑の尾根が幾つも幾つも黒部に向かって延びている。立山本峯がこのゆったりした谷の上へ高く見えて来た。愉快愉快。私は思わず喜びの声を出さずにはいられなかった。久方ぶりで、この霊峰を間近く仰ぎ見て、幸多い渓谷礼讃者であることを喜ばずにはいられなかった」

御山谷の天幕地で待っていた岩永と合流した冠は、丸二日の遅延を詫び、ここから岩永一行と打ち連れて、曾遊の下ノ廊下へと下って行った。

三　谷狂三人衆

ところで、宇奈月平の急変ぶりについては、大正一四年（一九二五）、ここを訪れた冠達一行の驚きを冒頭に書いたが、一行三人とある中の二人は、この岩永信雄と沼井鉄太郎のことで、三人は負けず劣らずの谷狂党だ。

「話に興が乗ってくると、三人はいつか美酒に酔った人の様になって、盛んにメートルを上げる。谷を知らない奴は馬鹿だ！　黒部を見ない奴は馬鹿だ！　I君の気焔は万丈である」

冠はこう書いているが、越中大山村の者が黒部川について知るようになったのは、自分達〝谷狂〟が入り始めたからで、立山群峰の精通者宇治長次郎さえ、立山の東面や、黒部川の流域については、まとまった知識はもっていなかったとも述べている。

『山岳』二十一年二号「黒部号」（昭和二年）の目次をひらくと、「仙人沢入り」冠松次郎、「黒部川」沼井鉄太郎、「双六谷から黒部川へ」冠松次郎、「黒部川より立山川への旅」岩永信雄、と三人の名前があるばかり。ここまで書いてきて私は、先駆者谷狂党の人達に心から拍手を送りたい。

ある日のことだが、日本山岳写真協会から人が来て、「黒部源流展」を開くので日本山岳連盟で後援して欲しいという。加盟団体の要請なので快諾したら、今度はパネルへの原稿を書くように依頼され、いささか当惑した。ちょうど『岳人』誌に「源流の山々」を書きはじめた頃で、つい源流の文字に心惹かれ、臆面もなく大要、次のような意味を記した。

「逢かなる黒部の源流の彼方には、いったい何があるのだろうか——。大峡谷の奥深く分け入り、息をはずませ、高みに登ろうとした人は、そこで何を見、何を考え、何をしてきたのだろう。

山を、谷を、そして大自然をこよなく愛する人達によって、ここに秘境の全貌はあますところなく、再現されたといってよい。

黒部——日本の最深部に源流を追って、迫力ある作品をここに展示する」

新宿駅南口近くに新設した小西六フォトギャラリーの会期が盛況裡に終了し、出品者の槍岳山荘経営者穂苅貞雄、三俣山荘伊藤正一、燕山荘赤沼淳夫など錚々たる顔ぶれと歓談の席で、「源流会」は次回のテーマを、梓川にしたらどうかと懇談したことがある。

日本で電気が初めて一般に供給されたのは明治二〇（一八八七）年一一月、東京電燈株式会社によるもので、それはロンドンに遅れること五年と一〇か月であった。関西でも電灯事業が活発になり、神戸電燈株式会社が明治二一年に開業、一八九軒に電灯がついた。大阪電燈株式会社はさらに翌年、一八三〇灯を点らした。京都市は明治二四年、琵琶湖からの流水の落差を利用して蹴上発電所を設け日本の水力発電に先鞭をつけた。

東京電燈は山梨県下桂川の豊富な水源が送電の距離の短い利を生かし、その流域に水力発電所をいくつも建設し、また丹波川（注・多摩川）の高峻な地形に落差を求め、数か所の発電所を設けた。そうした甲州と帝都の文明を皮肉って、当時こんな新聞記事がでたという。

「第一お互いに使っている水は、甲州丹波川の水で、横浜のも矢張り甲州道志川の水だとさ。東京の電灯は主に桂川の水力でこの電車も同じくだ。殊に驚くのはこの線路の石も甲府の近所の山から切り出したのだと云うことだ。何のことはない。東京の者は甲州の水で顔を洗って、甲州の水で印刷した新聞を読んで、それから甲州の石の上を、甲州の電気で走り歩いて、夕方甲州の水で風呂を浴びて甲州の電灯で一杯やるんだ」

当時の家庭では、大体一軒で四〇ワットぐらいの電球が二つ使われていたと思えばいい。

東京電燈は、電気文明をヨーロッパ先進国に伍して開業し、当時の流言蜚語にも挫けることなく、啓蒙と事業を展開した。

明治の文明開化はエレクトロ・テレガラフ――つまり「電信」にはじまり「鉄道」「電灯」がそれに続いた。しかし、その普及のテンポはきわめてゆったりのんびりしたものであった。

ところで、黒部川の水力にいち早く目をつけた人は、のちに大阪送電株式会社・大同電力株式会社の社長となる福沢桃介だった。彼が黒部川を初めて訪れたのは明治四二年（一九〇九）。日清紡績株式会社を起こしたのは明治四〇年で、黒部川の水力電気を利用して第二工場を建てる目論見であったが、経営をめぐって役員を辞任。それとともに計画も消えた。

第一次世界大戦に伴う産業の異常な活況は、深刻な電力不足をもたらした。とくに関西の電灯需要は、明治四二年（一九〇九）から大正八年（一九一九）までの一〇年間に八倍近くにハネ上がり、電動機の普及によって電力需要の伸び率は、四九倍にも達し、電気の供給は需要に追いつかなくなり、停電騒ぎまで引き起こした。

当時の電力は、いわゆる水主火従である。それが中距離（さらには遠距離）高圧送電技術の開発に伴い、その比率は開き続け、大正八年には水力約五八万キロワットに対して、火力約二二万キロワットになっている。（この水主火従のエネルギー事情は、その後の昭和三〇年代末、いわゆる戦後の高度成長期に至る約半世紀の間、ずっと続くことになる）

ところで水力発電を開発するためには、自然の状態を精しく調査しなければならず、人里離れ、交通不便な奥地に莫大な資材を運んでダムや隧道を築くなど、それ相応の長い年月が必要なのである。

大規模な電力会社がぞくぞく登場し、各地で水利権を奪い合ったが、とりわけ水の豊富な日本アルプスの水系ならびに水利権は、いわば戦国時代の群雄割拠さながらに、大資本、地元の中小資本入り乱れての縄張り争いがはじまった。

アルミニウムという軽金属が、さまざまな合金として、機器の新素材となって登場して以来、わが国でもその需要は著しく伸びたが、地金はすべて輸入に頼らざるを得なかった。

アルミニュームは別名「電気の塊」と呼ばれた。原鉱ボーキサイトからの製錬のために、ぜひとも多大な電力が必要なのだ。日本の企業家達の間にも、

「豊富かつ低廉な水力を利用してアルミ地金を製造しよう」

という機運があらわれた。最初に注目されたのが、富山県下の神通川であり、黒部川であった。

東洋軽合金株式会社の設立の議が起こったのは、大正七年（一九一八）のことだ。しかし、アルミの製錬には大規模な資本設備が必要だし、その技術はアメリカが独占しているので、果たして輸入品に匹敵するような高品位のアルミが造り出せるか、どうか。それはきわめて困難な事業に相違なかった。

大正八年（一九一九）、会社は社名を東洋アルミナム株式会社とし、さらに黒部川の水利権獲得に奔走した。日本電力は中部山岳地帯の開発をめざしていたので、両者は連携し、電源としての黒部川の本格的な実地踏査をすすめた。黒部鉄道の敷設、そして宇奈月温泉の開発が行われたのである。

東洋アルミナムは猿飛以下柳河原までの水利開発権を獲得し、同年には、ウナヅキ谷に近い河岸段丘の桃原に工事事務所および飯場を建設、さらに欅平から十字峡に向かう測量並びに通路の開拓、大量の資材、人員を運ぶ軌道敷設と、矢継ぎ早に仕事を始めた。

この当時、北陸本線の「三日市」（現・黒部）から山峡の桃原までの一八キロにしても、愛本あたりから三日市や舟見方面に出かけるのもみんな徒歩だったので、思いもよらぬ鉄道の出現に地元は大助かりだ。

日本電力が心血を注ぎ黒部川の奥、猫又谷付近にダムを築き、宇奈月の上手に日本最大の出力を誇る柳河原（黒二）発電所を完成させたのは、昭和三年（一九二八）の末で、準備から六年余の歳月を費

やしたことになる。この電力（五万七〇〇〇キロワット）は関東、関西方面に送電されるとともに、一部が富山、高岡方面にも供給された。

日本電力は、ひきつづき第二発電所、第三発電所を計画し、黒部川の上流に向かって積極的に開発工事を進めた。

ところが昭和初年の大不況は、この黒部の川奥まで巻き込んだ。産業界は沈滞縮小し、電力は不足どころか余剰に苦しみ、昭和六年一一月には、平ノ小屋と鐘釣の測水所にわずかな人員を残して日本電力の黒部建設所は閉鎖した。昭和七年に電力連盟が発足し、一社一発電所主義にもとづいて認められたのが鐘釣発電所（黒部川第二発電所）であり、建設事務所を昭和八年六月に建設した。この年の九月、満州事変が勃発し、産業界はようやく息を吹き返しはじめた。

こうした一方で、ようやく自然保護の思想がひろまり、国立公園法が制定されるとともに、黒部峡谷を含む立山連峰、後立山連峰一帯は中部山岳国立公園の指定（選定答申は昭和七年一〇月、本指定は九年一二月）を受けるに至ったのである。

このため、黒二ダムは小黒部川合流点下流から小屋平に設計を変更。猿飛の奇観を保存する措置が講じられ、発電所の建物も自然との調和を図るなどの苦心が払われた。

昭和八（一九三三）年八月、工事再開。秋が深まりまだ準備中なのに雪を見て中断。翌年春、小屋平では堰堤工事がはじまった。猫又対岸の発電所周辺では水圧鉄管路、山肌の掘削、機材の搬入路工事を進めた。

その年、富山県下一帯は豪雨に見舞われた。多くの被害が発生し、黒部川も大洪水となったが、作業は突貫工事で昼夜の区別なしに進められた。

昭和一〇年（一九三五）、猫又ダムと並行して川を横断し、黒二発電所への専用軌道の引込線が完成。さっそく発電所のための資材が、次から次へと運び込まれ、ごったがえした。

当時は、宇奈月から猫又への冬期歩道がなかった。週に二、三度郵便物と新聞が深雪を踏んで届けられるのが、唯一の楽しみで新鮮な野菜の搬入など許されるはずがなかった。

ダムは次第に高くなったが、工事に犠牲者はつきもの。毎月、何人かの死傷者が出た。一度に一〇〇人を超える死傷者を出した最悪の日もある。黒二の着工から完成までの三年余、その累計が六五〇〇人にも達したとは、今日ではとても信じられないことだ。

昭和一一年（一九三六）一〇月、営業運転を開始。出力は六万三〇〇〇キロワット、黒部川は大規模かつ新鋭の第二の水力を加えたのである。

欅平《けやきだいら》駅は黒部峡谷鉄道の終点だ。黒部川に沿って下ると猿飛の奇峡がある。駅前から本流の鉄橋を渡って右岸に移り、支流の祖母谷に沿って少し遡れば名剣温泉。その上流には祖母谷温泉があり、唐松岳、白馬岳への登山路の格好な出発点になっている。

欅平駅の眼下に黒三発電所が完工したのは、昭和一五年秋遅くである。着手は昭和一一年秋だ。その四年の間に「日中戦争」がはじまった。戦時体制の強化や対外貿易の促進で景気は活況を呈し、電力の需要が急激に伸びて、翌年には日本発送電株式会社（日発）が発足したのである。

日本電力では、黒二発電所の完成前から黒三の工事着工を決めていた。第一工区は仙人谷でのダム構築、取水口、阿曽原谷付近までの水路・軌道トンネル工事、第二工区はオリオ谷から志合谷を経て蜆坂谷付近までの水路・気道のトンネル工事。第三工区は下流部分の水路・軌道のトンネル掘削と欅平に設けるエレベーターの竪坑工事と発電所建設だった。

こうした計画に立ちふさがったのは、自然保護の風潮だった。それは今日とは違い、風致つまり自然景観の保護が主眼であった。

「これ以上、黒部川の電源開発を許すな」農林省、内務省、黒部保勝会、富山県、登山者側を代表して日本山岳会などが日本電力と二年がかりで議論を重ねた。この結果、当初案の十字峡にダムを築造する計画を仙人谷まで下げて、「下の廊下」の景観を可能な限り保存し、一方では効率的な水力を求める、その微妙なバランスで黒三は誕生したのである。

現場の責任者達を苦しめたのは、自然の猛威ばかりではなかった。日中戦争は長期化し、一〇〇万の大兵が大陸に送られつつあったのだ。困難な自然の中の作業にようやく馴れはじめた技師や熟練した人夫達に矢継ぎ早に召集令状が届けられた。これでは工事が進まない。

昭和一三年六月、阿曽原谷横坑の岩盤温度は八五度に達したため、黒部川の冷水を汲み上げ、それを切羽で作業中の人夫にホースでぶっかけて身体を冷やす方法が採られた。坑道にはお湯が溜まり、腰まで温泉につかって作業しなければならず、排水ポンプがどんどん増えた。竪杭を掘って、横坑の空気を抜く工法まで取り入れたのが七月二〇日。しかし温度計は一〇〇度を突破し、割れて吹っ飛んだ。ついに沸騰点を超えたのだ。そして七月二八日。一〇〇度を超える岩盤が装填中の火薬を爆発させ、八人の作業員のからだを粉々に吹き飛ばした。ただちに県土木課と県警から阿曽原谷の横坑工事、仙人谷の本坑工事を中止せよと命ぜられ、二〇名の係官が現場検証に飛んで来てあまりの違反工事にあきれかえった。だが、厳しい処罰はなかった。

軌道のトンネル工事は、すでに全長の三分の二を完了していた。いま工事を中止したら、すべてを放棄することと同じではないか。――

関係者の合同会議が宇奈月で開かれた。

〝不可能を可能にする方法はないか!〟

ダイナマイトを断熱材の円筒にくるんで装填したら、とのアイデアで断熱材にエボナイトを使うことを考え出した。坑内にパイプを設け、天井から水のシャワーを、下からは噴水で作業員の負担を軽くする方法を採用。医師を常駐させ、健康管理を徹底し、栄養価の高い食事を作った。

常識を越える高熱隧道の工事を見事完成させたのは、採算を度外視した人海戦術であり、現場の指導者、技師達の知恵と人夫達の士気なのである。

だが次の新手は、大量の雪が襲来し、しかも前代未聞の大事故を起こしたのだ。暮れも押し迫った一二月二七日の夜中、志合谷の宿舎の三、四階は屋根ごとドーンという猛烈な爆発音とともに吹き飛んで、多くの人びとは即死、かろうじて生き残った人びとはただ唖然と何が何だか分からない。

一七五名が生き埋め、重傷者一一名、死者三九名、行方不明八四名という驚くべき惨状は、ホウ雪崩の言語を絶する凄まじい威力だ。警察は人夫を動員して雪の中を必死に捜索したが、遺体も、消えた宿舎の上階部分も、何一つ発見できなかった。それらは志合谷を越えて対岸尾根を飛び越し、なんと黒部川を渡って奥鐘山の岩壁に叩きつけられていたのが、その後発見された。直線距離で一〇〇〇メートルも飛んでいたのである。

黒三発電所は多大の犠牲のうえに、昭和一五年ようやく完成した。出力八万一〇〇〇キロワット、当時日本最大といわれた。

四　二つの山が一つになった

日本が、国として正式の測量を始めたのは明治四年（一八七一）。当時工部省に測量司を置き、英人マクヴィーン外五名を招聘して測量事務を開始した。同七年、この事業を内務省地理局に移し全国の大三角測量を開始した。

測量の方法は初め英国の方式に準拠し、のちフランス式に改められ、また明治一五年（一八八二）末からドイツ式を採用し、メートル法に定められた。明治一六年、参謀本部測量課内に、大地測量部及び勝地測量部が置かれ、大地測量部は三角測量に、小地測量部は地形測量に任じた。

明治一七年ワシントンで「万国測地会議」が開催された。会議以後は一斉に英国王立天文台を零度として起算することが定められたのである。同年は太政官布告により、年末各省が随時施行してきた三角測量の事業は陸軍に移管となり、内務省地理局の大三角測量事務もすべて陸軍の所管となった。

明治二一年五月、陸地測量部条例が公布。測量には各種のものがあるが、とくに「地形測量」は、土地の高低、山岳、河川、湖沼等の形状、位置、大きさ等について、これら種々の地形を表示する図を作るのが目的だ。また、道路を造り、鉄道を通ずるなど土木工事のため、この種の測量を施行することが多い。この測量法によって作られた地図は、地形図と称し、主として軍用、その他の一般的需要に供されるものなのである。

地形図には二つの意味がある。一つは一般的意味の地形図で、もう一つは陸地測量部が必要とした特殊な地形図がそうだ。一般用の地形図は、一国一地方または都市に限って採用するため、物体は正確にかつ幾何的に表現した。このためにきわめて豊富で縮尺尺度が大きくなるに従って、精度真価を増大した。

陸地測量部の地形図も、だいたい前記の意味に準拠している。制度上、二〇万分の一縮尺による地形図はとくに「帝国図」と称し、基本的測量地形図の、縮図編纂にあてたので、これを「編纂図」ともいう。

ここまで書いてきて、いま試みに明治二二年（一八八九）陸地測量部作成のケバ色第三師団管区「高山」（二〇万分の一図）を拡げて見た。北アルプス地方に目をやって、どんな山々がそこにあるのかが気になるからだ。

白馬岳、針木峠、烏帽子岳、五六岳など後立山連峰から転じて立山方面を探すと、そこには劔岳の名がない。立山の雄山祠、薬師岳、上岳の名はある。それから鎗ヶ岳（槍ヶ岳）、穂高山、そして南の峰続きに硫黄岳と焼岳が並んでいるのがわかる。ならばと今度は大正元年測図「焼岳」（五万分の一図）を見るとしよう。この地図は穂高の山名を取り違えた問題の地図で、硫黄岳は焼岳の次にきちんと記載されているが、もちろん梓川の畔に大正池はまだ出現していない。

地図の普及とともに旅行者、登山者の利用は逐年増加してきた。また鉄道の敷設、河川の改修、水力電気の企画、電力線の建設、山林及び鉱山事業、耕地整理、道路の開鑿、都市計画その他あらゆる殖産興業に利用されている。

測量そのものは一つの技術である。国土測量の進捗のいかんは国の文化のスケールを意味するという。各国の測量が進むに伴い、地球の形態もだんだんと明確となった。

登山用地図として一般に利用されているものは、陸地測量部で発行した基本図の中で、全国にわたって完成している二〇万分の一帝国図と五万分の一地形図の二種である。二〇万分の一図は地形の景観的表現に重きを置き、コースの大略を見たり、頂上の展望によい。五万分の一地形図は縮尺も小さく山を歩く場合にこれを使ったが、現在は二万五千分の一が使用されている。

この両図はともに等高線図式と呼ばれ、起伏表現法で実際の地形を紙面に投影したもの。等高線は一定の標高差ごとに描かれ、五万分の一の主曲線は毎二〇メートル（毎一〇〇メートルは太線で現わし、読み取りを便にしてあり、これを計曲線という）であって、容易に所要の標高を知ることが出来る。

常に問題となるのは道路である。修正前の五万分一地形図「湯沢」と「四萬」には清水越えの国道が記されてあったが、この道はすでに久しく廃道で通行は不可能だ。現在は道でない所に立派な道が通じていたり、それと反対に、まるでよい道がありながら地図に記載がない例が、山岳地帯では多すぎる。これは地図が一度発行されると長年修正をしないからで、測量当時は明らかに地図の通りであったろう。修正の遅いのを難じるわけにもゆかないので、山へ出発するに先立ってあらゆる資料を調べ、地図に書き入れする必要がある。

山名地名その他の文字の間違いもよく聞くが、とくに山名が問題となる。同じ山でも見る方向や村によって名が違う。測量部では主として町村役場の報告を資料としたが、これは当時としてはある程度仕方がないことだった。また山や谷の名を多く入れることは徒に地図を煩瑣にするので、不便を来さない程度に省略していることは知らねばならない。

登山用に使用する場合、とくに必要なものは道路と同様な要領で書き込みをしておくと便利だ。陸測図を完全にわがものとして使用しなければ、山行失敗の原因になったり、あたら集印帳になってしまうだろう。

地震や火山の噴火があると土地に変動が起こる。陸地測量部はそうした直後、その地方の改測を行ったが、土地の変動は地震のみにて生ずるものでない。地震のない時でも逐次の変化があること、また地震の直後および直前にもある程度の変動がある事実が明らかになり、地震予知問題にも一縷の光明が与えられた。三角測量の改測には多額の費用がいるが、水準測量の改測はこれに較べれば少額の経費で済むので、軽易に実施されてきた。

五万分の一地形図「焼岳」は、昭和五年（一九三〇）に改測されて、穂高岳は前穂高岳、前穂高岳は西穂高岳へ改名している。そして硫黄岳の名が消えて焼岳だけが残り、東麓の梓川に大正池が生じているではないか。穂高の山名については以前から識者の間で問題視してきたが、硫黄岳について語られたことは、地元以外ではあまりない。

焼岳（硫黄岳）は上高地の南端、長野・岐阜県境に跨がる北アルプス唯一の活火山だ。口碑によると天正一三年（一五八五）に爆発し、その噴火は七年間連続したとある。安政五年（一八五八）にも噴火し、しばしば山崩れを起こした。松本測候所の調査によると、明治四四年以降大正三年の間、噴火、鳴響、降灰を頻繁に繰り返したとある。とくに明治四五（一九一二）年二月の噴火の時は、遠く二〇〇キロも隔てた東京市中に火山灰を降らし、西向きの樹葉や民家の窓際に白色の斑点を作ったという。
明けて大正四（一九二九）年六月六日、焼岳南東の一角が俄然爆発した。多大の泥土を吐き出し、無数の土砂岩石を押し流し、遠く六百山に衝突し、その余波が反射して梓川を堰き止め、大正池を出現させた。実見者百瀬辰己の談。
「六日午前六時、飛騨平湯を発し、安房峠を経て細池尻に着きし時は確かに七時半と思う。十五分許りの後、突然ドーンーと恐ろしい音響と同時に俄然噴火しました。その位置は上高地から向かって左の尾根の向う側の沢です。全く以前の火口とは違って山の東側を頂上から麓までとても大きく裂けたのです。煙や土砂は一時に山の東側を東に斜めに噴出したのです。それで飛騨の方からは一向見えなんだでしょう。これがもし南東許りでしたら私も一命はなかったです。崩れた土砂や、灰や、石は一時梓川を堰き止め、二時間程も流れを停め、その後更にまた一度堰き止めました」
大正五年四月十一日
本日午前八時頃、焼岳爆発音響及少量の降灰ありて天空霞の如く曇れり。本村稲核にて音響を聞きたり。（安曇村長）
大正八年十一月一日
島々　　朝焼岳噴火

五千尺
朝焼岳は新しい右肩蒲田峠の頂辺より大噴煙を始め、黒煙濛々として天に沖し時々雷鳴の如きを聞く。穂高を始め四囲の山々雪景極めて雄大コントラスト頗る妙にして共に奇観を呈す。頂上の噴煙大正四年と変わらず。

硫黄岳の名称については「焼岳」「硫黄岳」あるいは「硫黄ヶ岳」等があるが、信濃では「焼岳」と呼び、信濃国全図などにも焼岳と記入してある。しかし岐阜県下では「焼岳」と呼ばず、山麓付近の人達が焼岳と指すのは中尾峠の北側の一小丘なのだ。

それはなぜかを考えてみよう。

松本平方面からは硫黄岳は見えないのだ。長野県下でこの山を見られるのは、南安曇郡安曇村字入山《にゅうやま》および大野川村地内桧《ひのき》峠ぐらいだ。だがこの付近には別に乗鞍火山の一部で、俗に「硫黄岳」と称する所がある（湯川上流の爆裂火口）。このため村人はこれと区別したのだ。硫黄岳頂上の三角点が「焼岳」なのは、三角点基建設の際、信濃側から登山したため信濃的名称を用いたものだろう。

信濃側一帯は国有林。飛騨側は官民が相交わっている。長野大林区署、岐阜県吉城郡上宝村役場所蔵の村図、大阪大林区船津小林区林班図に記入の文字もみな主峰を「硫黄岳」とし、中尾峠北側の小峰を「焼岳」としているのである。（震災予防調査会報告・七五号）

その昔〝日本にも氷河が存在していたのではないか？〟明治初年に来日した外国人の中にはそう信じて山地を歩いた人達がいた。日本の一部の学者は、それらしき痕跡を島々付近や上高地、白馬岳で見つけたという。しかし、よく調べると論拠がいかにも薄弱であった。

そこで内務省は大正八年（一九一九）、史跡名勝天然記念物調査の一環として、理学博士神保小虎に長野県下の地質鉱物を調査させた。その結果、ヘットナー石と呼んだ島々付近の花崗岩塊は断層の摩擦と墜石の衝突によって容易に丸みと磨り傷の平行線を生じたものと判明。穂高岳のカールも立山および薬師にしても山崩れで生じたもの。上高地の五千尺旅館の傍にある氷河の端堆石にしても、岩石押出しの一部分だった。白馬岳大雪渓の断層擦痕、丸く膨れた形の岩石は氷河のためにその形となった、という考えを肯定できるものは出なかった。氷河遺跡を論じこれを否認した記事は『地質学雑誌』・『地学雑誌』・『信州』・『山岳』誌その他にある。

理学博士山崎直方《なおまさ》は明治三六年（一九〇三）、針ノ木から立山に登り、黒岳・薬師岳・立山西面などにカール地形を発見、立山のカールはこのことで山崎カールと呼ばれてきた。カール（圏谷）やモレーン（堆石）などは氷河時代の遺物といわれ、日本でも飛騨・赤石・木曽・日高の各山脈山頂付近に氷河が存在した跡がある。

しかし、現在、雪線は四〇〇〇メートル付近にあると考えられ、日本に氷河は存在しないものとしてきた。

日本アルプスがもう一〇〇〇メートル高かったら、氷河が懸かっていただろうから、それならアルプスの名に恥じない。残念ながら高度が不足だ。

〝氷河のないアルプスなんてナンセンスだ〟、本場のヨーロッパ・アルプスが、遠くの方から日本アルプスを見下ろしたら、その野暮ったさを気の毒がるかもしれない。だがカールやモレーンが穂高や立山に存在する事実だけでも幸福としなければならない。なまじ氷河などがあったら、このすばらしい日本的景観は成り立たないかもしれない、と思ってきた。

ところがである。二〇一二年、富山県の立山連峰の主峰・雄《お》山の東側斜面の御前沢雪渓と剱岳の三ノ窓雪渓と小窓雪渓の三か所で、国内で初めて氷河が確認される可能性が生じたのだ。

立山カルデラ砂防博物館（富山県立山町）の研究チームが高精度の全地球測位システム（GPS）を使って観測を行い、氷魂が動いているのを確認したのである。二〇一三年には氷河とみられる氷の塊、全長二〇〇メートル、厚さ約四〇メートル、幅最大で約五〇メートルが池の谷《たん》右俣雪渓で発見され、月に一一～一五センチのペースで動いていることが分かった。

周囲は鋭く切り立った嶮しい場所で、「雪崩が頻発し、大量の雪が流れ込んだ結果、氷河ができたのではないか」と、調査員は語っている。

氷河は一年中解けずに重みだけで長期間流動する氷の塊だ。「観測期間が短く、誤差の範囲では」との意見もあったようだが、二〇一二年四月、日本雪氷学会は氷河と認定した。極東アジアではこれまでロシアのカムチャッカ半島が氷河の南限とされてきたのが、一気に日本まで下ることを意味するのである。

岐阜～高山間一三六キロ余の鉄道建設は大正七年（一九一八）、高山線として岐阜建設所に編入されて起工した。高山―富山間八九キロ強は飛越線として長岡建設事務所が同時に起工したが、難工事の続出で何度も立ち消えさせられた。岐阜・富山間に隧道五八本、井田川・神通川・宮川などの本流を横断する橋梁は四六本、支流を合算すれば一〇〇本以上にもなるからだ。それがなんとか継続できたのは、日本アルプスの国立公園編入と下呂温泉の復興のおかげであった。日本電力が瀬戸に発電所を作らなかったら下呂温泉は復活しなかったのである。

起工以来一六年、昭和九年の開通式には『大阪毎日』、『大阪朝日』、『新愛知』の三新聞社の飛行機が舞込みビラを撒き、新聞戦の火蓋が切られた。岐阜日日は高山全町へビラを無料で配布し、名古屋新聞は名古屋から伝書鳩を数百羽放つというえらい騒ぎだった。

日本アルプス眺望の絶好地高山駅からの雪景色は信州方面にもその比を見ない。北は薬師岳から南は御嶽まで連山悉く双眸に集まり、山は白く空は青く観光客は押すな押すなの雑踏を呈したのである。高山線の起工と同時に日本アルプス社が創刊した地元誌『日本アルプス』は、姉妹団体飛騨山岳会の協力を得て山の歴史を重視した深みのある編集をしてきたのだが、この日出した五〇号で廃刊した。発行部数があまりにも少なかったためで、その存在がほとんど知られていないのを残念に思う。

信州で事実上、最初の私鉄といえば、明治四二年（一九〇九）に辰野〜伊那松島間を運行した伊那電車軌道である。大正八年に伊那電気鉄道と改称し、大正一二年（一九二三）に下伊那郡の中心地飯田に到達した。その後、伊那谷南端の天龍峡駅を開設したが、ここからは地形峻嶮な天龍川中流部の溪谷に変わるため、三信鉄道に建設をゆだねた。

三信鉄道は、天龍峡、三河川合（蓬莱寺鉄道終点）からそれぞれ線路を延ばし、昭和一二年（一九三七）、大嵐—小和田間で南北両線を接続した。

飯田線の前身は、これら伊那電気鉄道、三信鉄道、鳳来寺鉄道、豊川鉄道の四私鉄である。このため駅舎、架線柱、鉄橋、トンネルなどにそれぞれ個性があるし、駅間距離が大変短く、したがって駅の数の多いのが特徴だ。

地方私鉄のために財政が苦しく、工事費用を節約するため等高線に沿って線路を敷設した。このため河岸段丘を侵食したような場所では、大きくコースを迂回し、通称「オメガカーブ」と称した急カーブを連続させている。

飯田線は沿線風景が美しい。とくに伊那谷の駒ヶ根付近は、西に中央アルプス、東に南アルプスを望む爽快な眺めだ。雪に覆われた頂を背景に、里には季節に応じた花が咲く。田畑の実り、紅葉など豊かな表情を見せてくれる。天龍峡付近から南は、美しい溪谷沿いに走り、伊那谷とは違った景色に変わる。そんな際立った表情の違いを見せて飯田線は、登山者や鉄道ファンの心を惹きつけるのだ。

大正一五年（一九二六）、「登山家山岳地図」と題し、教育政治地図協会が元陸地測量師達の賛助を得て、各方面ごとの「パンフレット」を出した。これには登山案内、登山者や人夫の雇入れ、携帯物資の供給や小旅館の案内、諸物価の概略を示してある。試みに「白馬岳」を開くと、

白馬岳

宿料（一泊）一円五〇銭、人夫賃（一日）二円（但し日帰りは五割増）。弁当、二〇銭。草鞋、一二銭以内。金剛杖、四〇銭以下各種。カンジキ、七〇銭以上一円四〇銭。

白馬頂上小屋

宿料（二食）、一円四〇銭。弁当、四〇銭。味噌（百匁）、一五銭。毛布損料（一枚）、一〇銭。木炭（一貫目）、七〇銭。白米（一升）、六〇銭内外

などなどと記し、案内文の一部には、こう書いた。

「車百合、風露草、白山イチゲ、ユキワリソウ、白馬チドリ、その他の高山植物が密生して、高山植物の宝庫の称あるも無理からぬことを思わした。偃松や石楠花が、小岩の脇に植えられた様の所を、少し進めば県設の小屋があって、二、三〇人を容れられる。それから少し登って、頂上の小屋だ。ここに一泊して、白馬アザミの味噌汁で、茶飯を喫するの快味は、全く都人士の夢想も出来ない珍味で、終生忘れ難い印象を与えられる」

「日本アルプスの女王」とまで異名を持つ白馬岳は、日本一の大雪渓と豊富な高山植物、そして何よりも交通のよさとが大勢の登山客の人気を引き寄せる。だが心ない人たちは、高山植物を根こそぎ採取して平気な顔でいた。

この有様に国有林を管理する立場の松本営林署、大町営林署は昭和二年（一九二七）地元の信濃山岳会と連携し、登山者達に「登山注意」を呼びかけ、自然保護を訴えた。
一、日本アルプスが日本の国宝として、永劫に其の清浄と純潔とを保ち得る様切に皆さんの御協力を願います。
一、高山植物は許可なくして採集することは出来ません。
一、天幕生活をなさる方は、当署指定の区域外は出来ません。予め許可を得なさい。
しかし公衆道徳に無頓着な人達が多く、なかなか成果が上がらない。根本的な有効手段が必要だが、とくに国有林はあまりにも範囲が広すぎて管理が行き届かない。

五　国立公園

一九世紀末頃、アメリカでイエローストーン地方に資源をあさって探検する者が、たまたま世界的な火山の奇観である間歇泉その他の火山現象を発見した。これこそ永遠にわたり、国民の享用すべき景観であるから、国の法律により厳重に保護すべきであるとして、ここに初めて世界最初の大自然公園を設立することになり、政府が直接管理するので、国立公園と呼ばれることになった。

こんな公園は日本にも望ましい、という声も起こったが、これを取り上げるほどの政治家が見られず、ただ都会地の公園だけは欧米にならって始められた。

国有林は、日本の傑出した大風景の大部分を擁している。青森営林局・秋田営林局・東京営林局・大阪営林局・高知営林局・熊本営林局等があって、その全部または一部が国有林である。それらのうち、金華山、蔵王山、鳥海山、月山、飯豊山、八海山、筑波山、妙義山、戸隠山、立山、白山、比叡山、金剛山、高野山、書写山、英彦山、温泉岳、霧島山、開聞岳等は、社寺、名勝、旧蹟などのために、古くから開発され、民衆に利用されて今日に及んでいる。

近年になると避暑、入湯、登山、キャンプ、スキー等保健的利用が盛大になるにつれて名声を高め、新たな風景地として紹介されたるものも頗る多くなった。八甲田山、十和田湖、尾瀬沼、妙高山、甲武信岳、八ヶ岳、浅間山、白根山、上高地、九重山、屋久島等がそれである。このため国有林の保健的利用は、森林の木材生産、水源涵養に次いで重要な効用と認められた。国有林当局は大正四年以来国有林中の風景地で保健享楽、風致維持、あるいは学術参考のために重要な風景地区を区画して保護林を設置し、その取扱を区別した。

このうち内務省が大正一〇年度（一九二一）以来国立公園候補地に内定し、調査した区域は、十和田湖、日光、上高地、白馬、立山、大山、屋島、阿蘇温泉、霧島等である。以上には必要に応じて国は直接道路、道標、避難施設を地方と協力して作る。あるいは民間の希望者に借地を許可して休泊施設を置く方針を採った。しかし、これら国有林に対する文化的施設について、山林当局は努力しようにも、予算の関係上、実現がなかなか難しかった。

国立公園事業は、決して政府のみを信頼して実施するものでなく、この施設経営には、幾多民間有識者の奮起と奉仕が必要なのだ。

「世界屈指の風景国たる我が国において、その稀有なる大風景を選び、永遠に人類が享用のために保存を図ると共に、一面民衆一般がこれを利用し得るよう施設するは、実に我が国民が有する特権の一つであると同時に、それは世界人類に対する文化的責務であると言わねばなるまい」

各方面の有力者を網羅し、一日も早く国立公園の設置を、と多年切望していたが、昭和二年（一九二七）国立公園協会は、時代の要求と右の使命を帯び発会した。

しかし、役員の選任、趣意書および会則の整理、事業の具体的準備その他の事情に時日を要し、昭和四年一月、正式に設立した。その後、昭和六年、国立公園法が制定され、昭和九年一二月、阿寒、大雪山、日光、中部山岳、瀬戸内海、阿蘇、雲仙、霧島の八か所が最初に指定された。昭和一一年には十和田、富士箱根、吉野熊野、大山が、そして昭和三九年の南アルプス、知床が指定されるまで合計二三地区の公園が指定された。

日本の国立公園には、アメリカのグレシア国立公園のように水成岩でできているものはほとんどない。けれども大雪山、磐梯吾妻、日光、中部山岳、吉野熊野等の各国立公園には、古生代、新世代に属する水成岩の地形があり、秩父多摩や中部山岳や吉野熊野等は水成岩特有の美わしく豪壮な渓谷風景を広げている。

そして日本第一の渓谷として知られる黒部渓谷の一部と吉野熊野国立公園の大杉谷と北山峡等は、その最も優れたものだろう。次に花崗岩や石英粗面岩のような塊状岩の風景には、かなり優れたものが多く、大雪山、磐梯朝日、日光、秩父多摩、中部山岳、吉野熊野は雄大豪宕な山嶺、台地、渓谷を構成し、ヨセミテやロッキー山国立公園に似た景観を展開している。日本の山岳国立公園には成層水成岩や塊状深成岩の風景も見られるが、しかし日本国立公園の最も顕著な地質上の特徴は、新しい火山の噴出による安山岩の地形が目立って多いことであろう。

火山の活動により火山特有の円錐状または鐘状の単峰を構成するのは富士山や大山などがその典型的なものだ。これが互いに近接して並ぶ時には、阿寒、大雪山、十和田、上信越、日光、箱根、雲仙、阿蘇、霧島等のように複雑な群状火山の地形を造り、そのあいだに熔岩や火山堆積物等により、水流を堰き止めて、湖沼や瀑布を現すものが多い。

とくに山岳公園では、登山に好適なものが頗る多く、富士山や日本アルプス（中部山岳）を始めとして、日光の白根山、燧岳、上信越の浅間山、白根山、谷川岳、苗場山、秩父多摩の雲取山、甲武信岳、金峯山、吉野熊野の大台原、大峯山、大山、阿蘇、霧島等はその登山の歴史も古く著名である。北の方では磐梯朝日の磐梯山、吾妻山、飯豊山、朝日岳、月山、十和田の八甲田山、大雪山、十勝岳などが、だんだん世に喧伝されてきた。

国立公園の案内施設も行き届き、各種の案内書や地図もとくに作ってあるから、登山者に不便、不安がなく、国立公園は国民大衆の利用に適すようになってきた。

しかし、産業開発の名目によって自然破壊を企て、あるいはあえて冒そうとしてくる企業の出現は、きわめて遺憾だといいたい。

昭和三二年（一九五七）、国立公園法は廃止され、代わって自然公園法が制定された。その主な拡大点は、趣旨を拡大強化した国定公園の制度を明確にしたこと。都道府県立自然公園の制度を追加したことであり、ここに自然公園体系が確立した。

本邦は国立公園、自然公園について、公園区域を指定すること。風景上重要な地域を特別地域、中でも核心的な地域を特別保護地区に指定すること。ここでは建造物の設置や高山植物の採取などの各種行為は、国立公園にあっては厚生大臣の、国定公園にあっては都道府県知事の許可がなければ行ってはならないとしたこと。公園利用に必要な道路や宿舎などの施設の配置計画を定めて、その実施の仕方を規定したこと。公園利用者が守るべき事項を定めたことなどである。また都道府県立自然公園については、特別保護地区の規定を除き、これらのことをそれぞれの都道府県の条例により規定することとしている。

第四章　学校山岳部の台頭

一　旅行部から山岳部へ

かつては登山も旅行の一部であったことはたしかであった。「山岳旅行」という言葉はもう死語に等しいが、大正~昭和期の旧制高校や大学の山岳部は、たいていその旅行部からの脱皮である。

慶應大学学生の槇有恒が日本山岳会に入会したのは、大正三年（一九一四）であった。すでに一〇年を経て会員も三〇〇〇名を超えていたが、会の空気はまだ同好の士の集まりに限られ、当時はやはり山岳旅行会に過ぎなかった。槇有恒にとっては先輩の声咳に接したり、貴重な経験を聞くといった平凡な内容だけに我慢しなければならなかった。

日本山岳会の主力を構成する人々は、その静的観察を幽邃《ゆうすい》な渓谷や万年雪に覆われた高峻な山に向け、ひたすら山への精進を集積し、麗わしき詩想に耽ることができた。しかし、後進者達には、もはや未踏の山頂に登攀の苦闘を物語る感激に浸ることは許されなかった。

大正三年（一九一四）に発行された『アルペン行』の緒言に、著者の慶應大学教授鹿子木《かのこぎ》員信《かずのぶ》は、

「丁度三年前、明治四十四年夏八月の下旬よりその秋立つ九月の末に至るまで、ぼくは独り背嚢を背にチーバンハインの杖を手に、健脚に委せて孤影瓢然、ヨーロッパ・アルペンの高原を踏破した」

と書いている。この本は詩的、瞑想的な内容で、近代的登山観念の導入までには至っていなかったが、ヨーロッパ・アルプスにふれた初期の単行本としても書誌的な意義をもつ。しかし、それよりもっと直接的影響は、著者の姿を間近な教壇に迎える慶應大学の学生達の中に現れた。この当時を槇有恒は『登高行』（第五年）に「慶應山岳会についての回顧と感想」の中で語る。

「私達の会は精神的に鹿子木員信先生を中心にして生まれた。今は先生は塾を去られたことゆえ、会員の中には知られていない人も多いだろうが、恰度『アルペン行』を著されたところで、颯爽たる青年教授の高風の下に、三田の学生の胸が躍った時である」

と述べている。

人生の至福とは若くして良師、良友に恵まれることなのだ。私達の会とはもちろん日本山岳会のことではない。自分達で作った慶應大学山岳部のことだ。創立者の一人内田節二も「創立前後の印象」について、いささか昂奮しながら書いている。

「槙君と共に、目黒の先生の宅を訪れたのは七月の上旬であった。マッターホーンの額が高く掲げてあった書斎で、透徹した謹厳沈重の口調を以て、ヨーロッパ・アルペンの話より日本アルプス・扨ては山岳的精神まで説き下さって、二人のドン底に瀰漫《びまん》せる山に対する無限の憧憬・淌悦はいや

が上にも亢奮すると共に、先生に対し愛慕敬直の至情が湧起してやまなかった。その時である！塾で山岳会を起したらどうか、と先生から慫慂されたのは……」

すっかり熱しきった二人が、どんなに興奮しながら未来に胸を弾ませて帰途についたか、想像に余りがあるであろう。私達はここで明治三八年頃、小島烏水がウェストンから〝日本に山岳会を作れ〟と激励された先例を思い出す。かくして大正三年、慶應大学山岳部は三田山上で創立した。構内に掲げられたその設立書は、まことに胸のすくような青春に溢れた剛快な宣言文であった。

「碧空を摩する白雪皚々たる峻嶺は、これ人生鍛錬の場所である。何等強烈なる刺戟なく、幻の如く夢の如き平地は俗人小競合の泥海である。四時氷雪を以って蔽わるる玲瓏たる大自撚の雄姿を仰ぐ時、その打震う光に誰か胸躍らぬ者があろうか。剣の如き人生の闘士の熱血は唯々崇高偉大なる高山の神壇においてのみ養わる。諸君共に鷲の如く絆なき青春の凱歌をその頂に高唱して、無限の静寂に酔わん哉」

このようにして発足した山岳部は、早くも翌大正四年夏、常念山脈と劔へ二隊を送り、大正五年は四隊、六年は一〇隊を北・中央・南アルプスへと送り出すという盛況を呈したのであった。想えば明治三八年、日本山岳会はイギリス人ウェストンに示唆されて誕生し、文人、学者を中心に結束したいわば知識人の集団であった。慶應大学山岳部は以上のように、ヨーロッパ・アルプスの洗礼をうけた青年教授鹿子木員信を中心とする学生達の新鋭分子であった。そしてその目標は、碧空を摩する白雪皚々たる峻嶺に向けられ、その勢いはまさに雪融けの奔流を思わせた。しかし、大正初期の学校山岳部は、ひとり慶應のみの舞台ではない。古くは明治三一年、四高には遠足部が出来ていたし、一高・三高・京大・八高などの山岳部は慶應に前後して発足した。目ぼしい大学・高校も、このあとを追うように続々と山岳部を創設し、日本アルプスを中心に活発な登山が行われていった。こうして大正六、七年ごろになると、日本アルプスにはもう処女峰が一つもなくなり、日本山岳会の主メンバーは、その目標を奥上州や秩父の山に転じ、千古不伐の森林美や、幽邃な渓谷美の中に、山旅のよろこびを見出すのであった。

けれど彼等学校山岳部の者達には、日本アルプスの高峰を初登攀して感激に浸るような余地はもう残されてはいなかった。かといって、中級山岳の初登山に方向転換するのには、学生達の若さが許さない。日本山岳会の先輩に行くべき道を訊いても、これといった名案は浮んでこない。頼りにするのは無駄だ。知っていれば、彼等だってそれをやったのだろうから。――そうだ！　アルプス風の剛快な登山を満喫したいのなら、本場のヨーロッパ・アルプスの登山を研究したらどうだろう。ヨーロッパではすでに一八六五年（慶應二）、マッターホルンの初登頂を以って黄金時代は終幕し、現在はあらゆる方向からあらゆる時季の登山がされているらしい。それを研究したら自分達にだって、出来ないことはない。

そこに着眼した学生達は、なんとかして語学力を高めようと、教科書や参考書をかかえて勉強を始めた。そして各国の有名登山家の著書を取り寄せ、辞書を片手に苦心惨胆、翻訳をするのだった。初めて耳にする登山用具・登山用語・登山術、その一つひとつはみんなどれもが分らないことだらけだ。

なんと訳したらいいのか、首をひねりながらではまことに心細い限りだが、まあどうにかなるさ。

こんな苦労の甲斐あって、彼らはいまだ人の呼吸を知らない深雪や、鳥も近寄らないような切り立った岩壁への精神的アプローチを掴むことができた。これこそ、近代登山の新分野ではなかったか。新天地を開拓するためには、いかなる時代といえども、血のにじむような犠牲と努力とを払わねばならぬ。そしてその苦闘の中から歴史は創られるものなのである。登山もまた例外ではあり得ない。英・仏・独の語学を勉強し、出来るだけ多くの洋書を購入し、貪るようにして読んだ。ピッケル、アイゼン、ザイルの目新しい道具のコンビネーションによる登山動作に胸を躍らせ、粗雑な翻訳を頼りに研究が進められた。

氷雪の堅塁では、一瞬にして多くの生命を奪い去る雪崩が待っている。三日三晩も荒れ狂う吹雪が襲う。不完全な山小屋や天幕で寝起きしながら、ひたすら山を目指す彼等は、日本特有の冬期の状態を、輸入した新知識の上に加味しなければならなかった。岩登りにも、冬期登山にもまったく経験を持っていないが、不完全ながらも準備が出来た上からは、いまや冷たい地殻を破って炎のように何物をも焼き尽くさねばおかない。彼等の計画は、従来日本の登山慣行からみれば非常識な暴挙であるかもしれないが、すでに行き詰ったピーク・ハンティングの時代から、新語アルピニズムの新時代へ脱皮するためには、非難も犠牲も堪え忍ぶ覚悟が必要だ。彼等はその戦士であったのだ。

こうして大正九年三月、春なお遠い安曇野を越えて、慶應大学山岳部による白馬岳登山は、北アルプス積雪期登山の先駆となって決行された。

二　スキー登山

この当時、日本における雪中スキー登山の記録は、北海道帝国大学農科大学スキー部における蝦夷富士と、高田スキークラブの富士山雪中登山くらいなもので、北アルプス地方のスキー登山に資する何物もなかった。慶應大学山岳部は、冬期登山法としてのアルペンスキー術の研究に着目し、大正六年（一九一七）一月、妙高山麓田口を練習のスタートに、爾来、関温泉、五色温泉に講習会を開いて練習に余念がなかったが、とくに大正八年一月の関温泉では、初めて天幕を使って雪中露営を試験するなど、冬期登山のための準備に怠りがなかった。

「白馬岳スキー登山及び已見山越え」は、これらの基礎の上に立って、大島亮吉・二木末雄・八木森太郎・小林達也（関山スキークラブ）達によって実施された壮挙だった。

「天候はたしかに、非常に険悪とならんとしている。されどかくの如きもの、なんでわれわれの登高の堅念を挫き、われわれを畏れおののかしむるに足ろう。……お互いに物いう時見せる歯は、寒さでガチガチと鳴る。この上、烈風と寒気で雪面が凍結したならば、われわれは降るに墜落するより採る方法がなくなるのである」（大島亮吉『登高行』第二年）

一行は、岩壁と堅いウインドクラストにはばまれて、スキーのままで前進することができず、アイゼンを下に置いてきたことを後悔するのだった。そして、無念を岩壁に残して、いまは杓子岳双子尾根から往路を戻るしかなかった。

同行者の二木末雄は、このときの感想を、「春季スキー登山旅行紀行付記」として、

「スキー登山において絶嶺を究めることが目的である場合には、スキー術以外に登山術に熟練せねばならぬ。また、ロープおよびアイスアックスの使用法、カットステップの経験も充分修得しなくてはならない」

（『登高行』第二年）

と記しているが、スキー登山とは、スキーを着けたまま登頂することだと思っていたのだ。たとえ登頂を逸したとはいえ、かくして積雪期登山への前進は開始され、日本に近代アルピニズムの旗は高々と掲げられたのである。

これまでの山岳雑誌といえば、わずかに日本山岳会の機関誌『山岳』があるだけで、それも年に三回しか発行されていなかった。そうした意味で、北海道帝国大学の一部学生達「山とスキーの会」で大正一〇年創刊の『山とスキー』は、日本で最初の定期刊行物（月刊）といわれる。本場のノルウェー式スキー術をいち早く導入し、北海道の山々に新しい足跡を印していった北大スキー部が、その研究と成果を広く発表するための雑誌で、加納一郎がその任に当った。

『山とスキー』は、北大、学習院、慶應、京大などの有力な執筆者によって、新しいアルピニズムの指導的役割を果たした。

「平地に波瀾を起こすような登山冒険談の時代は過ぎ去った。各人の個性に相応しい山の味わい方

が内面的にのみか、外観的にも分かれてくるべき時が来たのではないか」

そういって、岩と雪の世界を開拓する必要性を説いたのは、板倉勝宣の卓見だった。

『山とスキー』は一〇〇号まで達したが、その執筆者も読者も、当時としては第一線級の人々を網羅していた。とくに板倉勝宣の熱情とリーダーシップ、大島亮吉の文才と登山思潮に負うところ、まことに大であったといわねばならない。

創刊号の巻頭は、板倉の「春の槍から帰って」である。大正一〇年四月、常念から中山峠を越えて槍沢に入り、槍沢小屋から槍ヶ岳を狙ったときの記録で、槍の穂先の半分ぐらいまで登っている。（板倉は大正八年三月にも、単身、同じルートから槍を目指したが、天候不良のため引返した。積雪期槍ヶ岳初登頂は、大正一一年（一九二二）三月、槇有恒・大島亮吉らのパーティーが果たした）

『山とスキー』表紙

板倉は、岩と氷と雪の好きな人は相当に面白いクライミングが出来るが、生命は保証出来ない、とはっきりしたことをいい、冬山でさえ人夫を伴うのを決して潔とはしていない。しかし、人のまったくいない山の中を一週間も歩くには人夫を頼むほかに仕方がないが、カンジキとスキーとはなかなか歩調が一致しない、と嘆いている。

外国文献を最も広く翻訳して誌上に発表した功労者としては、大島亮吉の右に出る者はいない。「初登頂」の求められなくなった日本で、「初登攀」を求めた登山家の思想や行為を追及していくのは大事なことだった。

早稲田大学に山岳部ができたのは、大正九（一九二〇）年一〇月だが、翌年一月には関温泉で小林達也をコーチに最初のスキー合宿を行い、二月下旬、舟田三郎・中川太郎・山田広は大雪渓から白馬岳を目指した。けれど途中の葱平から先は凍った雪面にスキーが使えず、引返してしまった。

この夏の登山は、第一隊が針ノ木越え、第二隊は二班に分かれて早月川から剱岳と、長次郎谷から剱岳、第三隊は針ノ木から剱へ登り、黒部川を渡り返して白馬岳、第四隊は甲斐駒・仙丈、第五隊は大和アルプス縦走、第六隊は常念山脈縦走といった盛況を呈した。大きな学校山岳部の夏山は、大小の差こそあれ、このような分散方式が当時のやり方であった。

山の合宿生活は、山岳部員のあこがれだ。若人達の青春時代の心の糧だ。シュラフザックに入ってローソクの火の消えるまで山の話に打ち興ずるのだ。火の粉が中天に舞い、歓談のつきぬキャンプファイヤー。朝、小鳥のさえずりに眼を醒まし、氷のような谷川の水で顔を洗うときの喜び。夕方、幾組かのパーティーがテントの前に集まって、温かなココアやコーヒーをすすりながら今日の出来事を語り合うのも、こうした山の生活の特権なのであった。

一九一〇年代から二〇年代にかけて、慶應・学習院・東大・早大・北大・一高・二高・三高・神戸高商などの大学や旧制高校に山岳会や山岳部、旅行部、あるいはスキー部などが設立されて活発な活動が始まった。

かれら若者達は、先人が拓いたルートをただ漫然と歩くだけでは満足しなかった。安易な尾根筋よりもっと困難な岩尾根や、危険の多い渓谷の中に自分の登路を求め、あり余る英気を発散し、危険を伴う長期の縦走、初の横断登山へ挑戦した。

慶應大学が妙高山麓田口で高橋翠効を教導者として第一回スキー練習を実施したのは大正六（一九一七）年一月、二回目も同年三月、田口を練習地に定めたが、期間中に赤倉から関温泉にスキー登山旅行を行ない、翌年一月からコーチャーとしては日本一との称がある小林達也を教導者に選び、練習地を関温泉に変えた。

関温泉付近は山岳に富み、冬期スキー登山の研究、技術熟達に便利であったのだ。同年三月の実施分を第一回講習会と定め、小林達也を正式な講師とし、参加者を増やした（後年、不世出のアルピニストと評価された大島亮吉が講習生になったのは第二回講習会からだ）。山岳部はスキー練習用としてオーストリア式スキー一〇組を購入し、いよいよ冬山をめざして本腰を入れた。

「夏の山岳を憧憬する我等は、峯も稜も沢も木も草も雪で蔽われた純白な山岳もまた愛さずにはいられない。冬の山、冬の自然美何物の眼にも触れざる神秘の域を征服せんとの我等部員の意思は、この冬の登山の唯一の、武器なるスキーを知らんとしたのであった。

スキーは冬期登山の武器であり、また絶対的必需品である。遊戯的ならんとする傾向あるわがスキー界に向って吾等は、冬期登山法としてのアルペンスキー術を研究せんと進んだのであった」

（『登高行』第二年）

学習院が関温泉を選んだのは、隣の赤倉温泉に別荘がある細川護立侯爵の推薦らしい。大正八年

（一九一九）一二月、高等科・中等科合せて五四名が参加し、両校のスキー合宿が交流した。

　この当時、関温泉には朝日屋と笹屋の旅館があり、慶應は朝日屋を、学習院は笹屋を定宿にしていたので、他校はどちらに泊るかで悩んだという。朝日屋は三高も利用し、居合せた今西錦司に言わせると、慶應の槇有恒のスキーはあまり上手には見えなかったらしく、学習院の岡部長量と波多野正信は群を抜き、両名が通るところは草木もなびいた、ともっぱらの評判だったという。

　こうした賑わいの関温泉に我遅れじと早稲田大学が船田三郎を先頭に、後発二八名、大挙して信越本線関山駅に降りたのは大正一〇年一月。先着の部員や笹川速雄ら関山スキー倶楽部員の出迎えをうける。駅付近は積雪二尺、〝都の西北〟から来た一行は感歎の声を挙げた。高田中学から借りたノルウェー式四〇組と二〇組の新しいアルペンスキーを思い思いに選ぶ。先着者を合せて四二名が転倒続出しながらの行進は壮観だった。宿は富士屋に笹屋。甲組は経験者、乙組は初心者で編成し、第一回練習を大成功に終えた。

　スキー登山は、夏の日本中部の山岳探険時代がようやく大衆的登山の意義を明示した時になって、必然的に起り得る分野であった。スキー登山の前に展開した世界は、栄誉と光明の登山の歴史が待ち受ける、遠く、そして嶮しく、窮まりないものだ。

　その先覚者達を代表し、槇有恒は、こう語る。

「夏の山から冬の山へと向かう傾向は当然な行き方である。特に種々な点からしてわが国の夏の山登りは行き詰まりになって来ている。ただ夏の山でこれから開拓されて行くものは、岩登りの方面ではあるまいか。

もし我等にして、先人の跡のみ辿ることに満足が出来て、自分の新しい天地を仰がぬものなら問題はない。しかし極めて真面目な意味において在来という停滞から、少しでも上に延びたいという望みがあるならば、何時も新しき天地の開拓に我等の試みは向かう」（槇有恒『山行』大正一二年版）

スキー登山形式の対象になる高峻山岳は、大きく二分できる。一つは、スキーを穿いたまま登頂、もしくは近傍まで到達できる全山雪に蔽われた山。他の一つは、スキーを中腹、または山稜にデポして徒歩で登頂する山である。前者は一般的に孤立した円天井形（ドーム）の山頂をもち、山頂、山稜の傾斜度がスキーをそのまま使える可能性があり、もしも頂上付近が強風で吹き堅められていたら、徒歩の方が有利になる。後者は急峻で、スキーでの登頂は不可能な山だ。ここでは夏季と同様にアイゼンを着用したり、岩の露出部分で岩登りしたりすることがある。

前者の場合は、スキーのみで麓から長大な谷、あるいは山稜を登高して頂上に達し得る純粋なスキー登山の形式が適用できる。しかし、短急な沢筋、鋭い岩稜の続く日本アルプスでは極めて稀だというべきである。

後者の場合は、スキーは可及的に山頂近くまで使用し、途中の山稜、肩や山腹にスキーデポし、徒歩にて時にはアイゼン・ザイルを用い、最後の嶮しい岩と氷、雪の間に足場を刻み、攀じ登らねばならない。こうしてスキーと登攀との形式を組み合わせたコンビネーションが、アルピニズムと称されるのである。

壮麗、雄渾、純白に輝く冬の高峰は、純真な陶酔の世界、巨大な栄光にゆらめくパラダイスだ。嶮しい岩壁や氷谷に投げかけられた光と耀きは、心に迫る色と形の諧調なのだ。

ヨーロッパで発生し、スポーツ的な性格をもったアルピニズムを標榜する登山方法への関心が、急激に日本の一部の学生の中に広まった。

これまでの登山は夏山が中心であったが、雪線を求めて活動の対象を過酷な冬山へ広げるのだ。

従来の登山書は、そのほとんどが山岳紀行文であり、あるいはその感想文であり、登山者としての記録であった。だから内容は主としてツーリズムの範囲にとどまっていた。

だが大正八、九年頃からこれまでのものより水準の高くなった登山技術を必要とした登山形式――スキー登山術と岩登り術――に刺激され、「いずれの時季をも通じて、いずれの方面よりも山頂へ達する」登山技術を獲得するためへの発展、飛躍の時代が訪れようとしていた。

山へ登ること自体を目的とした近代登山は明治三八年（一九〇五）、日本山岳会の誕生によって幕明けし、一つ一つの山を登り下りすることから転じ、山から山へ縦走するようになり、一般に登山が普及してきた。登山道が整備され、各地に山小屋が建てられ、新しい登山用具が移入してきて、多くの人達の眼を山へ向けたのだ。

この人達にいわせれば、これからの登山者は、あとから登ってこれを公な性質の文書に拠って世に発表するに過ぎない。

世に紹介されない山は、ほかにまだ幾つも残っている。二〇〇〇メートル前後の中級山岳や、それより低い山も次第に愛山家の手で知られてゆくだろうというのだ。

考えてみればこれまでの登山は、夏のシーズンにほぼ決められていた。ならば冬山をめざそう。ゲレンデスキーからスキー登山へ。——
〝積雪期登山時代のはじまりだ〟

スキー登山の発展に対し、旧来の登山家達は、どのように観察しただろうか。

日本山岳会を代表する長老小島烏水は、

「スキー登山ということは認める。けれどもそれは我々にとっては全然別の世界のような気がする。もう二、三十年も経て飛行機で登山するようになれば、若い登山家には、それがぴったりしなくなるのと同様である」

と、まったく理解する気がない。

慶應大学山岳部の理解者である宿老木暮理太郎はいう。

「我々はもはや老年で、若い連中が一間幅の小川を楽に飛び越す所でも途中で落ちてしまうので、とうていスキー登山などは我々に想像もつかない」

古典的登山家達が捧げた熱意と努力を尊重する穏健な者達は頷くかもしれないが、積極的な学生の一群は先輩達の保守性と無理解には失望した。

かれらが知っていた雪中スキー登山の記録は、北海道農大スキー部が試みた蝦夷富士登山記と高田スキー倶楽部の富士雪中登山記だけだった。

北アルプス地方の冬期雪量、雪質その他の材料はなかった。そこで今まで神秘の領域に包まれた地方でこれらを知り、雪中幕営法を研究し、あわよくば白馬の絶頂に立って雪に埋もれた北アルプス連峰の威観に触れてみたい、と今度のスキー登山を計画したのであった。

大島亮吉・二木末雄・八木森太郎と関山スキークラブ小林達也達が大町（現・大町市）を出発したのは、大正九年三月一三日。数日来の荒天が晴れて晴朗な日であった。

大町から北、日本海へ通ずる糸魚川街道の冬の季節は、ただ馬橇に頼るしかない。固く踏み固められた道の上は馬糞が堆積し、大島亮吉達スキーランナーの神経を痛めた。大町から六里、スケート滑走に疲れて白馬山麓四ッ家（四ッ谷、現・白馬村）に達する頃、透徹した冬の夕空に、純白の山肌に、大胸壁の黒い岩壁を露出した白馬連峰の威容を仰ぎ見た。絶大な三〇〇〇メートルの氷雪の頂き、その処女雪にわれらの條痕を印さねばならぬ。各自は胸に刻み込み、山木屋旅館に宿をとる。

大正二年の夏、二度目の白馬岳登山にやって来たウェストンも山木屋に泊り、大雪渓を登った。当時は平川区といい、四ッ谷と改称したのは大正七年で、街道を往来する出稼ぎ人や商人の宿として数軒の旅籠と商店があった。このころになると大町まで列車が開通し、山小屋も完備し、白馬岳への登山者が増えてきて、山木屋は定宿となり、案内人や人夫を斡旋し、積極的に山小屋経営にのり出した。（山木屋はのちに白馬館と改称し、現在も古い看板を掲げて保存されている）

白馬岳の登山口、北城村細野の大谷定雄が新潟県妙高燕温泉の笹川速雄からスキーの手解きを受けたのは大正八年。翌年は高田のスキー屋から北城村（現・白馬村）役場へスキーを送ってもらい、北城小学校では訓導によってスキーの指導が始められたばかりだから、村人達にはスキーはまだ珍しかった。

「翌一四日は、朝から少し薄曇り。気温も高く、気になる天候である。白馬尻までは勾配が緩く、シール無しで登り、北股は夏季の登山路を顧慮せずに進む。この日の野営地御殿場に着き、天幕の周囲を雪壁で囲む。夜深く雨となり、雪質はスキーに不適となった」

黎明、雨はやんだが高温。灰白色の雲一面。この日の雪渓は雪崩の危険があると判断し、付近の高地で演習しようと軽装で出発。無意識に左手の杓子岳の山稜を登る。右方は断崖、左方を迂回し、前方に鑓の尖鋒を目がけて登る。高度は雪渓の最高端と同じ。天候は険悪、雪面の凍雪はスキーの範囲を脱し、アイゼンの領域だ。しかし今日は登高練習と登路偵察が目的だ。アイゼンを野営地に置いてきたことを後悔した。風はゴウゴウと怒号と叫喚を伴い、一行は寒さで歯をガチガチ鳴らす。

「吾々が少なくとも白馬連嶺の一角に立ちたいと執拗に固執するのは、そこより深き黒部の大峡谷を隔てた、かの立山、剱の大障壁、及び北アルプス一帯の冬の何者の眼にも触れしめざるその崇高壮麗な感観を渇仰し、吾々の登高の精神の対象の姿を得んためである」（『登高行』第二年）

大島達は相談し、無念を岩壁のハイマツと岩片に残して下降に決した。

次に白馬を目指したのは、大正一〇（一九二一）年二月の早稲田大学の船田三郎一行だ。長走沢出合に幕営し、大雪渓から頂へ向かったが葱平付近で凍雪面に手こずり、引き返した。この翌月、こんどは学習院の波多野正信ら五名が、手違いで大町の対山館から四ツ谷の山木屋まで歩かされ、翌日はスキーで白馬尻手前の小屋で一泊。降雪後の雪崩が怖く、大事を取って下山した。

東京高師を卒業後、当時富山師範教諭をしていた内山数雄は、蓮華温泉でスキーの大家笹川速雄と合流し、四月二日午前四時半、雪倉岳の金山事務所を発って白馬頂上へ向かった。目的は大雪渓からのスキー滑降だ。峰にゴウゴウと鳴る凄い音を聞きながら懸命に努力し、雪の少しもない頂上に立った。天候がよくなり、西方は展望がよかったが、南方の槍ヶ岳方面は雪が多くて見えなかった。雪質はスキーにはもってこいだ。思うがままに滑走し、白馬尻まで二五分。天佑を喜びつつ下る途中、長走沢と中山沢のあたりに身の毛もよだつ雪崩が出ていた。

「ここまで来て雪崩で死んでは……」

と二人は注意しながら危険地を通過した。四ツ谷の人達は黒山のように集って、

「あれが白馬を越えてきた人だ。あの色の黒いのが」

と、ささやき合った。馬橇に乗って大町へ出る途中で、大町の山岳会の幹事手塚順一郎が歓迎し、三日前から迎えに出ていたという。

こうして大正一〇年、雪の白馬岳は、初めて登頂された。

北ヨーロッパのスキーは、古代においてアジアのアルタイ地方及びバイカル湖付近から発生し、その発達は北方住民の移動に伴って各地に流布した、という説があるがよく分からない。

日本のスキー発祥地は、ほぼ同時期に独立した二つの地から発達した。

一つは越後高田でレルヒが伝えたツダルスキーのアルパイン式であり、他は北海道札幌で発達したノルウェースキー術である。

明治四二年夏頃、当時札幌農学校でドイツ語の教鞭をとっていたハンス・コーラーによってスイスのチューリヒから一台のノルウェー式スキーが取寄せられた。彼は初めてスキーを見る生徒の前で、

「滑るために穿くものである」

と、いったという。そのスキーを真似て、数台作ったが、指導者がいないのでそのままになっていた。

大正五年に北大教授遠藤博士がノルウェーのスキー地を巡回して帰朝すると、北大の学生にスキーの指導を始めた。一方ではレルヒのコーチでオーストリア式スキー術も伝播されつつあったが、遠藤博士のノルウェースキー術がこれに変わり、ジャンプの練習を始める者もいたりして相方のスキー術が対立した。

その結果、大正一〇年頃から単杖のオーストリア式が次第に影を潜めてしまった。

本場のノルウェー式スキー術をいち早く導入し、北海道の山々に新しい足跡を印していった北大スキー部が、その研究と成果を広く発表するための雑誌が『山とスキー』で、加納一郎がその任に当った。

そしてこの雑誌は、北大、学習院、慶應、京大などの有力な執筆者によって新しいアルピニズムの指導的役割を果たした。

板倉が北大の『山とスキー』誌に発表した「登山法についての希望」という小論文は、それまでの伝統的、静的な登山の上に新しい動的な山の味わい方として、ロッククライミングとスノークラフトが現われてくるべきだ、と指摘したものだ。

「人力の及ぶ限りの確かさをもって、地味に小心に歩一歩とかためて行く時に、初めていままで夢にも知らなかった山の他の一面がジリジリとわれらの胸にこたえてくる。……山男にとってそれ

（動的な登山）は、それ自身人生なのであるから。動的な登山方法そのものが一つの創作である。……その時、山がいかに偉大に見えてくることであろう。いままで何度となく登った山さえ、全く異なった一面を示すにちがいない」

大島亮吉はこれを読んで、板倉の先見性と登山思想に感銘を受け、こう述べている。

「かの平板、微温なる山岳崇拝の踏襲的な登山思想より全く離れて、激しき山との闘いの悦びと、さらに自らが全く山と深く融け入って、はじめて山に対して抱き得る山の深い静的な味わいとの、この二つのものを交えて、ただ一途自己の個性を持してどしどしと山に登ってゆく板倉君のその態度には、確かに他のものをして感じさせずには置かない、強いインディビジュアリティと、あるもの静かな奥ゆかしさとを見出すことができるのではないか」

積雪期の槍ヶ岳に先鞭をつけた板倉を迎えた北大スキー部は、十勝、芦別、そして大雪山と北海道の冬山を次々に開拓した。日本山岳会の『山岳』とは別格の味をもつ『山とスキー』は、先鋭的登山者の間で歓迎され、槇有恒・松方二郎・大島亮吉・成瀬岩雄らが名を連ね、とくに大島亮吉は『登高行』に載せきれない原稿をいくつも寄稿した。板倉の一級下の松方は大正一〇年一月、仲間の山崎深造と畠山喜作を案内にして、スキーで燕岳に登る記録を立てている。

大正五年、大糸線の前身信濃鉄道が大町まで開通。糸魚川と松本を結ぶ千国街道（糸魚川街道）はかつて塩の道とも呼ばれ、牛馬やボッカ（歩荷）で塩や海産物、内陸の特産品を運ぶ主要道であった。大町宿は一大中継地として賑わい、善光寺道・戸隠道・山間の村々へ道が伸びていた。

百瀬慎太郎が経営する対山館は間口八間奥行十二間・切妻白壁総三階建。広い屋根裏（四階）まで

吹き抜けで、城の天守閣のような特異な宿屋であった。中学時代に山と山岳文学に親しんだ慎太郎は、

「私の宿屋稼業に得た有難さは、明治末期から恰度日本の登山の勃興期からの数多くの岳人に親しく接し得られたというのが唯一のものであった」

と述懐しているが、年々増加する登山者の身支度を整える一方で、質の高い山案内人の安定供給を考え、大正六年に日本最初の案内人組合「大町登山案内者組合」を設立した。

賃金は一日「先達（案内人）一円一〇銭、強力九〇銭」。背負荷は八貫（約三〇キロ）以内が当初の定めであった。登山者と案内人との間には強い友情も生まれれば、トラブルも珍しくはなかった。

三　積雪期への結集

大正一〇（一九二一）年九月、スイス・ベルンからの外電が、

「日本人青年登山家横巻某がアイガー登山に成功し、外人登山家を驚かした」

というニュースを伝えた。当時、スイス地方には槇有恒ならいるが、横巻という人に心当たりはない。そこでもう一度、yuko makiを考え直してみると、なるほどこれは　yukoがYokoとなり、makiと合わせると横巻という文字になるわけだった。

ヨーロッパ・アルプスにおける先人未踏の山頂は、一八六五年七月のウィンパーによるマッターホ

ルンの初登攀で終わりを告げた。後進の登山者には未踏の峰がなくなったため、このころから、ロッキーやアンデス、またはヒマラヤに向かう人達が出てきた。そしてアルプスでは新しい登山の分野が開かれた。いままでの登山家が最も容易な方面から登頂してきたのに対し、より難しい方面から新しくその山に登るという傾向が生れたのだ。

登山が盛んになると、登山案内の優秀な人達も現われ、彼らの力によって登山はますます微に入った。なかには案内人なしで登山する者も出てきた。さらに一方では冬期登山が新しく芽生えつつあった。夏季に登れる山が冬でも登れないわけはない、というのだが、まだその範囲は広くなかった。

こうした当時にあって、アイガーの東山稜は、ブリュックナー教授にいわせれば、アルプス中の最難と折紙をつけられていた。この山稜は、北面はグリンデルワルトの村に屹立、その壮大な威容に魅かれて試登した歴史は、もう五〇年にも達していたのであった。

アイガー東山稜初登攀を土産に、槇が日本に帰国したときの喜びは、だから大変なものだった。ここではその模様をいちいち記す余裕がないので、慶應大学山岳部大島亮吉の文章で、いかに大きな影響を与えたかの一端を回顧してみよう。

「大正十年の冬のはじめ、槇さんが帰ってこられたときはうれしかった。ぼく達にはその言葉の一つ一つが胸にひびいた。ことにその帰ったばかりのときに聞いた、ぼく達山岳会だけの歓迎会のときには全くうれしかった。そのときまで本を読んでいたアルプスのことや、本では分からないもっと実際のことなどがよくわかった。そのときまでは、さほどでもないと思っていたアイガーのオストグラートの登攀のことをちょっと話されて、ぼくはびっくりした。下りてから二週間ぐらいはまだ指先の感覚が回復しなかったと聞いて、その山登りの凄さを初めて知ったわけであった。……
槇さんも四年ぶりで帰って来て、ぼく達の会が外形的に大きくなっているのに驚かれた。……大正六年ごろには十人たらずの小さな会が、そのときはスキーに行っている者だけで、六十人以上もいたのだから。槇さんの影響は、ぼく達会には大きかった。ぐんぐんひびいた。……それにその当時は前にも書いたように、ぼく達の会には新しい登山法による山登りの新分野の展開によって溌剌たるものがあったから、そしてそのときは、丁度ぼく達に与えて下すった知識は非常に貴とかった。ぼく達はロープでつなぐことを本当に教わったのだ「その理由の技術についてのことともに、その使ううえの精神についても教えられた。その他数えればきりがないが、とにかく槇さんの帰ってからの影響はぼく達には大きかった。そしてわが国の登山界の上にも」

（山岳会を中心としての回顧『登高行』第五年）

慶應と学習院が兄弟のように一緒に山に登るようになったのは、スイスの山村で槇と知り合った松方の義兄黒木三次が、相方の仲を取り持ったのが、きっかけだった。

大正一一年（一九二二）三月、慶應は前年、アイガー東山稜で活躍した槇有恒（OB）をリーダーに、大島亮吉・佐藤文二・早川種三・佐藤久一朗達、それに学習院OBの伊集院虎一・松方三郎・松方義雄・田中薫が加わり、板倉勝宣の残したアプローチに従い、積雪期の槍ヶ岳に向かった。牧から入山して常念小屋に泊まり、槍沢の小屋に入る。降雪による雪崩を警戒して二日間停滞。板倉はかねがね、「年によって違うであろうが、三月中に入るほうが安全だ。……どうしても雪崩前に山へ行かなければ損である」

と忠告していた。

三月三〇日午前一時三〇分、小屋を出発。

「いま自分らの筋肉はすべて足趾から指先まで、血管はことごとくその末梢に至るまで、ただ登高の一念に向かって燃え立っている——その緊張した、尊い、意義ある生命の燃焼！」

大島のいうように、これこそスポーツとしての生命の躍動であり、心身の充実感でもあった。

学習院の田中薫は著書『氷河の山旅』（昭和一八年）の中で、当時を回顧し、

「ほのぼのと明け放れる蒼白い雪原の上で、初めて試みるシュタイクアイゼン。大島君がチャンバラ劇の流行のせりふで〝おのおの方、アイゼンはよく利くものでござる〟と子供のように跳ね回った姿が未だ瞳の奥に残っている。ザイルテクニックとかアイステクニックなどと云うものは、これから始まったのだ」

と書いている。槍ヶ岳登頂の素晴らしい喜悦は、さらに同時期、剱岳においても満喫された。一行は慶應の三田幸夫・山県正章・佐々木洋之輔・松崎義周・富辺国夫ら五人の別動隊に人夫四人のパーティーで、登頂には案内人志鷹光次郎が先頭に立った。

「剱は、ついに眼前わずかに剱御前を距てて、見るから雄偉な姿を澄み切った天空に高く聳立していた。大自然の鋭い鑿に抉られた黒金と白金の大峭壁であった。眩い許りに輝いた雪、砥ぎ磨かれたような岩壁、どの雪もどの岩もそうであった。五人はかくして荒れ狂う風の中に、ただ黙々としてここを通過し終った。その岩上には極度の緊張に凄壮な面持ちをした光次郎が、手を氷のごとく

して最後のTが通過し終るまで、少しも動かず足を頑張っていた。雪を払いつつ再び縄を静かに手繰る寡黙な、しかし勇敢な山案内……」

三田幸夫は、このように述懐し、志鷹光次郎を賞めている。やがて無案内主義の全盛はこうした優れた案内人を忘却させてしまったが、初期の登山における彼らの奮闘は長く記憶に留めておきたい。

とにかく、槇有恒の帰国を契機に冬季登山と岩登りは、その姿を鮮明に浮び上がらせた。未知の世界への憧憬は、物に感じやすい青年達をいやが上にも奮い起こさせ、より困難なものへと打ち向かわせたのであった。

「それにつけても岩壁のスケッチが欲しい。今はそんな余裕がなかったが、追々とこれから行かれる人も心がけて、色々の方面から見た尾根のスケッチや、岩壁の足場について研究していったら、かなりいい場所が出てくるだろうと思う。そしてこれらの岩壁をもつ尾根を結びつけて一つの行程を考えることができる」（板倉勝宣「槍の北鎌尾根」）

岩登りが今後発展してくることを洞察し、いろいろのルートやルート図の作成まで考えていた板倉は、実際の活動も素晴らしいが、思索の面でもすぐれた人であり、豊かな知性に恵まれたアルピニストというほかはない。

松方達三人が、北鎌尾根を登った二週間後、こんどは学習院高等科の波多野正信・岡部長建・内藤政道一行が、案内の中山彦一・下川隆夫を伴い、高瀬川東沢から東鎌、天上沢から独標に出て北鎌尾根に登った。ＯＢ組とは別に現役独自の登山だが、こうした一連の動向は、いかに当時の北鎌尾根がバリエーション・ルートとしての関心が高かったかがうかがえる。

ところで槍ヶ岳から下山した松方・板倉・伊集院達だが、田代小屋で慶應の早川種三・大賀道昺・渡辺三郎と合流して意気投合。前穂高でゆっくり山を眺めながら一日を過ごそうと、イギリス製のザイル一本と若千の食糧を携え、岳川谷に入った。見上げると、天狗のコルから二つのジャンダルムと奥穂高への鋭い稜線が空を斬っていた。六人の誰もあの稜線を通ったことがない。なんとかあの岩壁にへばり付きたくなり、天狗のコルに向かう。ジャンダルムを越え、第二のジャンダルム（現在のロバノ耳）に登り、奥穂はエスケープし、上部をトラバースして前穂との吊尾根に抜けようとした。急な雪渓をアンザイレンして下降中に一人がスリップし、六人が数珠つながりしたまま滑落。トップにいた松方だけがシュルンドに引っかかり、五人をぶら下げて停止した。一行は吊尾根でビバーク後、岳沢から上高地へ下りたが、松方はこの時のショックで肺を痛め、二年の療養生活を送ることになった。

「翌朝は昨夜の嵐も忘れた様にとケロリと晴れて呉れた。皆は一斉に岩の上へあがって見た。そこには何時もの平和な岩小舎を吾々は見出したのだ。前穂高も、奥穂高も、涸沢岳も、北穂高も、皆少しも変らぬ姿で親しげに吾々を取り巻いている。涸谷一杯を埋めた残雪が、麗らかな朝陽に清々しく反射する。そして皆が段々に持ち出して来た濡れた衣服の上にも、長閑な陽炎が立ち昇ってどんどんと気持の好い様に乾燥して行く。今日は一日休養しようという事に相談が決まる」

（三田幸夫「涸沢の岩小屋を中心としての穂高速峯」）

慶應大学山岳部は槇有恒をリーダーに、八月一〇日から二二日まで涸沢の岩小屋をベースに、岩登りの練習合宿を始めた。メンバーは鹿子木員信教授に佐藤文二・三田幸夫・早川種三・大島亮吉。そこへ岳沢から下りて来た板倉勝宣と伊集院虎一が合流して来たから大変な賑わいだ。

「大島は猿股一つになって例のトカゲをやる。トカゲっていうのは大島がその時分読んだアルプスの紀行かなんかの中にあったことから、それは日に暖められたその平の岩の上に、まるでトカゲのように腹這いになって背中を日光にあぶって、ねころんでいることを言うのだ」（前掲）

板倉は皆の中で一番汚いリュックザックから自慢の猿の毛皮の上着をとり出し、裏返して乾かしながら、早川に吹いている。

「おい、どうだい！ 此奴に匹敵するものを持っているかい？ 何と立派なものだろう。口悪の皆もこの滑稽な口調に思わず笑い出す。然し実際彼のそれは、彼の所有する山の道具の中で、後日また彼が手に入れた玲羊の毛皮のズボンと共に、嶄然として一頭ならず数頭地を抜いた逸品であった」

岩小舎の一日は、この三田の文章のように、かく伸びやかな会話から始まってゆくのだった。彼らはここに合宿して岩登りの練習をした。北穂高岳に直接取付く岩壁の登攀や、涸沢岳と北穂高の鞍部への登攀や、また奥穂高岳から前穂高岳を通って上高地へ行ったりして、愉快に過ごした。一番期待していた御馳走の係は調味も怪しい伊集院の当番だが、水汲みの労働も逃げたい連中だ。たまりかねた鹿子木先生が、鍋や、飯盒をぶら提げて出かける始末だ。山男の無精者の集まりに、さすがの先生も呆れたようだった。

夜、皆は岩小舎の前に並んで空を見上げる。透徹した空気を通して見た山上の星の眺めは格別だ。星空に気をとられているうちに、足許の涸沢は雲の波に押し寄せられてきた。突然、佐藤の声が聞えた。

「この雲がみな海綿に変じたら、それこそ莫大な価値のものだろう」振り返ると先生が微苦笑していた。八〇〇〇尺の高所に、みんなの夢は穂高の山神に護られて安らかであった。

スキー登山に少し遅れて、岩登りという近代登山が、日本に開花したばかりで、さてこれからという大事な時に、立山弥陀ヶ原の松尾峠で板倉勝宣が遭難した。

それは大正一二年（一九二三）一月一七日の真夜中だった。膝上に達するラッセルに三人は疲労しながら進んだが、不調の板倉はだんだん意識が遠のき、再び起き上がることができず、深い眠りへと落ち込んでしまった。

槇は板倉の肩を強く鼓いて、

「おい板さん、おれ達はヒマラヤで死のうと望んでいるのじゃないか。松尾で死ぬはずじゃないぞ」

と介抱しながら付添い、三田は立山温泉へ救援を頼みに別れた。それが最期の生別だった。槇に抱えられていた板倉の呼吸が変調し、深い息を三度吐いて、最後にガックリ首を落とした。

あとで検死に立ち会った医師は、板倉は生前すでに、顔面、両手、両股、両足を凍傷していたと告げた。板倉は正月に胃を害していたので、それが内在的な欠陥になっていたのであろう。

槇と板倉は、この冬に槍から穂高へ縦走を試みようと語り合っていた。この計画は、一年前から仲間うちで課題にしていたが、中間部に小屋場がないので、露営具を種々考えていた時、ある人から富山県庁の招待で、〝正月頃の弥陀ヶ原の雪の状態を見にこないか〟との話がきた。三田を加えた三人で行くことに決したのは、自分達の縦走計画への準備登山に役立つと思ったからである。あとで県庁との間には誤解があったと知ったが、板倉は県庁の仕事とばかり信じたまま死んだのだ。

板倉勝宣は若くして死んだ。しかし大島亮吉その他心ある多くの人達の胸に生きることができた。

加納一郎は、『山岳』十七年三号（大正一三年五月）に筆をとって、「板倉勝宣君を想う」を九ページに亙って書いた。その文中の、

「板倉君は、正しいアルピニズムを抱いていたところの真摯なアルピニストであった。そして彼の一生から山というものを除いたならば、ほとんど何物をも残さないのである」

との一節に注目したい。なんとなれば、ここに記されたアルピニズムの文字は、日本山岳会の会誌『山岳』に現れたきわめて初期のものではないか、と思うがゆえである。すでに大島は『山とスキー』十三号（大正一一年）において、「冬期登山とスキー登山との定義」のところで、早くもアルピニズムなるものに触れているが、これは移入したばかりの姿で、まだ日本のものではなかった。その意味では、「板倉勝宣君を想う」こそ日本における純正なるアルピニズムの公言にふさわしいものであり、板倉勝宣の面目正に躍如たるのである。

松尾峠の遭難については、槇有恒『山行』が詳しく、板倉勝宣『遺稿』は、板倉の三周忌の前に、わずか一五〇部が印刷されて親しい仲間にと分配された。『山と雪の日記』（昭和五年）は内容を変えて公刊したものである。

三月から五月にかけての高い山々はすでに登られてきたが、一月のそれは条件が悪く成功はむずかしかった。三月以降の山々には春の気配が感じられたが、一月の山は未だ真冬に置かれている。その間には著しい差異がある。三月から五月にかけての眠たげな太陽の暖かさのみを知った人は、一月の寒気を忘れてはならない。

それに上高地から槍沢へのスキールートは、季節によってそれぞれ違うのだ。

大正一三年（一九二四）一月三日、船田三郎・麻生武治・小笠原勇八は足場の不安定な丸太橋を幾度もスキーを脱いで渡らねばならないので、かなりの時間を費やして槍沢小屋へ入った。

一月六日。二日間の吹雪がぱたりと止んだ。殺生小舎にスキーをデポし、アイゼンを着ける。槍の肩は、いつも風が強い。三月、五月はただ冷風だけだが、一月は烈しい氷まじりの疾風の痛さと寒さに曝される。槍の岩壁の氷は花と化し、飛沫のごとく固着し、削磨された氷壁を誇示していた。

三月の穂先は容易のように記録にあるが、半時間余の登攀は緊張の連続であった。三月の頂上には未だ雪があったが、一月は固い氷に半ば埋もれていた。三月の日中の温度は高い。人々は雪の上に寝そべって安逸な時間を過ごせるが、一月の山は拒絶する。それは激烈な寒気であり、刺すように痛い氷粒の乱打である。

だがこれらあらゆるものが、みな登山者の求める生命への精進ではなかったか。

人間は若い頃、革新的な考えをもつものだ。大正二年創立した一高旅行部の「知合クラブ」がゲレンデスキーと低山趣味なのに反抗し、本格的な登山を掲げて「あざらし会」が発足したのは、大正末期であった。スキーにあざらしのシールを着けて高く登れ、という意味だ。その推進役の浜田和雄・関野武夫・塩川三千勝達は積雪期末踏の山をめざして活躍を始めた。

大正一三年五月、浜田・塩川と佐藤捨三は小渋川を遡行し、広河原からワカンとアイゼンで大聖寺平を経て赤石岳へ往復した。雪の南アルプスでは最も早期の記録の一つであろう。この時は歓迎を受け、麓の大河原小学校で講演を頼まれたというエピソードを残した。

「ここより下る雪渓甚だ急にして、上より見たる時と全く異なる。ロープを用い、ステップを切る。

落石の危険あり、霧来たりて見えず――急坂にして困難なり。正午に至りて半ば下れるのみ、落とせる一個のルックザックも探す能わず、漸くにして沢に下り、大沢に忘れしカンジキ惜しみたり」

全身雨に濡れながら鹿島槍の大冷沢を下った一行は、平村に出て一週間ぶりに人の顔を見た。

これは大正一三年七月、京都を発って後立山縦走を試みた三高。西堀栄三郎をリーダーの一行中、百瀬英一が三高の『部報』三号（大正一四年発行、ガリ版）に寄せた手記の一部だ。

同時期、同じ三高の渡辺漸リーダーの一隊は、立山、薬師、槍へ縦走し、今西錦司以下のメンバーは大滝山、蝶ヶ岳、穂高へ向かい三高健児の意気高らかだった。

大正一三年一二月二八日。晴

四人が信濃鉄道大町駅へ下りたのは丁度正午であった。雪は僅かに地上に積んでいるだけ、冬は未だ浅い。夏には賑やかな山の街も冬は寒さに閉じ籠り、軒並の暗さに冷たい色が濃い。幾度来ても見知らぬ人ばかりの町を抜け出ると、遮るものが無く、鹿島連峰の雪の峰に立ち塞がれる。頂は真白い爺から鹿島へ、さらに唐松のベットリと白い雪の量も高く深い山々には厚い雪の積み重りのあることを想わせた。

船田三郎・藤田信道・森田勝彦・小笠原勇八達早大山岳部の四人は、二手に分かれ、前後して籠川谷に入った。この日は畠山小屋に泊り、身を軽くして大沢小屋を見出す予定である。畠山小屋は山仕事に使われるので構造がしっかりして設備もいい。小屋には折よく布団もあった。

二九日。

今朝は寝過した。外へ出てみると雲が低く、雪になりそうだが、どうしても大沢小屋に行って小屋の存在と様子を確かめなければならない。扇沢に出たのがもう正午。森林から籠川谷の河床に出ると、雪はほとんど谷を埋めていた。蓮華岳の尾根からくる大沢に出た時は四時近かった。盛り上った雪を探しては突いて、ようやく僅かに露出している屋根を見つけ雪を掻き除く。夜が近い。夜を明かす決意をする。雪が終始吹き込んでくるので、ゴザを立てたり、吊るしたりして囲みを拵え、体を押し合って寝転んだ。真冬だ。厳寒の底冷えにみんな寝られない。


三〇日。吹雪。

昨夜の吹雪が今朝も続いているので停滞し、四人でプランを練った。最初に針ノ木岳と蓮華岳を登る予定にして所要時間を計算した。出発時間、休息時間、登高時間、それに積雪状態、天候変化を考慮し、四人という人数を有効とし、時間に余裕をもたせた。


三一日。吹雪後晴。

今日も雪だが、明るさが違う。雪が弱くなった。だが、もう一〇時だ。今からではとても山頂まで行けない。そんな計算はしていないから。

軽い粉雪へ滑り出し、登高練習しながらマヤクボへの分岐点近くまで往復する。

大正一四年一月一日。吹雪。

何時間待っても止みそうもない。

今日は元日だ。去年の元日は上高地だった。五千尺の常さんのもてなしが身にしみている。だが今日は何という変り方であろう。戸を開けて雪を掻い取って鍋に入れ、火にかけて水をこしらえる。夜となく昼となく、火のある間は誰かがやる。鬚は伸び放題だ。でも剃る必要がない。

夜の明けるのが遅い。そして冬の一日は暮れるのが早い。


二日。吹雪。

午前二時、起きて外へ出た。真っ暗だが雪が止んでいる。今日こそ、雪の長大な谷を登るのだ。だがそれも束の間、また雪になってしまった。藤田と森田は食糧補充のために畠山小屋へと下りて行った。

「雪はどんなだったい。深くて苦しかなかったかい？」

「いや吹かれたが、大したことはなかった」

雪にまみれた背中のザックが膨らんでいた。


三日。吹雪。

午後になって雪の中を練習に出かけた。だが雪がひどく吹きつけ、早く切り上げる。何時まで続くか予想出来ない吹雪よ。

四日。雪後晴。

午前二時、雪は降っているが、不思議に風が止み、ほんの思わせぶりの降り方だ。

「よし、行こう」

木立を出て針ノ木雪渓へ出た。出立が遅れたので休みなしの登行を続ける。マヤクボの分岐点を過ぎると谷は傾斜を増し、雪が深い。予想時間より早く峠に着いた。

なんという素晴らしい真冬の山々の大観であろうか。山はみな鋭い白刃のように凄い輝きだ。槍ヶ岳の頂には錐状の黒雲が搦みついていた。雲が所々巻いている。

蓮華岳と針ノ木岳のどちらに行くかを語り合い、ここでアイゼンに穿き替え、針ノ木岳へ向かう。雲霧の動きが烈しい。鋭いアレート、慎重な確保を繰り返し、船田が先頭に立つ。頂上は雪に積み上げられた高まりであった。黒部の谷は深い。スバリから鹿島へのアレート、幾つもの低みを隔て、四人が立つ二八二〇メートルの山頂だけがもっとも高いように見えた。

「帰ろう」

一〇分して頂を去った。山々はすでに夕陽に陰っている。スバリの肩から剱が覗いていた。

立止まって明るい夕陽をまともにうけて、振り返った友の顔は輝いている。

五日。雪、後晴。

今日は山を下る日だ。ザックは軽い。来た時より雪量が増した。粉雪にまみれて直滑降、谷から林間へと折れる。

「やあ、今帰って来ましたよ」

誰か村人に、そう告げたい気持ちだった。

山麓の根拠地から嶮しき山頂に達し、ふたたび同じ経路を辿って根拠地へ戻る。そしてさらに他の山頂へ向かう。根拠地を中心にその周囲を繞る幾つかの山頂を順次に登攀する放射形登山は、発足したばかりの日本のスキー登山では好ましかった。

第一回の大沢小屋生活は、厳冬の針ノ木岳スキー登山のためだった。針ノ木岳など、それらの後立山山脈の登山は、夏期においては若い学生達の興味の対象ではなかった。大沢小屋を中心にして冬期の放射状スキー登山を初めて計画したのは、船田三郎だ。

小屋に着くまでに面倒な前山を越える労力が必要ない。針ノ木雪渓でスキー練習をしたり、針ノ木岳やスバリ岳などの登攀ができる。さらに厳冬の大沢小屋、平小屋、立山の小屋を連結して新しいルートを得られる日も遠いことではあるまい。ただ大沢小屋が不完全で幾分障害といえるが、努力すればなんとか解決出来ることだと希望を持った。

その肝心な希望が意外に早く実現した。大沢に対山館の手で新しい小屋が増設されたという知らせだ。森田勝彦が準備の第一として、燃料のこと、出来るならばストーブを持ち上げたいと交渉した。百瀬慎太郎の好意で、燃料についての営林署の許可、暖房装置のこと、小屋の標示用赤旗などが整った。さらに一一月下旬、四谷龍胤と藤田信道が上高地からの帰途、その後の様子を聞くと、米・味噌・その他の食糧、薪も充分準備してあり、高さ三尺のストーブも上げられ、しかも一〇枚の布団まで荷上し、対山館の力の入れようは大変なものだ。

小屋は木造平屋建て、板葺、間口三間、奥行四間。ほかに勝手口があり、小屋への入口は下流に向かった窓が開くようにしてあるという。

惨めな一〇日間、貧しい防寒具にくるまって吹き込む雪に眠られぬ夜を過した第一回大沢生活に較べると、大正一五年第二回大沢生活は、別世界だった。そして吹雪の合間に懸案のスバリを登った。蓮華も、また針ノ木岳北尾根も。

早大山岳部の積雪期への志向は、大正末期から穂高にくりひろげられたが、それは後立山の一角、大沢小屋によって定着したといえるだろう。

山を想へば人恋し
人を想へば山恋し

百瀬慎太郎の遺稿『山を想へば』の中に、大沢小屋のことが、こう書いてある。

「スキーが穿ける様になったという嬉しさで、其の年が明けた大正一二年の一月、大沢小屋まで行こうという事になって、伊藤孝一氏は名古屋に帰って改めて準備をととのえてやって来た。一七日、厳冬の籠川谷へむかってあっぱれスキー登山者の様な心持で進発したのであるが、たった一週間の練習で体得した技術では中々覚束ない。どうやら途中一泊で大沢小屋往復はしたものの、帰りの滑降では散々な体たらくであった。然しこの小さい試みが雪山の一端を窺いた事によって、次に大それた計画が企てられた。それはその年の二月、冬の立山、針ノ木越えとなって実行された。あたかもこの一月、槇さんや板倉さん、三田さん達が立山で遭難され、板倉さんだけは遂に松尾の坂で凍死された悲報が伝るや、これは登山界ばかりではない、世界に大きなセンセーションを巻き起こした時であった。

冬の立山、針ノ木越えは、伊藤の企てた壮挙ともいうべく、主に活動写真撮影が目的であったので、約一か月の日数を要したが、この行の思い出は誠に楽しいものであった」

後立山方面の登山者、日数を要する縦走の準備はみな対山館で調えた。登山者の計画に従っての案内人の選択から食糧、草鞋、カンジキ、杖に至る一切を手際よく調え登山隊を送り出すのが館主の百瀬であった。

彼は、冬季登山はなんといっても若い時代の体力と熱情がなければ出来ない仕事であると。このころがクライマックスだったといっていた。

煙い小屋でも　黄金の御殿、早く行こうよ　谷間の小屋へ
雪よ岩よ　われらが宿り、俺たちゃ　町には住めないからに

学生達は声高らかに青春を謳歌した。泥臭い社会と隔絶し、純粋に生きようと試みた。山は美しく、清らかな聖地だ。そこに俗人達がドカドカ踏み込むのを極度に嫌った。自分達の純粋性を守ろうとし

た。自ら信ずるみちに徹しようと念じた。ただ山に向かい前進することにのみ生き甲斐を求めたのである。

四　アルピニズムの登場

人が近代登山にふれるとき、そのままアルピニズムと直結する傾向があるので、ここで日本に導入された前後のヨーロッパ事情について、少し考えてみたい。

ルネッサンスの初期を飾るイタリア三大詩人の一人ペトラルカは、一三三五年四月二六日、フランス・イタリア国境のヴァントウ山（一九一二メートル）に登った。しかし、だからといってこの登山を近代登山の発祥であるとするには、いささか疑問がある。それは山の標高が低いからだけではない。アルピニズムの起源をどこに求めるか、ということは、人間活動の他の大潮流のようにきわめて曖昧模糊としているが、近代とその以前とを区分けするためには、近代科学精神と宗教性の有無をもって判断しなければならない。ペトラルカの紀行文には多分にルネッサンス的な一面がありながら、人間の生死にふれた宗教的なものの考え方が強いのである。この意味では、一四九二年六月二六日のモンテギーユ（針の山）登攀も中世的登山として解明しなければならない。モンテギーユ（二〇九七メートル）は、グルノーブルからリュズの峠に通じる大街道から見上げられる岩峰だが、フランスのシャルル八世は、ドンジュリアンの領主アントワーヌ・ド・ヴィルに登ることを下命した。彼の登山は城砦攻撃のように巧妙な方法と装備で成功し、まさにロッククライミングの始まりといわれるが、その目的は山頂に聖母ノートル・ダームの祠を建立するためであったので、やはり宗教的登山に含めざるをえない。

ペトラルカからおよそ二〇〇年ばかりあと、一五一一年ごろになって、同じイタリアの大芸術家レオナルド・ダ・ヴィンチがアルプスの諸峰に登っている。この中のモン・ボゾという山は、いまのモンテ・ローザではないかと、アルピニズム史研究家の間で議論を捲き起こしたことがあるが、いかに大天才のダ・ヴィンチでも、当時の技術をもってしては不可能であろうとの結論で、モンテ・ローザの前山、モン・ボゾ（二五五六メートル）に登ったことになっている。彼の登高覚え書には、まったく宗教的なものがなく、雪とかアラレといった自然科学に関した内容があり、これこそ真正な近代的登山の創始であるといえる。しかしながら惜しいことに、ダ・ヴィンチのあまりにも超時代的な孤立的先駆者からは、直接の影響を生むことはできなかった。ヨーロッパの近代登山が画然として一つの風潮を起すには、いましばらくの年月を与えねばならなかった。

近代アルピニズムの起源となり、その原動力となったのは、近代自然科学である。悪魔や竜の棲家として恐れられていた山へのアプローチを開発していったのは、科学の恩恵であった。

イタリアに発現したアルピニズムは、やがてスペインに、フランスに、オーストリアにと次第にヨーロッパ各地にひろがっていったが、スイスではまだ高山に登った記録はなかった。それが最初に現われたのは一五一八年、ヨアヒム・フォン・ワットがグネップシュタイン（一九二〇メートル）を登った記録だが、このワットに前後して、スイスから近代登山の二人の先覚者ともいうべき人が出たことは、特筆しなくてはなるまい。コンラット・ゲスナーとヨジアス・ジムラーがその人で、二人とも科学者であった。

ゲスナーはワットと同じように、グネップシュタインを手初めに四近の山々を盛んに登ったが、友人に宛てた文章で他の人にも登山を奨励しているところは、当時としてはまことに画期的といわねばならない。ジムラーはゲスナーと同じくチューリヒ大学の教授をしていた。登山経験はゲスナーほどではなかったようだが、一五七四年に有名な『アルプス回想録』（*De Alpibus Commentaris*）という、最初の登山術の本ともいえる著作を出している。この書物は、山を旅する人達にとってはきわめて貴重な手引き書となった。ロープやクランポンの使い方、雪崩やクレバス、地質学、芸術その他の問題を取扱い、山の古文献では随一かと思う。こうしてゲスナーが登山の快味と美点を宣伝し、ジムラーがアルピニズムを奨励したことは、当時のイタリアやフランスの登山熱がさほどでもないときに、スイスのみが断然頭角を現わし、高峰に登り出すという奇観をつくったのである。

学問の発達につれて、迷信や妄信は少しずつ影をひそめ、山は物となり、自然研究の対象ともなったが、登山が社会一般の流行となり、勢力をもつようになるには、まだそれだけでは不足であった。つまり予言者が出なくてはならない。

ディドロ、ダランベール、ジュネーブに近いフェルネイに住むヴォルテール、そしてジュネーブの著名な市民、ジャン・ジャック・ルソーがそこで登場する。とくにルソーの名は、登山発達史の上で忘れることはできない。「自然に還れ」の有名な合言葉は、世界史の上に大きく作用したが、彼の麗筆によって多くの人たちは、自然ごとに未開の自然の美しさを味わい知った。それが都会人を山へと駆りたてる原動力になったことは実に大きく、ロマンチックなものの考え方が支配した。

こうしてヨーロッパの登山は急激に発達した。ティトリス（三二三八メートル）は一七四四年、エンゲルベルクの農夫四人によって登られたが、十八世紀の勇敢なパイオニア達には僧侶が多く、幾つもの初登頂をかちとった。とくにベネディクト会の僧侶、プラシドゥス・ア・スペシアは十八世紀の終期から東部スイスで次々に輝かしい登攀をし、後年T・グレーアム・ブラウン教授をして「おそらく真の登山家の名に値する最初の人」とまで激賞させた。ヨーロッパ・アルプスの峰々で、十八世紀前半で初登頂されたもの三峰、後半で二二峰（このなかにモンブランの初登頂がある）、十九世紀前半が九二峰、後半で五〇〇峰以上という数字には、いまさらながら驚きの眼をみはる。これほどに登山が流行したのは、市民社会という安定した地盤があったからこそであり、ヨーロッパ人の植民地征服にからんだ冒険精神と、生活の繁栄も影響していることは見逃せない。

乱世につぐ乱世の中国に登山の発達がなく、一種の市民社会が形成された江戸期の日本において、意外なほど登山が栄えたことはこれを裏書きするであろう。

ヨーロッパの最高峰モンブラン（四八〇七メートル）は、十七世紀の地図に「呪われた山」と記されている。この山の名が初めて記録に載ったのは、一〇九一年だという説があるが、これはどうも古くてはっきりしない。近代登山への種子を植えつけたのは、さきにも述べたようにゲスナーであるが、これを広く西部ヨーロッパに撒布したのは、ジュネーブの自然科学者ド・ソシュールの功績である。彼は少年時代から深く山を愛し、山地を逍遥したが、とりわけモンブランに魅かれ、一七六〇年、シャモニ訪問のおり、登路の発見者には賞金を与える旨を掲示した。

およそ登山史上、一山岳の初登頂をめぐるドラマでは、一七八六年七月一四日のモンブラン初登頂に比較しうるものはない。モン・ブランの初登頂は、近代的登山の本格的開幕を告げ、アルプスの峰頂が次々に登攀される端緒を作ったことに重大な意義があるが、この初登頂に絡んだパッカール対バルマーの問題解決に乗り出したフレッシュ・フィールドの異常なまでの執念は、その後日談になる。

五　登山の金と銀の時代

登山史上においてアルプスの高峰初登頂の業績は、イギリス人によって占められるという観念は少し誇張のきらいがある。もっともそれには理由のあることで、第一のものは、一八五〇年以前の重要な峰の登頂がいくらか稀少的な興味に思われるからであり、第二の理由は、イギリス山岳会が世界最古の山岳会であるため、登山の創始者はイギリス人であるかのような印象が社会一般の中に残存しているからであろう。

しかしながら、一八五〇年代からはじまる「体系化されたスポーツ的登山」の画期的時代にいたる以前には、スイスの登山家達が一番活躍したのである。アルプスを郷土とした地方の人たちは、高峰へのパイオニアであった。ユングフラウ、ヴェッターホルン、ラインヴァルトホルン、ピッツ・ベルニナ、グロースヴェネディガー、グロースグロックナーといった著名な山々が、イギリス山岳会設立以前に、ヨーロッパ大陸のアルピニスト達によって登頂された。

アルプスへのイギリス人先覚者としては、J・D・フォーブスを第一人者に挙げることができる。彼は一八四一年、ユングフラウの第四登（スイス人以外の外国人では最初の登頂）をし、翌年にはコルディランを越し、シュトックホルン（三五九二メートル）を登ったが、これはイギリス人の最初の初登頂記録を意味した。ようやくアルプスに登場したイギリスの登山者に対し、フォーブスよりも積極的な影響を与えたのは、「イギリス登山界の父」と呼ばれるべきジョン・ボールであった。彼は登山家であると同時に名声ある政治家であり、真摯な科学者であり、大旅行家としても知られた。一八五四年、イギリス人では最初のグロース・グロックナー初登頂をし、一八五七年にはドロミテのモンテペルモ（三一六九メートル）に初登頂したが、同峰はドロミテで最初に登頂された巨峰といわれる。

一八五七年一二月、E・S・ケネディを議長とする世界で最初のアルパイン・クラブが設立され、翌年三月、ジョン・ボールはそれまで空席だった初代会長に就任すると、最速に年報の発刊を計画した。『アルパイン・ジャーナル』の前身『峰・峠・氷河』（*Peaks, Passes, and Glaciers*）を編集出版したのは一八五九年であり、六三年には彼の著『アルパインガイド』の第一巻『ウェスターン・アルプス』(*Western Alps*)が始めて刊行され、後進者へのよき案内書となった。

E・S・ケネディは、ジョン・ボールに次いでイギリス山岳会第二代の会長に選任され、「黄金時代」直前の数年間に最も活躍したが、とくにガイドレス・クライミングを実行した最初の登山者として特筆しなければならない。

登山の黄金時代は、アルフレッド・ウィルスのヴェッターホルン(三七〇一メートル)の登頂ではじまり、ウィンパーのマッターホルン(四四七八メートル)でその幕を閉じたといわれている。ウィルスがヴェッターホルンの登攀を書いた『アルプス逍遙』(*Wanderings among the Alps*,1856)ほど、登山の普及に与えた影響の大きなものは、他にあまり例がないが、それがいささか誇張されているという意見への支持者もいる。

ケネディの登山経歴は、彼のケンブリッジ大学在学中の一八五四年から一〇年間でだいたい終わっているが、第一年目に当たる五四年には案内者を連れずにエギーユ・ド・ブレティールの登頂を試み、五五年クライネ・マッターホルン(三八八六メートル)とモンブランにガイドレス・アッセントをし、五七年にはジョン・ハーデイとともにブリステンシュトック(三〇七四メートル)でもそれを行ない、下降は夜間となり、一部を新ルートへ下った。ケネディは、ウィリアム・ロングマンが『近代的登山及び英国山岳会の歴史』を執筆するさい、自己の登山表を送ったが、それには「案内者と共に」と「案内者なく」の二項目に区分けがしてあり、「案内者と共に」は二記録にとどまっている。

登山の銀の時代とは、マッターホルンの登頂以後、一八八二年、ダン・デュ・ジェアン（四〇一三メートル）双頭峰の初登頂までについて、イギリスのパイオニアが便宜的に区分したものである。ダン・デュ・ジェアンがなぜ重要なのかというと、これには二つの大きな理由を挙げなくてはならない。その一つは、それまでアルプスに残されていた最後の巨峰の城明け渡しという意味だが、もう一つの理由にはもっと強烈な追力がある。

すなわちそれは、これまでの一時代の幕を閉じ、人工登攀の到来を告げる新しい夜明けであった。

この銀の時代においてイギリス山岳会が不審の眼で見られたのは、ガイドレス・クライミングに対する無理解であったことは残念だ。ことの起りは、F・C・クローヴが、A・G・ガードルストーンの書いた『案内なしのアルプス登攀』（*The high Alps without guides: etc,1870*）を重大問題としてとりあげた論文をクラブの集会が記録し、むずかしい登攀でガイドを伴わないこと、とくに未熟な登山家達のパーティーがガイドを伴わないことはいけない、というような見解の広報を満場一致で決めたことにある。

この決議は一時の錯誤であったにせよ、ケネディィ、チャールズ・ハドソン、C・スマイスや、A・T・パーカー、S・S・パーカー、C・S・パーカーの三兄弟などはすでに無案内登山の信奉者であり、一八五八年にも、ジョン・ティンダルがモンテローザに単独登攀をした記録などを隠すには、あまりにも悲しむべき決議であり、誤解を招いたのであった。

一八八二年、ダン・デュ・ジェアンの双頭峰が、数日の間隔をあけて別々のパーティーによって登られてしまうと、新鮮さを求めるパイオニア達は、未踏の山稜や、もはや未登の処女峰ではなくなった峰の岩壁、あるいは登頂後にようやく命名されたような比較的大きな峰をとりまく衛星峰といったピナクルに眼を向けなくてはならなくなった。そしてそれを示唆したのはほかでもない、ダン・デュ・ジエアン双頭峰の一つに凱歌を挙げたセラ四兄弟と、マキニャ三兄弟の前衛派とでもいうような登攀の方法なのであった。マキニャ兄弟は、セラ兄弟の登攀に先行し、四日間もかかって岩にピトンを打ち込み、ロープを固定したりした。こうした新しい登り方こそ、人工登攀の可否をめぐる、はげしい論戦への口火でなくてなんであろうか。

銀の時代と銀の時代の直後に、オーストリア人とドイツ人は、無案内登山に大きな刺激を与えた。他のいかなる国の登山家達より、ドイツの登山家達は単独登攀を好んだ。バヴァリア生まれのヘルマン・フォン・バルトは、「われにつづく者は、死を覚悟せよ」と戦慄させたが、W・レーナーは有名な『アルプス征服記』(*Die Eroberung der Alpen*,1924)の中で「戦闘の叫び」と的確に評した。ときには登山と戦争を同一視するドイツの若い登山家達には闘争本能が強かった。エミール・ツィグモンディは、一八八〇年代の独墺(ドイツオーストリア)登山界における最も偉大な天才的登山者といわれた。彼はすばらしい岩登りの名手であるばかりか、各種の技術と知識にも熟達したが、不朽の名著として知られる『アルプスの危険』(*Die Gefahren der Alpen*,1885)上梓の翌年、全アルプス中の峻峰メージュ南壁を登攀中に死んだ。この遭難は、登山史上での一つの転回点を示すものなのか、無案内登山に対する非難に一拠点を与えるものなのか、という問題を提起した。

一八八〇年代のドイツ登山界には、またひとつの彗星が瞬時に飛び去っていったその不可解で謎の登山者こそ、ゲオルク・ウィンクラーである。誰でも、彼の登山経験に驚嘆しないではいられまい。わずか一一歳で登山の洗礼をうけ、一〇代の若さで死ぬ短い生涯にのこしたこの大胆不敵な単独登攀者の名は、ドイツの北カルクアルペンに、チロルのカイザーゲビルゲのトーテンキルヒルに、ドロミテのファヨレット・テュルメや、サッス・マオールに初登攀を記念したウィンクラーカミン、ウィンクラーツルム、ウィンクラークーロワールといったような名称にまで刻まれて今日もなお生きている。

もし彼がいま少し長生きしたならば、ノルトアルペンの寂しき星であったヘルマン・フォン・バルトと、ヨーロッパ大陸におけるアルピニズムの典型的な、理想的な闘士であるエミール・ツィグモンディの立派な後継者になったであろうと、エーリヒ・ケーニヒが記している。彼がいかに岩壁登攀に卓抜していたかは、一八八七年の夏、ドロミテの岩塔の数々をともに登攀した有名なロベルト・ハンス・シュミットさえ「私はもうこれ以上ウィンクラーと一緒にはいかない——彼は私にとっては余りに大胆過ぎるから」と真実を吐いている。

登山の「黄金時代」をエドワード・ウィンパーの『アルプス登攀記』(*Scrambles amongst the Alps*, 1871) が代表しているとするならば、「銀の時代」を代表するにふさわしい作品は、A・F・マンメリー(一八五五〜一八九五) の『アルプス・コーカサス登攀記』(*My climbs in the Alps and Caucasus*,1895) であろう (マンメリーは、現在は「ママリー」と表記されている。筆者は本邦初出の「マンメリー」に長年馴染み、強くその影響を受けて育ってきたので、ここではあえてそのまま使わせていただく)。

マンメリーは、ウィンパー以上に時代を象徴するアルピニストだといってもいい。ウィンパーのあのドラマチックなマッターホルンへの執念は、多くの読者を登山愛好者に仕立てるにはまことに力があったが、しかし彼の狭量と経歴の程度では一つの流派を興ずることもなく、取り付くすべのない巨巌で一生を終わった。

マンメリーは当初、周囲からまるで異教の創始者のように見られたが、自ら正統派をもって任ずる人びとの疑惑には活発に論争し、その疑惑に正面から答えつつ、新しい主導的唱道者の地位をしっかりと確立したのであった。より高くより困難な高度の登山の実践というういままでにない鮮明強烈な光と熱、流動強靭な風と力の世界を切り開いていった。新しい登山の興味と、困難な登山の探求が人々の前に展開した。彼は革新者であり、指導者であった。彼の強い個性は、アルピニズムの歴史に新しい息吹を与えた。アラン・ド・シャテリュスがいうように、「マンメリーの書物は、次の世代の人々の中に、たくさんの門弟を生んだ。それはおそらく、彼の生国よりもヨーロッパ大陸の峰に多かった。一九三〇年までアルプスの精鋭を形成していた、偉大な個人主義者達は、全部、多かれ少なかれ彼の影響をうけていた」のである。

マンメリーがはじめてアルプスの高峰に接したのは、一八七一年、一五歳のときだった。S・スティーヴンや、A・W・ムーアと入れ違ってアルプスに現われたマンメリーは、マッターホルンやシャモニのエギーユの登攀に打込み、マッターホルンのツムット稜やグレポンの初登攀に成果を挙げ、一八九〇年にはコーカサスに赴き、最後は一八九五年、ナンガ・パルバットに遠征して彼の地に逝った。

マンメリーは、行き詰まったといわれたアルプスには、まだ無限の領域が残されていることを実証した。登山の真髄は、前人未到の地を求めていくことにあり、山の持つ危険に直面し、これを克服することこそ登山者に与えられた絶好の試練と信じた。

モンブランの初登頂以来ここに一世紀、登山界はようやく自己批判の時代に到達し、一方ではエミール・ジャヴェルの山岳論が台頭し、他方ではマンメリーの闘争的登山論が傑出したのであった。

早大OBの小島六郎は「アルピニズムとは広い意味に解釈して一言でいうなら、スポーツとしての登山の心である」と『世界山岳百科事典』(山と渓谷社、一九七一年)の中で述べている。さらに、

「だが、アルピニズムはその後の登山の進歩と発展、あるいは変化によって、次第に具体的になってきたことを見逃すわけにはいかない」

と言及し、

「山があり、人間がおり、その人間が自然のもつ美しさ、強さにひかれ、そこにスポーツ性を求める限り、アルピニズムはおおらかに存在するに違いない」

と結んでいる。

同じ早大出身の書上《かきあげ》喜太郎は、雑誌『アルピニズム』創刊号(一九三二年)に「アルピニズム」と題し、

「山に対する技術的研究、芸術的苦心、哲学的思索、登山の大衆化運動、山を中心とした束をアルピニズムなる言葉に包括し、それを統一ある価値の束とするために吾々は力を併せて努力しようと思う。雑誌アルピニズムの使命もまたここにあると思う。

なぜ山岳道といわずして、アルピニズムというか。一つにはより包括的なる語義の便を採るゆえ

である。またアルピニズムは単なる英語ではない……」
と叫んでいるのである。いずれにもせよ、アルピニズムは近代登山を支える一大思潮だ、といってよいのであろう。

日本山岳会の創始者達の活躍に日本アルプス開拓のピーク・ハンティング時代がようやく行詰まりを見せているとき、この沈滞した時代の空気を打破して「スキー登山」と「岩登り」を基底とする近代アルピニズムは、清新の息吹を充満させながら登場した。この重大な転換期にふさわしい指導者は、いまや生まれなければならぬ。それはやがて現れ出でようとする新しい登山の姿を、明白に画き出し、進むべき道をはっきりと指示してくれるような、豊かな才能を持った人物であって欲しいのだ。

平成の現在、わたし達が登山として考え、信じ、実践しているもろもろのことは、実はこの年代に直接的つながりをもっている。明治は遠くなりにけり、とうそぶくことは許されても、大正末期から昭和初期にかけて展開し、発達してきた、いわゆる近代登山の黎明期まで巻き添えにすることはない。

そのような意義で、ここは少しく詳述した方がいいように思う。

槇を迎えた慶應大学山岳部は、翌大正一二年から積極的な行動を開始した。すなわち、同年三月、積雪期槍ヶ岳登攀を目指した。槇リーダー以下、大島亮吉・佐藤文二・早川種三・佐藤久一朗・伊集院虎一・松方義三郎・松方義雄・田中薫の一行は、三月三〇日、ついに登頂に成功することができた。板倉勝宣の貴重な二回の経験がものをいったのだ。とくに、「年によって違うであろうが、三月中に入るほうが安全である――どうしても雪崩前に山へ行かなければ損である」という言葉は、充分に裏付けられた。大島亮吉はこの登高記録の中で、感激をこのように綴る。

「そしてまた、このアルペンの偉大な峰々のその岩角に、擦りへった栄あるザイルに自らを結んで、相信ずる友と共にこのそそりたった氷と岩の尖峰に、フルに闘わんとするいま、自分は自らに対してある一種の誇らしさを感じたのであった。皆ザイルを各々左手にたぐめもち、右手のピッケルを雪について再び肩への急な雪面を登り始めた。……

ただ氷と岩とのシュピッツ。その鋭い穂先の凍れる岩と、硬き氷との登り。強い緊張が九人のクレッテラーのあらゆる筋肉をつかんだ――先登の振うシェンクのピッケルは朝の光りにきらめいて、新雪を蔽うた硬い氷の面に、ひとつひとつ静かに刻まれてゆく――氷面に深くささる八つのツァッケの異常な感触――先登にあってザイルを引きしめて頭上を攀じ登りゆくクレッテラー（注：槇リーダーのこと）に備え、待つ時の緊張しきった意識。いま自分らの筋肉はすべて足趾から指先まで、血管はことごとくその末梢に至るまで、ただ登高の一念に向って燃え立っているのである――その緊張した、尊い、意義ある生命の燃焼！」（「三月の槍ケ岳」『登高行』第四年）

「避け得らるべき雪崩の道と、耐え得らるべき努力によるグラートとの二つの通路をのみ与えられた時、後者を取るのがもっとも当然の道ではなかろうか」といわれたＭ氏（槇であろう）の言葉が、急に力強く脳裡に閃いた。自分はただこの言葉を想い出しただけで、岐路に立った不安から釈放されることを得た。自分を除いた五人の者は、皆黙せるままに剱の岩壁に向い、その各々の視線は烙きつけられたごとく、雪と岩とのその鋭きグラートに向って投げられた」

三田幸夫は「春雪の立山と剣岳」と題し『登高行』第四年の一編で、このように述懐し、なおも、「そしてただ勇敢にも独り腰に縄を巻きつけたまま、岩壁を横に伝って登路を求めに行った光次郎の合図を、いまかいまかと待つのみであった。風が薄く切り削がれて、いまにも崩落しそうな岩の雪をはたき落しながら気味悪い唸りをあげる時、体は思わずグラグラと揺れるのを感じた」

六　北鎌尾根

大正一一年（一九二二）七月、槍ヶ岳北鎌尾根の登攀をめぐって、一つのニュースに湧いた。それは、マッターホルンの初登攀を争ったウィンパーとカレルの物語に似せて、日本のマッターホルンといわれた槍ヶ岳の北鎌尾根初登攀（実は大正九年に松本市の土橋荘三《つちばしそうぞう》らによってトレースされていたのを、ほとんど知らないでいた）が、さも山の早学戦《そうがくせん》でもあるようにはやし立てたことで、当時のジャーナリストは罪つくりなことをしたものだ。ここでは初登攀かどうかはそれほど問題ではなかった。未だ人の触感を知らない未知の山稜から頂上へ登ることによって、より大きな登攀のよろこびを味わい、深く静寂な山の気持ちに浸りたい、という心の高騰が一番重要なのだ。考えてみると、槍ヶ岳はその昔、ウェストンと日本アルプスを結び、いままた積雪期登山と岩登りの発祥にきわめて大きな役割を演じたのである。それでは北鎌尾根がどのように登られたか、もう少し眺めてみることにして、最初は早大側から舟田三郎の記録を持ち出そう。

「未知な山稜へのプルミエール・アサッションヌただ自分と友のエネルギーを唯一の力として、アルプにおける歴史の一行を記する自分達としては、大きな仕事のように思われる岩登り山稜へのエスカラード、しかも同じ日、同じ山稜にその初登攀のよろこびを他の山のカラバンヌ案内者喜作を連れた板倉氏の一行を争わんとしたのです。正直にその時の心持ちには、初登攀ということに駆られて気は張り切っていました。麻生とは幾度かサンギードというアルピニズムの一つの形式のために、またその形式による自分達のカラバンヌのために、案内者により導かれてくる板倉氏一行に、この山稜の栄誉をば断然明け渡さないことを誓い合った。

人間の触感を未だ知らない山稜は、自分達の心を惹きつけてやまなかった。そしてその嶮しき山稜が腕と脚とを用い、自分自身の努力によって初めて拓き得るエネルギーの道場であり、また山岳であるならば、その嶮しき山稜に立つこととて、自分自身の心の底に必ずある小さな光栄を感じ得るであろう。しかして、かかる山稜に立ったひとときの心の光栄は空しき虚栄ではない。人々に語らんがためにのみ山稜の光栄を覓めたものではないであろうから。このエスカラードが見事になし遂げられた時には、未だ侵されざる山稜のみが特に持つ秘められた壮麗と、知られざる麗華とを深く知らしめるであろう。少なくともこれらの力が登攀の誘惑へ、輝く山稜の涯へと自分達を追いやったのです。

自分達二人には、北鎌尾根の嶮しく侵されざる岩壁に幾歳以前からの巨きな誘惑であり、それがそこへ払われて努力となって表わされたのである」

（「北鎌尾根登攀」『リュックサック』第三号）

こうした文章の中に、当時の新しい登山の分野が激しく胎動していることを容易に読みとれるはずだ。これこそ行き詰まった旧来の登山にとって変わる近代登山、つまりアルピニズムの台頭を代表するものなのである。彼らは大正一一年七月五日、槍の頂上から北鎌尾根を北へ辿り、二九〇〇メートルのピークまで往復したのであった。なおついでのことだが、前記の土橋ら一行も槍から北鎌尾根の末端まで下降しているのである。舟田三郎は、登攀の模様をこのように感激をこめて記しているのだ。

「筋肉は躍り切っているのを感じつつ、また躍り切ってくれることを密かに願っていたのだが、しかしその時、願い通りに岩のけじめを次から次へと見出しつつ、足先は正確にひとつひとつ岩のけじめへと移され、置かれ、また踏み耐えている友によって登山綱は堅く絶えず緊き張られていた。山男の若き時代の幸福を盛ってくれる岩の上の技術を、いまひとつ正しくなしとげつつ、またこの登攀を授けていいてくれるいままでの種々な経験と本能とが目醒めていることを感じつつ、槍の岩壁を下っていいた。……岩壁の上のひとつひとつの手掛りと、ひとつひとつの足溜りとが次から次へと求められ、そして山男の指先の触感と腕力の支持と綱の緊張とが堅く信じられて五〇分の後、ぼく達のすべての緊張が槍の穂の麓、断崖の蔭にひとときき解かれた。そしてそこが確実に北鎌尾根のひとつの涯なのだ」（前掲）

もう一方の主人公たる板倉勝宣・松方三郎・伊集院虎一ら学習院側の動静も記しておかないと、アンバランスになるだろう。

世上ではこの北鎌尾根の登攀を、さも劇的な初登攀争いでもあるように勘違いし、片や早大側の無案内人主義と、片や学習院の案内人主義とをもって、アルピニズムの重大なる対決のように信じている向きがないでもない。それは、いままでに紹介したような早大側の気負い立った初登攀意識がいささか過大に評価されたからであって、学習院側にはそのような初登攀記録を樹立するのだという競争的なものは感じられない。しかもここで是非とも心に留めておきたいことがある。先にも触れてきたが、肝心の案内人小林喜作は大正九年七月、土橋荘三パーティーに加わって北鎌尾根をすでに初登攀しているからだ。つまり板倉パーティーは、同じ小林喜作を案内に立てて今度は下から登攀したことになるわけで、大正九年の記録は当然聞いて知っていなければならない、という事実である。そこで、参考としてこのときの報告を『山岳』十五年一号「会員通信欄」の中から紹介する。

「小生去る七日、友人信濃山岳会員二名と松本発信濃鉄道柏矢町駅下車、南安曇郡西穂高村牧より烏川一ノ沢を遡り、常念小屋泊、翌日横尾二の俣・槍沢を経て坊主小屋泊。翌日、今日まで人跡未踏と称せられつつある——北鎌尾根を槍の絶頂より高瀬の渓谷に向い降下、尾根伝いに縦走、最後の高峰より右方に切れ、断崖を降り、午後十時半、天上沢の奥、貧乏沢附近に着、同夜はそこに露営。翌日は雨中を高瀬源流に沿いて降り、同夜はカラ谷の尻（湯俣・水俣の出合）に露営致し候。……

案内は南安曇郡西穂高村の小林喜作と申す者を依頼致候。同人は地方にて山の神と称せらるるほど山にはすこぶる明るき者にて候。ほかに人夫一名伴い候」　（九・七・一八、土橋荘三）

これで明らかになったと思うが、当時の日本山岳会では、せっかくの記録に一顧だに与えようとはせず、誌面の片隅に小さく掲載したに過ぎなかった。この号（大正九年八月発行）の目次には何があったか、参考に供してみれば、「多摩川。相模川の分水山脈」「大町より下廊下へ」「大武川より三峰川まで」など、尾根歩きから渓谷歩きへ、の動きが察知されよう。とにかく、まだこのような新しい登山観と新しい登山形式は、日本山岳会の注目するものではなかったのである。

これに対して、学校山岳部は新時代の摂取に熱心であった。例えばこの学習院板倉パーティーの行動に対しても、さすがに慶應は慶應だけのことがある。自分の山岳部でもないのにいち早くこれに注目し、部報『登高行』にとくに寄稿してもらった。だからわたし達は、慶應を通じてこの記録を読むことができる。

次の一編は、『登高行』四号（一九二三年）に特別に収載された板倉勝宣の「槍の北鎌尾根」の一部である。

「槍の北鎌尾根にとりつくに最も便利な道は、喜作新道を牛首の南から貧乏沢に下って天上沢に出で、七八丁天上沢を上って左岸北鎌尾根からくる真直ぐな沢を登るがいいと思う」

ここが書き出しだが、喜作新道といい、取付点といい、小林喜作との関係をどう見るか。

「北鎌尾根は、標高二千七百の辺からハイマツもなくなってまったく岩ばかりになるが、その辺では二千九百の岩壁にさえぎられて槍の穂先は見えない。二千九百の岩壁はクレッテライの練習場として非常にいいように思われる。岩も固いし、層も色々あるからゆっくりと岩壁を楽しんだら面白い所だと思われた。この岩壁を越すと、槍の穂先と小槍が大きな仰角で現われてくる。恐らくどこから見た槍よりも大きく見えるであろう。正面から見るからほとんど直立して見えるし、側面の傾斜もかなり強いから、ちょっと胸のすく気持がする。

これから槍の肩まで尾根はかなり狭いが、小さな突起を越えて行くだけのことである。しかし槍と穂高の間の尾根よりは少しひどいところもある。肩から槍の頂上までは実に容易であって、ここまでの尾根に比すると話にならぬほど楽である。頂上へ出る時に、例のお宮の真後ろへ顔がぬっと現われる所がちょっと愉快だ。

北鎌尾根に出てから頂上まで八時間かかっているから、藪をこいだ二時間を引くと、とにかく六時間は岩にかじりついていられるし、急傾斜をもった尾根で、最後が槍の頂上へ出るのだから面白い行程であることは確かである。ことに時間に余裕をとって、二千九百の岩壁でザイルを使用してクレッテライの練習をしたら面白かろう。

立山（ここでいう立山とは劒岳を指すが、この時分は劒を立山の一部と見なしていた）や槍、穂高の岩壁の、トリコニーやザイルがこれからどんなに活躍するか。自分達の前には新しい展開が出てきたような気がする。ザイル。トリコニー。シュタイクアイゼン。ラテルネやピッケルを持って雪と岩とを探してゆっくりと歩く人々と、尾根から尾根と走るように歩いて快哉を叫ぶ人々の間には、今や一つの分化が起ってきた。どちらもできるだけの発達を望むけれども、二つは確かに分かれてゆくにちがいない。

北鎌尾根はいずれの人々にもいい場所である」

板倉の文章は、ここで終っている。板倉は初登攀などということはひとこともいっていない。こんな個人的な、小さな名誉心など、この天衣無縫の快男児には用がなかったのだろう。それよりもこれからの日本の登山界が、どのように進んでゆくか、その方が重要であったにちがいない。

七　山男の苦悩

この折の早稲田の記録は、北鎌尾根の上部を槍から往復したもので、北鎌尾根全部のトレースということにはならない。その意味では、板倉一行の方が下から全部登っているから、記録的には優っている。しかし、案内人なしで二人だけで時間的にも少し早く行動した点が、アルピニズム的見地と記録面から重要だった。早大には舟田三郎を中心として、山における階級意識がきわめて浸透していたのだ。だから彼らは、案内人を伴うブルジョアジーに対して、プロレタリア的反発を強く持っていた。第一次世界大戦後の不況の波は日本の隅々に打ち寄せ、資本主義に対する疑惑と不信はもはや社会的問題にまで波及し、感受性の強い青年達を支配しつつあったのである。

舟田三郎の直弟子として活躍した藤田信道《のぶみち》は、こうした時代の変わり方に苦悩し、危機感を抱いた山男だった。

「しかしながら今日の登山は、限られた一部の人達にのみ可能であることは余りに明瞭である。ゆえに山岳を中心として強く燃え上った光は特異的な生活の上に輝いている。もっとはっきりと今日の登山は、ブルジョアジーの遊戯対象としてのみ存在価値を持っているといい得る。……勿論わたしの貧しい経験は、山岳は総合美の結晶であることを教えている。普通妥当性を山岳美は把握している。山岳の超人的で独自な価値は、少なくとも生活的山岳価値と相容れざる矛盾をわたし達に明示する。そしてこれを矛盾なき世界に誘導し得らるるや否やが、単に遊閑階級の遊びごととしての山岳に絶対性を認め得ない、少なくとも生活に熱情をもつ山を中心として一個の堅実さを求める山男――アルピニストの与えられた課題ではなかろうか」

（「山と人との生活」『リュックサック』第四号）

と率直に述べているのだった。現代でこそ労働条件と交通事情の好転に支持されて山は大衆のもとに享受されているけれど、昭和二〇年（一九四五）以前の世の中で、登山をした経験のある貧しき労働者達には、この言葉は実感として素直に聞かれるのである。日本アルプスに行くことが、どんなに休暇や費用や装具の上に負担であったか、それはよく理解できると思う。だから大部分の人達は、近郊の低山や、せいぜい中級山岳にうっぷんを晴らし、その前線となる沢登りや岩登りが流行していたが、それらについてはあとで述べるつもりでいる。その前に藤田信道の「山と人との生活」を少し眺め、当時の思想問題と山についての関連を読んでみよう。

「わたしは二月の末のある夜、K街のある所で催された思想問題の講演会で、警官から例のザ・レッド・フラグを高唱したという理由でN署に同行を強いられたことがある。その夜は昼頃からドンヨリ曇っていた空から雪が降り始めて、夜更けには暴風雪に変っていた。……

こんなことが、〝山〟とどんな関係があるんだといわれるかも知れない。けれども暫くしてから留置場内を見渡すと、粗雑なバラックの、筋の多い安材木で造られた建物は、日本の高い山に建てられた山小屋に相応しい。寒い二月だというのにおまけに、外は夕方から吹雪いているのに火の気一つ備っていない。手も届かぬ所に二尺四方ほどの鉄窓があって、そこから洩れる光がわずかに、盗みや賭博で取調べられている四、五人の、眼ばかりギロギロ光らせた顔の上に写っている。……留置場という所は外見よりも強靱、安価な悪趣味を尊び、天井が高くって薄暗い、冷たい板の間に毛布一枚で寝ている点など、何といっても山小屋だ。……

わたしは思う。人間は人間に支配される。心の知れ合っている人達の、明るい、洒落たアトモスフィヤーの中にある人間が育まれて行く時、彼も矢張りその雰囲気の中に知らず知らずの間に引き込まれることは否めないであろう。けれども、社会の欠陥としないところの為政者によって偽られ、誹謗されて遂には自分自身の運命をば悲劇化しようとする。職を離れ、生活の途を断たれて再び冷酷な獄舎に腐りかかった残飯を貪り食わんとする人々の群、人間の所有欲と性欲とを生活のために捨てさせられた人々の群。……

山で人生を考える。山岳に影響された人生を山男達は求める。山で味わう静かなる幸福を希う。わたしは思う、それはあり得るであろう、がしかし、それは山を歩み得らるる遊閑な人達のみ可能である。そしてそれは知的にのみ悩み苦しんだ知識階級の好都合な逃避所ではないかと。あるソシヤリストは、わたしに冷たくいった。「あんな重い靴に登山釘を打ちこんで、アイゼンとかいう凄い物をくっつけて、きみ達の狂人のようになって求めてる山に登って行って、美しい山の肌を傷つけて呪わしいと思わないかね」と。……

その夜、留置場で眠られぬ一夜を明かしたわたしは、解り切った無趣味な刑事の威厳の下に取調べを受けて、昼頃わざわざ署長までが、君は若いんだから拙らぬ運動なんかして将来を誤るなよ、といっていた。わたしは若いのだからだけ余計だと思った。それから間もなく放免されて、まばゆい舗道に空き腹をかかえながら水道橋の方へ向かった。

T中学の辺りで、わたしは体の小さい、血色のよい中年の人が、うつむき勝ちに歩んで来たのを見た。背広姿の謙譲な態度で、心は平和そうであった。が何時も何か考えこんでいるような様子。すれ違いざま、それは槇さんだった。槇さんとはその時は親しい話をしたことはなかった。従ってわたしが何をその時考えていたかお解りにはならなかった。

不思議な山！　わたしは小声でこんなことを吟いた。が、それがいったいどんな意味であるのか、今でもわたしには、はっきりとは解らない」（前掲）

とぼとぼと留置場から疲れた重い足をひきずって行く藤田の眼に映った槇有恒、それはどんなに彼には複雑な感情を覚えさせたことであろうか。しかもこの文章は、彼が槇達一行をカナダのロッキーに送った日の夜更けに書いたものなのである。

筆者は知られざる登山の裏面史を覗いて、感慨無量の思いがする。山岳部の「部報」にこのような当時危険視されていた社会運動にふれる内容が載っていたことにも、正直なところ驚きを禁じ得ない。いまはそうしたことに筆を貸すほど余裕のないのが実に残念でならない。ただ表面的な登山年表や人名や山名の配列でない、人の心と心の触れ合い、そのような登山史が、いつかは誰かの手によって完成される日の来ることを祈ってやまない。ここは読者にもう少し許しを貰って、硬漢藤田の若き日の、悩みと迷いと悟りと喜びを、彼の文章から偲びたいと思う。それはなぜかというに、現代の青年達のそれにも無縁ではないと思うからだ。

「ある時、わたしはこんなことを考えた。心から山に浸り得る人達、真面目に山を考え得る人達、その人達は丁度その作物や風格から推して、遊蕩児が酒色に惑溺しているのと同じであると。わたしにはそれが少しも皮肉的な文を含まずに、そう考えられるのである。わたしは現在のアルピニストと称せられる人達の中に、稀にでもこうした真摯な山岳家を見出すことができる。けれどもわたしにはそれができない。薄暗いランプの影に埋まる腐爛した女の瞳を心地よげに眺めながら、「酒だ！　酒だ！」と、わめきつつ酒と色とにその日その日を追うて行くことのできないわたしにとっては、同じ意味で、真面目な山登りがなし得ない。これは悲しむべきことだと思いながらも、いまのわたしにどうすることもできない。

「君は何故そんなにまでして山に行きたいのです？」と、わたしは敬愛する先輩に問うたことがあった。その人が、わたしが想像もできないほどの真剣さを山に対して抱いているのを、ある冬の小屋で不思議に感じたからであった。

「もう、ぼくには山が好きだとか嫌だとかいうことはなくなっていますよ。山に行かなければとても耐らないからです」

わたしの不用意な問に対して怒りもせずに答えてくれた。わたしはその時、羨しいと思った。

ある晩春の夜であった。山の仲間が三、四人集って山の雑談に耽った。何故われわれは山に行くのだろうか、ということについて、ある者はいった。

外国の山ではどうかしらないけれども、日本なんかでは、どんなにザイル・コンビナティオンの愉悦を説いたって、冬山の尊厳な姿や山の陶酔の世界を想う、といったって、結局は優秀な記録を作ることが第一義なんですよ。何故なら自分だって三月の奥穂高では同志の生命を確保するためにザイルを使ったというよりも、ザイルを使って先輩達の記録を作らしてやりたかったという意識は、はっきりと持てましたからね。

わたしはその時、彼の言葉の中に少しの独断もないと思った。外国は知らず、少なくとも日本の山岳の中に殊にスイス山岳界あたりのアルピニストの定義からいって、今日アルピニストと称せらるる人達の中に、彼の言が全然否定し得らるるものは何人あろうか。その夜友と別れてからわたしは考えた。近代的登山家というものは、都会生活を逃避して静謐な山に静かな生活を送りたいという気持から山に行くが、山に行く以上、山に行った動機から幾分離れて一方に秀れた記録を作ったら一挙両得ではないか、という近代的功利的な解釈の上に立つものではないか」

引用が長くなってしまったが、大正九年に創立した早大山岳部は、重鎮舟田三郎を中心として、このように多感な藤田信道、そしてさらには小笠原勇八・近藤正・森田勝彦・鈴木勇・矢島幸助などという一騎当千の猛者を擁し、破竹の勢いで慶大山岳部陣に迫っていった。

八　新馬鹿大将

「雪のアルプス踏破、名古屋伊藤孝一氏の冒険」「名古屋山岳写真家伊藤孝一氏一行、立山に消息を断つ」――大正一二年の初春のころ、全国の新聞紙上にこんな記事が報じられた。伊藤は前人がまだ出来なかった雪のアルプス縦走と映画撮影を決行したのである。

雪の立山・針ノ木越えの映画は、当時の映画界、登山界に新風を吹かせ、とくに名古屋・東京・大阪などの映画会場は新聞社の後援のもと、大入り、札止めの盛況だった。

巨額な私費を投じて山小屋を建設し、「雪の薬師・槍縦走」「冬の黒部源流と雪の平」の映画撮影に成功したのである。

伊藤は尾張藩御用商人七人衆の一人、京屋七兵衛の七代目として名古屋に育ち、家業は支配人まかせで、登山の趣味が昂じて北アルプス・南アルプスの撮影行に没頭、新馬鹿大将の異名さえつけられた。

一行は人夫を交えて一八名、信州大沢から針ノ木へ向かったが、連日の猛吹雪で敗退。次に立山温泉から立山頂上をきわめ、黒部川平で四日間の吹雪に耐え、ついに針ノ木頂上に立った。この間、新聞紙上で何度も行方不明が伝えられた。こうして「雪の日本アルプス」が完成したが、そのフィルムは一五〇場面七巻、七〇〇〇フィートに及んだ。

伊藤は、薬師・黒部五郎・槍縦走の中間基地として真川・上ノ岳・黒部五郎にそれぞれ山小屋を建て、必要な物資や食糧を荷上げるため人夫が総出で豪雪のラッセルとボッカを続けた。この山小屋は一流ホテルに劣らない立派なもので、長い雪山生活を忘れさせた。

二月四日、待望の薬師に立ち、休む間もなく三月一一日、全員で上ノ岳・黒部五郎乗越へ、そして四月一九日、快晴の下で大槍の岩壁に映写機器を吊りあげ、三六〇度のパノラマ撮影に成功。雪に包まれた日本アルプスの大景観の映画を、初めて記録したのである。

大正一三年四月二一日付名古屋新聞は、紙面を次のように飾った。

「名古屋市伊藤孝一氏一行日本アルプスの撮影班は、信濃山岳会赤沼・百瀬氏らの連絡班と合して四十名、二十一日槍殺生小屋より下山、日本アルプスをカメラで征服、死を決して険を冒して撮影」

立山・針ノ木越えに引継いだこの薬師。槍縦走に投じた費用は当時の金で三五万円をくだらず、このため伊藤の経営していた伊藤殖産は間もなく破産の憂き目をみたのである。

こうした山と人との交響詩ともいえる山岳写真の発達については、立山博物館発行の『山岳映像』（一九九八年）の中で、日本山岳写真協会の羽田栄治が、そのあゆみを見事に詳述している。

大正末期から数年間の山岳映画全盛期は、登山そのものの発展に原因するが、逆に映画が大衆に登山を吹き込んだ効果も軽視できない。山岳映画には、短編物と長尺物があり、短編物は定期ニュース映画の先駆をなした。山岳映画は記録であるよりも、その時代の所謂風景映画といってよい。

宮家の記録としては、
「秩父宮殿下日本アルプス御登山」　一巻（大正一一年　東亜キネマ）
「東宮殿下富士御登山」　一巻（大正一二年　東日）
摂政官富士御登山　一巻（大正一二年　東朝）
秩父宮殿下アルプス御登山　三巻
欧州アルプス御登山記録（大正一五年　東日）
秩父宮殿下日本アルプス御縦走　一巻（昭和二年　東日）
秩父宮殿下立山御登山　二巻（昭和二年　文部省―東京シネマ）
など、山の宮様の山の映画がある。長尺記録映画には、
「カナディアン・ロッキー大探検」　三巻（大正一四年　東日）
「ナンダコットの征服」　四巻　東日
などがあり、一部登山技術の解説がつく。
地学に関する教育映画乃至文化映画の若干は、山岳映画と呼んでよいだろう。文部省制作の、
「我が国の火山　二巻」
「駒ヶ岳の爆発」　二巻」
のあとに「大島火山」「富士の地質」「日本の氷河」などがある。
地図に関するものは、
「地図のできるまで　八巻」（陸地測量部）

民間では、

「山の地形図　一巻」（東宝）

もこの系統を引く文化映画だといえよう。純粋の風景映画でなく、若干の宣伝映画を感じるものに、鉄道省や文部省の山岳映画が挙げられる。

鉄道省には、一例として、

「春の立山　二巻」

「夏の日本アルプス　六巻」

「白の芸術　一巻」

「奥日光の山旅　二巻」

「山は招く　四巻」（藤木・麻生・茂木出演）

文部省には、

「赤石岳　二巻」

「剱岳　二巻」（冠指導）

「黒部峡谷探検　二巻」（冠指導）

「日本アルプス縦走　二巻」

「尾瀬　二巻」

「鹿島槍ヶ岳と下廊下　二巻」

などがある。その他大正末期から昭和六、七年ごろまで、東亜キネマ・松竹・日活等の劇映画制作会社。それに朝日・日日、国民等の新聞社。鉄道会社・横浜シネマ・東京シネマなどの教育映画業者等が無数の風景映画を作ったり、輸入したりした。

ドイツのファンクの山岳映画で輸入されたものには、

「運命の山（アルプス征服）」（昭和三年　封切）

「聖山」（昭和三年　封切）

「死の銀嶺」（昭和五年　封切）

「モン・ブランの嵐」（昭和六年　封切）

などがある。

アメリカでは古くから「西部劇」に山がいつもちょっとばかり出現するが、

「嵐」（大正一一年　封切）

「巨岩の彼方」（大正一二年　封切）

「アルプスの悲劇」（昭和五年　封切）

などが代表作。

ドイツ映画はファンク系以外に「銀嶺の争闘」八巻・「白魔」八巻・「不滅の旅浪者」などが昭和六年頃に封切した。

フランス映画には、「雪崩」九巻・「ふもと」七巻などなど、数えれば切りがない。

この間日本ものも流行に乗って、

「山の悲劇　五巻」（大正一二年　日活）

駆者達の、破格の活躍を忘れまい。

近頃は以前に較べて山を主題とした映画が少ない。だから大正末期、雪の絶巓にカメラを廻した先

などから次第に氾濫し、次の時代へと移っていった。

「春は来れり」（大正一五年　松竹）

「秩父の山美し」（大正一四年　日活）

登山というものが、文化社会現象の一つであるとするならば、登山態度とは登山者の山岳観に結着し、その山岳観は登山者自身の人的要素以外に、当時における一般社会情勢や時代思潮に照応するものなのである。したがって登山についての考察は、主観を基調として個々の登山現象だけを一つずつ切り離し、孤立的な事実のように展望するのではない。それらの山岳観や登山方法、登山者なりを歴史的な観点から眺め、登山現象の進化発展の意義、過程、影響を探索し、ある時代における、ある登山現象の発生理由などについて、社会的な見地から客観的に理解することが必要なのである。

しかし、だからといつて、登山そのものは、自分の主観や気持に左右されるものであるから、いくら登山を文化社会現象の一つと見て、客観的な立場で考えたといっても、それで登山の持つ本質的な価値がきめられることにならないのは分かる。ただ近年のように登山界が多様な山岳観を抱き、これを形態的に分析すれば、技術的登山と無技術的登山とに分化しているとき、そして批判性が強いときには、登山そのものを理解するに当って、従来の主観的な、鑑賞的な方法からは離れ、可能な限り客観的な、観照的な方法が望ましくなるものと判断される。

時代の思潮に個人の山岳観が映ずるのは当然であって、日本を例にとれば、仏教時代の山岳観は仏教味を帯び、徳川の町人時代では平民的となり、明治時代に入っては開化的なのはもちろん、大正、昭和時代になれば、いかにも新時代らしくなってくる。ヨーロッパにおいても同じようなことはいえる。

いまここに、山岳観を一つ取り上げ、例として、ヒマラヤとマッターホルンと富士のように、それぞれ異なった様相を持つ山岳に対し、初期の山岳思想はどうであったか、を考えてみれば、おそらく同一人が抱く感情もおのおの異なるものと思われる。比類なき高さを誇る荘厳なヒマラヤの雪嶺は、仏教の夢幻的壮大な宇宙観を生み、峭壁をはりめぐらし、突然として天を衝くマッターホルンの岩峰は、驚愕と恐怖心なしに仰がれることなく、しかもその岩壁には、呪われた者の怨霊がこもっているとさえ信じられ、富士の秀峰は神道の表徴として強烈に印象づけられるのである。

このような山岳思想の相違は、初期にのみ明らかなのではなくて、現在においてもまた容易に認められる。あくまでも人間のアルバイトを峻拒し、孤高を保つかに見える悪絶な大岩壁に対する登山者の心情には、驚異と恐怖以外に、より困難にうち向うアルピニズムの闘争心はあっても、深山幽谷に感じられるような幽玄性は起らないはずである。したがって、ヨーロッパに発達したアルピニズムが日本に移入されたからといっても、対象とする山岳の形相が同一でない限り、同様の内容を意味することにはならない。

科学が山岳の驚異を次第に解読するにつれて、美的態度が生れ、他面では探検登山によってアルプスの概念を知り、その恐怖と危険とを払拭し、ようやく文明的施設がアルプスに浸透し、交通機関、登山根拠地、山小屋などが整備されてゆくと、それまでの探検登山は遊戯的登山へと進化していった。

「遊戯的」ということは、自己の必須的生存とは無関係な、たわむれる意味を指すので、それまでのすべての登山は、それが生存手段としての登山でない限り、多少の遊戯的分子を持つことになる。しかし、ここでいっている遊戯的という意味は、この遊戯的なものを主要構成分子として高度化した遊戯のみをいう。「たわむれる心」から出発した遊戯は、さらに進んでスポーツになる。しかし一口にスポーツといっても、その中には明確な競争意識のない享楽的なものもあれば、競争意識が他人や自己に対した闘争心に高揚されたものもあって、それには多くの内容や形式が含まれ、遊戯的登山そのものも単純ではない。すなわち、山岳に克服しようとするスポーツ的登山態度（アルピニズム）と、享楽的登山態度とは大別されねばならない。

ヨーロッパの山岳思想史が、人間と山岳との闘争の歴史であったのに較べれば、日本のそれは人間と山岳との融合の歴史であったといえる。むかしの宗教登山家は、山岳征服の意欲に燃えて次々に嶮難を攀じ、開山に成功したのだが、それは山そのものを征服したというのではなしに、山頂を極めることによって自己を克服した、とみるべきであった。

明治年代、自然科学の急激な勃興によって、ようやく探検登山の道が開かれ、初期の在留外国人や少数の文化的日本人による日本アルプスの発見、踏破がなされ、日本山岳会が設立されて、近代のスポーツ登山か喧伝されるにいたり、たいていの山々は、夏でも冬でも、いろいろなルートから登りつくされてしまった。

ヨーロッパ・アルプスとはちがって、森林と渓谷によって麓の村から徐々に高められていった感じの深い山々、清新な渓流、四季とりどりに美しく変化する林相、人文交流の歴史の漂泊する印象的な峠路、なごやかな山麓のたたずまい、明るい太陽は、日本の自然をいっそう魅了する。日本アルプスといわれる高峻な山岳でさえ、その形状、高度、スケールなどから受ける感じは、決して恐怖を思わすものではなかった。わが国に移入された近代登山がいかなる内容を示し、そして影響を与えてきたか、そしてそれはどのように変化してゆくのであろうか。

流動してやむことのない山岳の歴史は、真の登山者の出現を待ちわび、常に力強い新鮮な感激を求めているのである。

第五章　山の文化社会を考える

近代登山は昭和五、六年頃、本格的な大衆化時代を迎えて「分化」の段階に入った。これを簡単にいえば、現在「山登り」ということばによって含まれる種々の諸概念（わたし達は、近代的傾向と呼んで片付けている曖昧なもの）が並立して、それぞれがその形式と内容とを主張し始めた、と考えればいいだろう。

登山の著しい普及。大衆化は、年々進行しつつあったが、昭和五、六年にはとくに飛躍した。登山専用の山小屋が続々と建設され、新登山コースが次々に開設され、一般山岳団体が雨後のタケノコのように発生した。これに拍車を加えたのは、スキーの急激な普及である。山崎紫峰の「日本スキー発達史」によれば、昭和五年以前をスキー術研究時代、以後を飛躍時代という。昭和五年のシュナイダーの来日は、たちまちにしてアールベルグ派の全盛期を築き、とくに「山岳スキー」や「スキーツアー」が喧伝され、山岳スキー場と銘打った菅平・乗鞍・上越の諸所が紹介され、雪の少ない関西においてさえも、ぞくぞくとスキー場が開設した。

　また、登山の大衆化に直接間接大いに作用したのは、当時前後して発行された一般読者向けの山岳雑誌各種である。

　『山と渓谷』（昭和五年）は、山と渓谷社によって世に出た。当時の学校山岳部の部報によく似たスタイルで、今とは違った重厚味がある。山岳専門雑誌出《い》でよ！　を信条に掲げ、各山岳部や山岳会の優秀な人達の文章を誌上に包括し、また発表機関を持たない多くの真面目な人びとにも開放し、東京近郊の登山案内、登山紀行を多く掲載した。

　『アルピニズム』（昭和六年）は、登山とスキーの雑誌で、総体的にドイツ風の堅さと理屈ぽさを感じとれる。早大山岳部を中心とする学生群の執筆が多く、六号から『登山とスキー』に改題。

　『山小屋』（昭和六年）は、朋文堂がはじめて出した雑誌で、軽い随想と紀行の読物。

　『ハイキング』（昭和七年）は、当時、世界的に流行したハイキングの専門雑誌だが、一般はピクニックとよんでいた。日本のハイキング史上、特筆しなければならない。

　『ケルン』（昭和八年）は、藤木九三を盟主とするＲＣＣが解散して後、その中の実践派が同人制をつくり、アルピニズムの先頭に立った雑誌だ。

　『山』（昭和九年）は、ごく寛いだ炉辺叢談誌として梓書房から誕生した。執筆者が主に日本山岳会の知識人であったためか、気品が高く、インテリ層には歓迎された雑誌だ。

　『登山とハイキング』（昭和一〇年）は、大村書店から発行され、文芸的な作品が多い。

　『山と高原』は、少し遅れて昭和一四年、朋文堂が関東を中心にハイキングの案内を主な内容に創刊した。時局の影響で、〝余暇善用雑誌〟と苦しい銘をうち、初期の『山小屋』が持っていた低山趣味がずっとくだけた調子で生かされた。

このほかに写真と随筆を主とした『樅』や、『山と渓』『山を行く』などもあったが、一部の雑誌を除いて売行きが伸びず、やがて戦局を反映して次々に廃刊させせられた。

このような傾向から考えて見ると、昭和五、六年という時季は登山史の上で、いかに重大な時期であるか、いまさらに感慨を深くせざるをえまい。日本に西洋式のアルピニズムが到来してから一〇年、ようやくこのころになって、いままでの単一な「登山」という概念から多くの概念を分化し、やがてそれらの近代的な諸傾向がようやくにして独立のスポーツとしての地位を取得し始めたことは、注目しなければならない。

ちょうどこの時分になると、「静観派」が非常な勢いで、社会人はもちろん学生層の中にも拡がってきた。これは、大島亮吉の遺著『山―研究と随想』（昭和五年）に収載した「山への想片」に書かれた「静観主義」に大きく影響されている。すでに大島亮吉についてはしばしば触れてきたが、昭和三年三月、前穂高北尾根において二九歳を一期として突然世を去った。この不世出の名アルピニストの精神ほど、私達後進者に裨益するに大なるものはない。

それでは大島の「山への想片」を広げてみよう。

「さて、それならばその静観的態度とはどんなものか、といっても、それを一言にいうことは甚だ難く、ただ概括的にその幾分を伝え申すほかはないと思います。すなわち、強いて申しますれば、ピークハンターの心は、多くの場合、ただある峰を登るために、その未知の不安、困難、労苦に堪えて、その峰の頂に達するために燃えていました。主としてそのことが登山の大部分でありました。そこにのみ多く彼らの喜悦と幸福とは見いだされたのでした。峰を登り、谷に下りて来ての想いもまた、多くは自らが苦しみてその峰を最初に登ったということの勝利に対する歓喜とその幸福の追想であり、想い出でありました。……それに対して今日の静観的な登山のやり方をして山を味合っている人は、こういいます。すなわち、わたしのよく引用しました言葉ではありますが、かのモルゲンターレルはその著『彼等の山々』の最初のページで、「山に登るものは、みな自らの力をば誇称せんとするものであろうか？　否、そうじゃない彼らのうちの最も力のものこそ、かえって静かなる幸福をのみ自らに希うものなのだ――」

と、こういっております。……今日の登山者は、登山の技術においても知識においても、ずっとその最初の征服者、すなわち近代登山者よりも上にありますから、その最初の登山者の困難箇所も容易に行くことが出来、従って山を登るのに余裕があります。よって、山と闘う、という気持よりも、山と親しむという気持の方が優って味合われるのであろうと想います。そのゆえに勢い思想的に深みを求めて行って、その態度はついに静観的という概括的な包容的な一語を以て言い表してもいい、と思われるような一つの山の登り方となって来たのであろうと思います。……

かつて故板倉勝宣君が、わが国の登山界に対して「登山法についての希望」なる一文でいわれたことは、要するにわが国においては山々がすっかり登られてしまってからは、むしろそれ以前から、多分にこの静観的な態度で登山をしてゆくことは、それが東洋的な特徴でもあるためか、かなり深く進んでいるのに、外面的な登山法の進歩が足りない。まだその方面では開くべき余地がたくさんあるということを主点としていったのでありました。実際にわが国においては、この外面的においてのみならず、内面的な方面においてさえも、充分に前途の展開は得られるものではないかと思います」

筆者には大島亮吉の文章についていては、もっと書きたいことがたくさんある。板倉勝宣も同様だ。もしもあと何年もふたりが生存してくれたら、日本の登山界もずいぶん変っていただろうと、筆者は常に想いを馳せるのだ。とくに現在、「登山の行き詰まり」を叫び、海外の山に登ることによって内面的欠陥をただ外面的にのみ解決しようとする人々、海外への志向は単なる机上の計画に過ぎない大部分の登山者の悩み、それが今日の姿であるならば、わたし達は、このような先蹤者の思索と情熱をもう一度噛みしめるべきではないだろうか。本筋からは少なからず道草を食った形になってしまったが、それが無駄でないことを筆者は祈る気持でいる。

日本の山岳が、わずかな部分を除いた大部分が、いわゆる「中山性」でしかない現実をよく見れば、このころから次第に、「低山趣味」「高原趣味」「逍遙趣味」が盛んになってもなんら不思議はない。安逸な登山を求める社会人登山大衆の中に、急激な勢いで地盤を拡張してゆくこの傾向に対して、かえって幾分か内面的知性のゆえに、一部の学生達の間に共鳴者を出してゆくのは当然の成り行きだった。

一　静観的登山

登山者は、みんなそれぞれの動機をもって山に登り、相異なる立場で山を愛している。その背後には意識された、あるいは充分に意識されないままの登山意識が存在する。しかし、主観のみで生活し、行為するならば、そこに発展はなく、ただ沈滞あるのみである。その反対に主観を掘り下げて行けば、常に新しい生活が展開する。

登山者にも二つの流派が考えられる。その一つとは、静観派とか低山趣味と称される意識を背後にもつ者、その二つとは、攻撃的とか、あるいは本格的などと名付けられる意識をもつ者をいう。

この二つがあることを私達は認め、この両者がそれぞれの存在理由を明らかにする。元来登山は趣味的行為であるのだから、物々しく論陣を構えて優位を問題にすべきではない。

いわゆる低山趣味は、本格的登山が、時間に余裕がないために、また健康が許さないために出来ない人にとって存在するといわれがちだ。それは大山岳を対象にした本格的登山が論理的に先行して、低山趣味はその先行性から派出した一つの現象にすぎない、との考えに立っている。

しかし、ここには根強い人生論的なものがあるのだ。それは山岳が私達に与えてくれる諸景観のうちで、比較的なごやかな部分をのみ見て、他の部分（これが本質的なもの）を観ようとしないところから起こる低山趣味あるいは静観主義である。この静観論は実に美しい外観をもち、優れた表現に耐えるものであり、一種の人生哲学的根拠や、人性の差別から基礎づけるために、もっともらしい登山意識であるかのように思われる。

登山啓蒙時代には、こういう意識の対立はなかった。大部分の人達はアルピニズムと対立する力がなく、試練の経験をもたないかのように思われる。せっかく山に登りながら民俗学的な知識に興味を感じて、山そのものはどこかへ行ってしまうような登山形式をとる。それは明治三〇年代の、イギリスの牧歌的浪漫主義の影響をうけた文学者の紀行文に見られるように、他律的要素の多い登山意識をもっている。

山岳景観の大要素となる急峻険悪、圧迫感は、その反対のものが並列的に与えられた時、その力は発揮される。岩・雪・氷は高山植物や森林・高原の副次的景観と並んでこそ生彩を増すものだ。烈しい労働のあとの休養ほど愉快なものはない。岩との戦いの後での談笑は、単なるキャンプ生活の談笑よりも内容が豊富である。これらの経験から私達は、山岳情趣は単一的なものでなく、そのうちに二つの分子をふくんでいることを知っている。静的なものは動的なものによって深味を増し、動的なものは静的なものによってひき上げられる。

静観的意識は攻撃的意識の反響、余韻としてその存在が認められ、この限りにおいて静観説は正当であり得ると考えられる。

登山の大衆化時代にもっとも強く影響していたのは、当時の発行された夥しい山の単行本から一番よく窺えるので、その二、三の例についてふれておきたい。

「君は一箇の登山家というよりも寧ろ一人の旅人、それも好んで山地を遍歴する詩人的な旅人といった感じがする」

と、自らも詩人であり旅人である尾崎喜八が序文を寄せた河田楨《みき》『山に憩う』（山と渓谷社、昭和六年）は、高畑棟材《むねたか》の『行雲とともに』と同じく、力まずにして巧みな描写が多くの一般読者に静かな登山熱を浸透させた好著の代表作である。


「小屋場から五〇〇メートルの急登で尾根に到着した私は、はじめて見るその北側の盛んな光景に思わず声を挙げて躍り上った。何が盛んだって、北側はマチガ沢を距てて、ただ見る、尖峯と峭壁の集合だ。ことにマチガ沢と、その北方の、ここからは窺うことの出来ない一ノ倉沢との間の鋭さは！

谷川岳の北峯（注：オキノ耳）から急角度を持って切落された山稜が、ひとたび跳躍してそこに、形容も何もないそっくりそのまま巨大な鶏冠を刻んでいる。風も斬れよう、霧も断てよう、厚みもなく円味もなく、氷雪の彫琢を受けて刃のごとく痩せた岩尾根は、空の碧を斜に切りさいているのだ。……

狭いことを猫の額という。それよりも尖った猫の耳の突端であるから、この峯頭の狭さは想像するに難くない。山の頂には狭い広いにかかわらず、何かしら一つの完成された感じとそれからくる安易さを見逃すのを常とするが、この山にはそういう意味の頭が無い。三角点のあるトマノ耳にしろオキノ耳にしろ、山稜の一突起にしか過ぎないのだ。もっと積上げて円満具相の山頂を造るべき予定が、余り材料を惜しんで薄くし過ぎたために、中途でブツリと切れた形だ」

この文章は、まだ上越線が開通しなかった昭和五年当時のものだが、いま現在何度読んでみても少しも可笑しくないどころか、風も斬れよう、霧も断てようというくだりや山頂のたたずまいは、時代を超え、いつまでも実感のこもった名文であろう。谷川岳が庶民の山として、そのアルプス的風貌がいかによろこばれたかについては、いまさらいうまでもない。

『霧の山稜』（肌文堂、昭和一六年）は、加藤泰三の画文集だが、著者は若くして戦没してしまった。しかし、戦後再版が何度かなされているので、この本の所在は知られていると思う。山は青春のシンボルであり、『霧の山稜』はそのよき代弁者といってよかった。そしてその第一節が、「雪原」なのである。

——空は蒼すぎて暗く、山は白すぎて眩しい。影は濃すぎるのに透徹り、空気は新しすぎて生物のようだ。

雪面に明滅する無数の輝きはダイヤの七彩、歩く僕を取巻き、両側に流れて僕を送る。僕の真赤な筋肉の塊は、烈しく血潮を汲み高らかに僕の命を刻んでいる。

炭酸水の立昇る気泡のように、僕の胸に沸々と湧くものがある。

「あまり美しい景色を見た時、どんな気がする？」

「……死にたくなる」

あの答をしたのは誰であったか、あんな会話を交わしたのは、何時であったか。

「ここを真直ぐ行けば、谷に堕ちる」


私は耽美派ではないが、もし願うことが可能であるならば、このような画文集を一冊でも作ればいいがと思う。

『伊那谷・木曽谷』（遺稿集刊行会、昭和一二年）は、青年期に死んだ新聞記者細井吉造の遺稿集である。本書には晩年を迎えた人に見うける〝円熟の冴え〟や悟り澄ました〝古淡の味〟はないが、大樹になるだけの素質をふんだんに感じとれるのだ。その中から「初冬の木曽駒サンドウィッチ行」の書き出しを読む。


――汽車の中で、朝めしの代りに肉うどんを食べたい、とぼやいていたら、塩尻駅でお誂向きの煤けた行燈を発見して勇躍とび込んだ。ところが肉ちがいで、そいつは遠い海から来たマグロのコマ切れだ。おまけに一緒に入っていた蒲鉾たるや、少しも歯応えのない代物ときた。

「この蒲鉾古いんでしょう」

と、ミス・ユキがいとも無雑作に放言した。

「古いんじゃないよ、粉が多いんだよ」

と一《びん》ちゃんが好意の訂正を試みた。僕は、エヘッと笑っただけだ。

私には、この〝エヘッ〟というくだりが秀逸で、このときの模様が髣髴《ほうふつ》として眼に浮かぶ。もう少し先をつづける。

――真ん中にミスを挟んでわれわれはパン切れの役をつとめている。サンドウィッチの外側だ。

ここまで読んでくると、なるほど、とサンドウィッチの意味がわかってくる。この一章の最後がまた、実に面白い。

――道が悪くて、運転手、助手とも五人、車内でゴムマリのようにはずむ。運転手君が「あまり揺れるので頭が変になっちゃった」とひとりごとしたくらいだから以って察すべし。こう揺れては、・・・あんまにもならぬ。

と、結んでいる。

私はこの文章を読み返すたびに、いつもここにくると、可笑しくてゲラゲラ笑ってしまう。俗に十年一昔というが、私の脳味噌は、少しも変わっていない。

細井吉造の書いた文章は、彼の奔放自在な性格そのままにユニークな麗筆であり、しばしば雑誌や新聞に載ったりしたが、昭和一一年一一月、中央アルプスで風雨のため遭難。遺骸は腰から二つに折られ、猟師の背負子でオンボロ沢から降ろされた。考えただけでも悲しくてならない。

これらの人の筆には、登山界のトップに立った学校山岳部員の華麗さはないし、登山史上を飾る記録はない。しかし、少部数発行の『部報』よりも、市販のゆえに一般大衆に与えた感動、共感は大きい。山岳界のピラミッドを支える底辺の強さだ、と私はいいたい。

二　遊戯的登山

記憶力のいい読者は、この「遊戯《スポーツ》」という言葉を、本書のもっと前の方で見られたことを覚えておられると思う。その通り。明治末期の岩登りに関した文献『中学世界』の中で、「ロック・クライミング」を紹介した記事をご覧願いたい。

「イギリスのロック・クライミングは、目下立派な一つの遊戯として……」

と、たしか書いてある筈だ。原書のスポーツを遊戯と訳した「波韻生」という人は、このことだけでも実に偉かった、と私は驚嘆しているのである。

日本においては、スポーツを「運動的」なものにだけ狭義に定義づけている向きが圧倒的に多いが、本場のイギリスではそうでない。たとえば『ブリタニカ百科事典』には、登山もスポーツの一種として認めているが、スポーツの対象は実に多く、次のものを指している。

野球、ビリヤード、ボーリング、ボクシング、ブリッジ（トランプ）、闘牛、キャンピング、シャレード（ジェスチャー遊び）、チェス、手品、狩猟、クリケット、サイクリング、ドライブ、タカ狩り、つり、フットボール、ゴルフ、運動会、体操、ホッケー、馬術、競馬、ハードル競技、アイススケート、スキージャンプ、テニス、登山、ハトレース、ポーカー、ポロ、ローラースケート、競艇、陸上競技、スキー、水泳、そりすべり、腹話術、散歩、ウォーターポロ、砲丸投げ、レスリング、ヨット。

以上で分かるように、スポーツにはこんなにも種類がある。これでは、スポーツを運動と定義するところに、重大なミスがあり、アルピニズムをスポーツ、スポーツと書き立たり、口角泡を飛ばしての論議は、いったいどうすればいいのだろう。ましてやスポーツ・アルピニズムという人が多いが、これでは丁寧というよりは滑稽ではないか。

遠い明治の昔に、ちゃんと「遊戯」と正しく翻訳した人さえいることを、もう一度確認して前に進みたい。スポーツ的登山、とはきわめて社会的に聞えるが、言いかえれば人為的な行為であり、文化的な質を持っている。

伊藤秀五郎は、「山と漂泊」（『アルピニズム』三号）の論説を書いて、山登りにおける日本的なもの、を探究している。

「アルプスの登山史を繙いてみると、いつの時代にも、必ず二つの異なった山登りの傾向が見出される。そのひとつは、飽くまでも山岳への激しい闘いをもとめ、その困難なる闘いのうちに、登高精神と征服欲とを充足せしめようとするものであり、他のひとつは、広く山岳を彷徨歩くことによって、深く自然を味わいながら、遂には自らをして全く自然そのもののうちに融合せしめることを以って最終の理想とするものである。一は高きを望み、一は遠きを希う。いわば前者が求心的で積極的であるに反し、後者は遠心的で消極的な態度ということが出来よう。この二つの対立的な傾向は、登山の発達に伴い、特に近代の遊戯的登山の勃興につれて、ますます確然と各々の姿を現すようになった。そしてある人たちは、後者を単なるさまよい歩き、または旅として、真実の登山と区別しようとした……。

ここにいう遊技的登山とは、他の目的に付随して行なわれる登山を含めないところの、純粋の山登りのための山登りを意味する。

山登りがいかなるものであるかを定義することは、その内容が複雑なだけに、かなり困難なことである。そしてそれは人によって見解を異にしているが、勿論不可能なことではなく、第一はその態度（登山思想）から、第二にはその方法（登山形式）から、登山の定義を下すことはできる」

この文章は、昭和一〇年に発行の著書『北の山』に収録されたが、ここでも遊技的登山が使われている。遊戯と遊技には、別段これといった深い差異はないが、『山とスキー』を通じて大島亮吉に心酔していた彼のこのような見解は、つまりは大島の影響だ。伊藤秀五郎は、『日本山岳名著全集月報』五号（昭和三七年）にも「北の山」の精神的系譜、として、次のように書いている。

「大島さんは、僕のもっとも尊敬している山岳人のひとりである。『登高行』第三号（大正一〇年）に載った「石狩岳より石狩川に沿うて」は、大正九年の登山記録で、北大の連中にも驚異であった。……大島さんは日本の生んだ、ほとんど空前絶後ともいうべき天才的な山岳人であったと思う。また日本山岳界の前途についても真剣に考えていたひとだった。そのころの日本山岳会には若い会員は少なくて老化現象のきざしが見えていたが、大島さんは、日本山岳会はやはりわれわれ若い世代が力を合せて盛りたてていかなければならないと、いつも仲間と話し合っていた。……若い日の僕は、板倉、大島という北海道の山に縁の深いふたりのすぐれた先輩の遺産を受け継いだわけである。僕自身のあたらしい発見は、なにもなかったといってよい」

こうまでも心服していた大島亮吉の数多い文章の中で、先刻からの「遊戯的登山」に関するものを引用して、このスポーツをめぐる一章の骨格としようと思う。なぜかといえば、アルピニズムを遊戯的登山として広く日本に普及した第一人者が大島亮吉であり、アルピニズムが日本において、ほとんどマンメリー主義によって代表される観のあるのも、実に大島亮吉の「登山史上の人々・遊技的登山派の闘将マンメリー」の一章にほかならないからである。これらを念頭に入れて読めば、理解も興味も増すに違いない。

しかしこの文章は、きわめて難解中の難解で、原文のままでは読むだけでも大変だと思う。そこでとくに礼を失しない範囲で、筆者は書き直しをし、ほんの一部だが、要点を掲載する。

すなわち彼はいう。

「真の登山者は、また一の漂遊者たり。しかしてこの漂遊者を指して、余は決して、あたかもイングランドの優良道路を疾行する自転車乗者と等しく、山々を唯彼れが先蹤者の足痕そのままを遊行して、その時を費す者をいうのには非ず。それは未だかつて人間の到らざりし地に到るを愛する者、または、未だかつて人間の指頭の触感を知らざる岩を掴むこと、あるいはまた、この大地が混沌の中より築き上げられて以来、雨霧と雪崩とに捧げられし氷の山襞に、途を刻み登るのを悦ぶ者を意味する。されば語を換えていう。真の登山者とは、常に絶えず新たなる登山を試みる者なり。その成功と否とにかかわらず山との激しき闘いの、限りなき喜悦と愉楽とを悦ぶ者なり。ゆえに風雪の削磨に凄愴裸出したる一枚岩、山稜上に正しく刻まれし峻しき足場、急峻なる蒼氷面のごときは、彼の者（真の登山者）には、生命の気息の場所なり、……レスリー・スティーブンのいうがごとく、「登山は全く厳格なる意味において、クリケットや端艇競漕と同一の遊技なり」。されば必然的な、その悦楽は勝利に対する闘争に依拠するなり。山案内者を伴いての通常の登山派、遊技の見地からすれば勝算明らかなり。ゆえに遊技としての一大根拠に欠けるものというべし。……すでにかの黄金時代以後、引つづいての山頂征服の結果、全アルプスにわたりて未踏の峰頂も一八八〇年代を以って、ほとんどドロミテの岩峰、ベルニナ山群の峻峰等を除いてはなく、かくてマンメリーの『新登頂』の主張となり、さらにはガイドレス・クライミングの主張となる」

彼はいう。

「登山の新骨髄がいかなる点にあるや、に関して一考すれば、それは明らかに登山者の修練せし技術によって、登山者を圧倒せんとする山岳の種々な困難と相闘うことにある。登山の真髄は、ある一峰を単に登頂することだけになくて、山が有する困難と闘い、それに打ち克つことにある。……ここにおいてマンメリーは、対象となるべき山岳に困難を増大する方途として、困難なる登路から登頂する様式を選び、山案内人の助力を排し、登山者自身の力によって困難と闘い、あるいは二人一パーティーの総力を、以前の多人数の力以上に発揮し、身心両面における最極限まで費消せんとした。……

マンメリーの主張せし新登頂主義が、今日の登山界において受容されたる証明は、各地の諸新記録のすべてが、新たなる難路よりの新登頂、初登攀の記録を見て一目瞭然なり。……前者マンメリーは、登山を以て純然たる遊技、しかもそれを最も純粋に見る古代ギリシャ的見解に従っての遊技と観じ、後者フレッシュ・フィールドは、そは旅行の一形態なりと見る。すなわちマンメリーは、古代ギリシャの競技者のごとく「輝ける四肢と曇らざる額と永遠の若さと明朗快活なる精神」とを有せし、理想的なる近代の競技者なり」

右の文章は、慶應大学山岳部報『登高行』(七号、昭和四年)の巻題論文、四〇ページ中の微細部分に過ぎないが、このマンメリー・イズムの波は忽ち日本の各地へと押し寄せた。より困難なものを求めて人々は、バリエーション・ルートを開拓し、より新しいものを求めて人々は、未知の山域へと踏み込んでいった。当時のもっとも前衛的な学生の第一線は、ジャンダルム、滝谷第一尾根。第二尾根主稜・同北山稜・第三尾根、前穂高四峰フェース、明神尾根東西、不帰二峰東面、鹿島槍北壁などのバリエーション・ルートを開拓し、マンメリー・イズムから、マッターホルン北壁に代表されるシュミット・イズムへと進出していった。これを高校に見れば、関西では、RCC系の甲南や浪速、東京では谷川岳における成蹊などで新進気鋭のメンバーが輩出している。

一方、冬山ではどうかというと、毛勝三山などの山を残して、積雪期登山は、昭和四、五年頃にはほとんど終り、ちょうど夏山の場合と同じく、一つひとつのピークが、下の麓から登られてしまうと、次には縦走、そしてバリエーションが同じく雪山でも行なわれてきたのだった。たとえば、唐松―白馬、唐松―鹿島槍、槍―穂高、薬師―烏帽子の縦走が昭和五年、八ツ峰、源治郎、早月尾根(昭和四年)、滝谷(昭和六年以降)、鹿島槍東尾根、白馬南股(昭和六年以降)などの記録は、これを説明する資料になろう。そしてこの積雪期登山もまた、シュミット・イズムと結合して、ついに氷壁が登られ始めるのは、だいたい昭和九年(一九三四)頃からである。

しかし、同じ開拓主義を信奉する学生層の中には、右に並べたような方向とは別な方向へ進んだ人達のいたことも忘れてはならない。この人達は、国内の小さなバリエーションに満足できず、さらに「新しい山」を求めて、国内僻遠の果てや、海外の未踏の処女峰への遠征計画に着手した。それは主として今西錦司を中核とする京大・三高派の人々であった。彼らは昭和七年(一九三二)の富士大沢の極地法、カラフト行などに、その意欲の一端を示した。

三　パイオニア・イズム

第三高等学校山岳会が生まれたのは、大正二年(一九一三)の昔に遡る。創始者は、小島烏水の弟、小島栄だ。ちょうどこの年代は、一般に「日本アルプスの黄金時代」とかいわれているが、よく考えてみると、ヨーロッパとは事情がまるで違って、日本では「初縦走」「初横断」が、主に行なわれていた。つまり、一個独立した峰頂（マッターホルンのような）に乏しいために、一つの山群、山脈としての興味が払われていたと見ていい。黄金時代とはいうものの、初登頂時代ではない。多くの山々は、この時までにすでに陸地測量部の人達によって登頂されてしまっているのだから、「夏山開拓時代」といった方が本当だ。

三高山岳会時代は、日本の登山界全体から眺めると、夏山開拓時代に包含され、先蹤者の後塵を拝することから脱却できず、学生登山者群は自主的な行為に目醒めていない。山岳団体としての明確な主義もあるわけがなく、ただ趣味的同好会の集まりで充分だった。それが大正一〇年を転機として、近代アルピニズムが西欧から輸入されるや、若い学生群を刺戟し、ここに学生登山界の進路は、近代アルピニズムへはっきりと向けられた。

そして三高においても、有力なる一派の強烈な意志が働いて、「山岳部」を作り上げたのである。山岳団体を発生的に見ると、たいていは必ず同好者の集まりが最初で、それが自然と一つの雰囲気を生じ、同一傾向の山行を繰返すうちに次第と明瞭な形態に現れ、伝統性を帯びるようになるころは、そこに社会的存在性を取得できるイデオロギーが確立される。

それでは、三高山岳部の伝統精神となったものはなんであったろうか。

「パイオニア・イズム」と「ワンダーリング精神」、この二つが三高を支えた力なのだ。当時の事情からして、パイオニア・イズムが部の根本精神となったことは説明するまでもないと思うが、「ワンダーリング精神」というのは耳新しい言葉だから、このまま知らぬ顔はできない。ワンダーリング本来の意味は漂泊、彷徨、あてもなくさまよい歩くことで、現在のヒッチハイク、無銭旅行のたぐいもこの中に入れられる。

近代アルピニズムを信奉するグループが、いわゆる〝悪場稼ぎ〟に血道を上げつつある時、三高山岳部がこの方面に批判的であり得たのは、この精神があったからだと思う。その遠因は、部を創設した人達の中心が、京都一中時代の青葉会のメンバーで占められていたためだ。その人達の登山が「北山」のワンダーリングであり、しかも当時の北山は未開拓であって、かなり積極的な意志を必要とした。それをたとえてみれば、「芦屋」から生誕したクライマーの闘士とは、もちろん本質的には違っても、その積極性の点においては同じものである。今日いうところのワンダラー、あるいは、ハイキングの形式には似ていても、まったく正反対であるのはこのためだ。今西錦司は、京都一中山岳部の『嶺』一二号に寄せた「山城三十山の修止と拡張など」の中で、

「私共の仲間が一中時代に「山城三十山」を選んで以来、すでに十五年になる。その間には、その仲間の中で他界した人も出来た。その仲間の中の何人が、この三十山の踏破を完了したかも、私は詳しく知らない。私自身も受験や何かで、一中にいる間には登り尽せずして、三高時代にようやく完了した。それは丁度五年かかったことになる」

と、この当時を回想しているから、京都一中と三高との関係がわかるであろう。

ワンダラーとは、歩き回る人、徒歩旅行をする人、漂泊する人を意味している。自然をたずね歩いたり、地方の民族文化にふれる目的をもったものまでを含め、目的地が山や高原であれば登山靴をはき、リュックザック、テントを持つこともあるが、登山を目的とはしていないので、登山者とは区別

されている。

ハイキングは、山野の自然を楽しむ手段として、歩くことを目的としたスポーツをいう。ザイルを使ったり、自らルートを切り開くのではない。しかし、たとえ高い山でも困難性がなく、安全な登山路をたどって上下する場合は、ハイキングといわれる。低い山でも道のない沢登りをしたり、岩登りをすればクライミングになる。装備や服装は同じでも、ハイキングをするハイカーは、一般登山者とは区別されている。

四　ハイキング

昭和九年（一九三四）秋、鉄道省では国有鉄道の立場から国民の保健を目的として全国的にハイキング運動を起こした。「空高くハイキング」のスローガンを掲げ、都市生活者のため、敢然ハイキング熱を刺激する態度を採ったのである。

まず美しいポスターを用意した。東京、大阪、名古屋等主要都市を中心とした幾多のハイキング・コースが選ばれた。それぞれ向きの案内書が発行頒布され、これに対する二割ないし二割五分引の運賃割引を実施した。毎土曜、日曜、祝祭日等にはハイカーのために特別な汽車や電車が運転されることになった。

一例として、東京鉄道局のことを書いてみる。

昭和九年九月中旬、自然科学列車と銘打ってハイキング実施宣伝の特別列車を動かした。

これは東京市民を対象としたもので、定員二五〇名はすぐ満員締切りとなった。目的地は甲信国境に聳え立つ八ヶ岳山麓の美《うつくし》ヶ原。高山植物の中にテントを張り、第一夜は焚き火を囲んで野尻抱影から趣味深々たる星座の話を聞いた。

翌日は八ヶ岳の中腹までハイキングしながら植物採集（指導者、理学博士牧野富太郎）、昆虫採集（農学博士松村松年、井之頭博物館長平山修次郎）を行い、夜は一大キャンプファイヤーを囲んだ。

最後の一日は二五〇余人のハイカー達、蜿蜒長蛇の列を作って八ヶ岳高原一六キロのハイキングを行い、松原湖を訪れ、信州小諸経由で帰京した。

一〇月には武蔵野を偲ぶハイキング列車を出した。定員二五〇名、文学博士鳥井龍蔵外数名の指導下に土器、石器時代の武蔵野や上代における武蔵野の史蹟について興味深い現地講演が行われ、土地の青年男女会員は名産さつま芋のふかしたのや、麦湯の接待をしてくれた。
九、一〇月中に行われたハイキング新コース宣伝のための運賃二割五分引きとなったものは次のとおりである。
一、富士山を見るハイキング…富士五湖のほとりに聳え立つ三ツ峠山（一七八五メートル）に登るハイキング・コースで、峠、山頂、湖上等から飽きるまで富士山を眺めようというハイキングであった。

二、日本アルプス展望ハイキング…日本第二の大湖諏訪湖畔の塩尻峠に上り、新雪の光る北、南、中央アルプス連峰を眺め、湖畔の下諏訪温泉に下り日本第一大武神という官幣大社諏訪神社に詣でるハイキングであった。

三、山と海のハイキング…伊豆の修善寺温泉に一泊し、達磨山（九八二メートル、三角測量櫓あり）を越して戸田《へた》港に出、船で駿河湾を渡って沼津に出るハイキングで、達磨山頂から見た富士山、南アルプス連峰、沼津千本浜、三保ノ松原等の大観がよく、海上から見る富士の姿は崇高であった。

このほかに「浅間山麓鬼押出」「箱根火山縦断」「天城山に小鳥を聴く」「榛名高原」「越生《おごせ》里山」などのハイキングを実施。さらに、東京市内著名デパートでハイキング相談所を開き、映画に、講演に、ポスターに、パンフレットに、ほとんどあらゆるチャンスを捉えた。悦んだのは東京の近郊を走る電車会社達だ。赤字恢復はこの時とばかり、各社の沿線地がよいハイキングコースに富んでいると宣伝に熱中し出した。運動具店でも、それぞれのデパートでも負けずにハイキング用品の売り出しをやる。新聞、雑誌、グラフ類は競ってハイキングの記事を載せ出した。

昭和九年九、一〇両月中、ハイキング割引を利用した人の数は、東京付近からだけでも二〇万を下るまいと推定されている。

鉄道省の割引切符を持った団体遊覧客が、上高地を我が物顔に横行し出すと、静寂な山の雰囲気はがらりと都会化してしまった。ここらは公園なんだ、と思い直すと槍も穂高も一遍の讃辞を与える程度の気持ちにしかなれない登山者が、いかに多くなったことか。

東京の某新聞紙に「上高地を追われた男達よ、何処へ往く」という記事が出た。これは決してジャーナリスティックな表現だ、と軽く見逃すことのできない問題であった。上高地はまったく従来の上高地的なものを喪失しようとしていたからだ。

　昭和八年七月中の上高地の登山者は、実に八四一〇名で、白馬より五〇〇〇余名も多かった。一日に平均二七〇余人の人間が上高地を訪れた計算になる。へたな田舎の停車場はとてもお話にならない。上高地はすでに仙境でなくて、山間の小都会だ。しかもスマートな、モダンな、消費的サマーリゾートなのだ。

　鎌倉や軽井沢がそうであるように、帝国ホテル経営の山のホテルがまもなく開業すれば、そして大正池までのドライブウエーがさらに上高地の心臓の中まで入って、河童橋、明神池等を連絡する一周ドライブウエーが開通でもすれば、登山者達よ、何処へ往くかが心配でならない。上高地に氾濫するキャンプの群れから逃れ、徳沢から横尾、涸沢へと退却した多くのアルピニスト達がいたではないか。新聞が伝えるように、国立公園として恥ずかしからぬ文化的諸設備を擁して上高地が一大山岳遊覧場と化した時、小梨平、玄六沢、中ノ瀬等のキャンプ指定地は勿論廃止されることになろう。

松本営林署が登山者やキャンパーから希望とか不平を聴取するため、三か所に設けた投書箱を開いた結果、八月二〇日までに約二〇〇通の投書があった。主なものは次の様だった。

＊徳沢付近に新しいキャンプ指定地を。

＊山小舎が騒々しいので防止策を。

＊山小舎に婦人用の脱衣場を。
＊案内人に高山植物の名称ぐらいは説明を。
＊山開き当時に物価が高いのは何故か。

小舎、案内人に対する注文が一番多くて、登山界の近況の一端が窺えるだろう。北アルプスの人気を地方的に分類すると、依然として上高地と白馬岳とでさらっているのである。

ジャパン・ツーリスト・ビューロ（日本旅行協会）は、外客を本邦に誘致し、国際的親交を増し、国家経済の振興に寄与し、一般旅行上の利便増進、関係業者相互間の連絡提携を目的として、明治四五（一九一二）年三月に設立した。

昭和一〇年（一九三五）出版の『旅程と費用概算』の特長は、クーポンコース毎に各地を案内していることだ。旅の手数、気苦労を省き、旅行をより気持ちよく、簡単にしたいという目的で生まれたのがクーポン式遊覧券である。クーポンは鉄道省で設定し、日本旅行協会で発売した。指定遊覧地は、鉄道線毎に各地を網羅してあったが、実はこの中には数多くの山々が含まれ、しかも詳細に記述してあるのだ。この一冊で読者は居ながらにして山に親しみ、予備知識を得るのに役立てる。

一番山が多い中央線沿線の中に目をやると、筆頭が武州御岳山《みたけさん》だ。高尾山、三ツ峠、大菩薩峠がつづき、南アルプス（鳳凰山・駒ヶ岳・赤石岳）、八ヶ岳、そして中央アルプス（駒ヶ岳）、上高地（乗鞍岳）、白馬（常念嶽・燕岳）などがずらりと並んでいる。長文の記事は紙面を割くので、短文の山二つを選んで紹介してみよう。

御岳山《みたけさん》

新宿—立川間省線電車で四〇分（三等四四銭）。立川—御岳間青梅電車で五〇分（三等四八銭）。御岳駅から御岳橋を渡り、中野を経て滝本（山麓）まで約二キロ二、徒歩三〇分、自動車六分、乗合一五銭。滝本から山上まで（ケーブルカー）八分。三〇分毎に発、賃往復六〇銭。それから神社まで徒歩七〇〇メートル。御岳山頂には旅館は無いが、古来神社と密接な関係を持ち、多くの講中を宿泊せしむる御師の家が二〇余軒あって、参詣人に宿泊の便を与えている。一泊二円位。

高尾山

海抜六〇二メートル、南に案内山、津久井山、北に小仏峠等の諸山を控え巨樹鬱蒼と茂り、瀑あり、渓あり、幽谷の景趣に富み、見晴台に出ずれば視界頓に濶けて雄大、関東平野パノラマの如く眼界に展開し、四顧十三州に及ぶ。山路ゆるやかにて婦女子も楽々と登る事が出来、黄塵の都を去ること僅か一時間半にて清澄な山の気分にひたり、一日ゆっくり楽しむことを得るので春夏秋を通じて修学旅行や子供連れの遊山地として喜ばれている。

浅川駅から高尾山麓（清滝駅）まで二キロ余、徒歩約三〇分、自動車七分、乗合片道一銭。高尾山麓清滝駅から八合目高尾山駅まで〈ケーブルカー〉七分（八分毎）、賃金上り三〇銭、下り二五銭。往復五〇銭。高尾山駅から薬王院まで徒歩八〇〇メートル。殆ど平坦にて一〇分位。薬王院から大見晴台まで一キロ一、徒歩二〇分。

日本における最初の観光用登山鉄道は、生駒山の中腹に位置する宝山寺（生駒聖天）への参詣人を運ぶ生駒鋼索鉄道で大正七年（一九一八）に開業した。高低差一五〇メートル、延長一〇二七メートル、最急勾配二二七パーセントという小規模のものだった。ケーブルカーは大正一〇年以降、各地に数多く建設された。大正一四年までに一三線。以降昭和五年までに七線。昭和九年まではさらに五線が開業した。これらの大部分は山上の社寺への参詣人を輸送するのが目的であった。

最大の延長は榛名山に登る関東鋼索鉄道の二〇五二メートル、最急勾配は朝熊《あさま》山に登る朝熊登山鉄道の六二五パーセントである。

ケーブルカーのうち一九線は第二次大戦中に撤去されたが、その多くは戦後復活した。

しかし、戦後の登山鉄道建設の主流は、工費が安く、工期も短いロープウェーにと変わっている。

五　単独行

日本山岳会が、まだ生まれる前の明治三八年（一九〇五）八月一六日付『報知新聞』に、東京・日比谷の第一中学校五年生小牧厚彦君が、暴風雨のため乗鞍で遭難した記事がでている。これを読んでみると、この少年はなかなかの登山者で、しかも単独主義者であった。

「毎年夏季休暇を利用して単身深山幽谷を跋渉し、すでに昨年の暑中休暇にも福島県会津地方の親戚に赴き、途次奥羽の山を探検し得る所あり、前後十六日の山中生活をなせしといえり。かかる熱心なれば本年も暑中休暇を利用し、単独にて旅行を企て……」

どうも発生的には、単独登山、つまり単独行にふれた早期の新聞記事のように思える。遠い明治時代は交通不便なためか、登山のことを山岳旅行と称したし、無銭旅行、徒歩旅行、鉄脚旅行といったような冒険が若い人達のあいだに流行していた。だからその中でも単独旅行、単独行ほど魅力的で勇壮的なものは、そうほかにはなかったにちがいない。ところで、この記事を読んで一番心痛したのは、愛山家として次第に注目されだしていた小島烏水であった。

〝日本に山岳会を早く作れ！〟という奨励文が、イギリスへ帰国したウェストンから届けられ、日本山岳会の設立準備にかかっていた最中の悲惨な出来事だったから困った。

烏水の考えは、範をイギリス山岳会に求め、「アルプス倶楽部」の会名を提唱し、高山に登攀する人達が高山研究をするための登山団体を創設することにあった。なにしろ烏水は「登山は百利あって一害なし」との信念で、著書『日本山水論』や青年投稿雑誌『文庫』を通じて登山を奨励し、山岳会設立を叫んでいたときだけにショックだった。運の悪いことに、遭難者は当時の名士、小牧貴族院議員令息なので騒ぎが大きく、とても山岳会どころではない、と弱音を吐いている。

このころの登山を便宜上、開路的登山とか夏山開拓時代の名称で区分するのは、まだ地図や文献、登山用具といった一切がほとんどなくて、地元の人夫や案内人を雇わずに遠く高い山に登るなど不可能だったからだ。第一に登山それ自体が、冒険このうえない大事なのだから、単独登山なんて、考えただけで身の毛がよだつ気違い沙汰であった。

しかし、烏水の心配は案ずるほどでなく、日本山岳会は間もなく無事に誕生したし、登山は急速に発達していった。日本アルプスといわれた信飛国境に跨がる本州中央山岳地帯は多くの人達に踏破され、登山者の足跡は日本の各地へとひろがった。地方にも大小の山岳団体が次々に発生した。登山者は集団行動に馴染み、また、案内人の先導で安全性が保証されたかに思われた。

ところが、大正五年のある日突然、新聞各紙は山の大遭難を一斉に書きたてた。第一高等学校から東京帝大へ入学したばかりの学生四人と深川小学校教員の一行五人のうち四人もが、奥秩父の山中でいっぺんに疲労死したときの第一報だ。リーダーの藤井彦七郎がまた単独行者で、前年にも雁坂峠から梓山を経て国師、金峰を登ったばかり。残りのうち二人は登山経験者といえるが、あとの二人は未経験者であった。

唯一の生還者の手記をみると、この登山計画は最初から藤井が中心となっている。彼はそれまでにどこへでも単独行し、金峰山頂でビバークしたときの話は実に豪胆で、みんな心から敬服してしまい、彼の風を望んで馳せ参じたのであった。こんどは雁坂、国師、金峰を一度に縦走したいとの念願がかかっている。それから特記しておきたいのは、いざ実行という段になって問題化した単独行の信念で、捜索隊によっても次のように確認されている。

「一行が同所（注：山梨県広瀬）市川林業事務所の技師大久保英男君につき雁坂峠を経ずして甲武信岳に至るべき近道を問い合わせると、同君はその道の危険にしてとても案内者なくては進行困難なる旨を述べたるに、藤井君は今回の旅行たるやいわゆる内的知識の交換（哲学上研究の発表、および心的困難欠乏に耐ゆべき修業）の問題を提げ、かつ天幕生活に異分子の入る時は面白からずと排したるゆえ……」

これをみると単なる冒険旅行ではなくて、求道的登山、修験者的登山といった感じがするし、自ら困難を目指し、無案内主義を実行したあたりは、のちのアルピニズムと一脈通じるかに思える。いずれにもせよ、自ら困難を求め、困難を克服しなければならぬ単独行の宿命と、登山本来の純粋性を尊重するあまり、せっかくの好意、助言を拒み、未知の奥地へと出発したのであった。やがて迫りくる連日の風雨を知るよしもなく、死の彷徨が待ちうけているというのに……。

この事件の詳細を記した『山之犠牲』（大正五年）は、正しい登山を指導するため、とくに「山岳登攀の心得」を付記し各項にわたって説明しているが、そのなかで登山隊員の数について、次のようにふれている。

「往々一人で連嶺縦走などを思い立つ人があるが、誰しも行き得る人里近い所を旅行する場合を除いて、これは極めて危険な行為であると思う。いかに用意周到にして注意深き人といえども、いつ危険に遭遇せぬとも限らぬし、また身体鉄石のごとき人といえどもいつ疾病に犯されぬとも限らぬから、かかる時の用心に登山者の最少単位は二人たるべきものである。」

しかし、この学生達の遭難は非難よりも、あえて困難に立ち向かう精神性を高く評価された。

大正の年代は、日本山岳会の会員を中心とした先蹤者達につづいて、学生登山者群が東西に台頭した時代となった。彼ら学生は、単にピークハンターとして先人達の後塵を拝することに不満をもち、ヨーロッパ風の岩と雪の近代登山を研究した。いつまでも案内人に頼らず自分達だけで登山し、しかも今まで誰も登ったことのない方面から、そして従来の夏季だけでなしにあらゆる時期の（とくに積雪期の）登山を開拓し始めた。関東にあってその先陣を競ったのは慶大や早大、学習院、関西では三高や京大が中心となり、すぐれたアルピニストを輩出した。北鎌尾根や八ツ峰、源治郎尾根の岩稜づたい、積雪期の槍、穂高、劔などの高峰が好個の目標とされるにしたがい、こうした行為を裏づける思索の面においても、より高く、より困難を求めるアルピニズムへの研究が熱心になされるようになった。そして登山形式として単独行に対する考案は新たな段階を迎え、角度を変えて評価を見直されるときがきた。

慶大ＯＢの大島亮吉は、大正一二年三月から四月にかけて上信飛の山を訪れ、そこで想を練り、名作『山上所観』をものする。その一節「山に登る心」と題した次の文章こそ、単独行への序曲ではなかったか。

「山に登る心──自分はいまこのことについて書き記す。「或る登山思想は一種の遁世的思想の反映である」とかつてある高名な登山家が言った。──「それゆえにそれらの登山思想をもちて山に登る者にとりての理想的なる登山形式は、実に単独登山であらねばならぬ。われらが唯一人にて、かの高き雪のなかをさまよい歩くとき、はじめてわれわれは山のまことの孤独寂蓼な姿と、自らが常住するかの低き谷の地を真実に隔絶せしとのおもいをば感得しうるであろう」と。自分は現在この言葉を正しく信ずるものである」

しかし高度な登山技術からすれば、二人または三人以上の協力が必要であった。大島はさらにいう。

「しかれども、われらがこのような登山形式をとりて、山を登るとすれば──たとえば冬の高山に対しての単独登山の場合のごとき── そこには必然的にそれを不可能となさしむべき幾多の理由のあることを知る」

この時代を回顧すれば、冬山と岩登りの登山形式がようやくその黎明期に入ったころであり、ほとんどが、まだ未知の世界であった。これから研究と実践をはじめようとする時期に、冬山への単独行にふれた恐ろしい卓見だというほかはない。現実と理想の不一致は、とくに冬山にたいして厳しく立ちはだかっていた。それは超人的な能力がなくてはならぬと思われたが、大島亮吉の意欲は、さらに激しく燃えつづけた。このころ彼は一番心身の充実した生涯に到達していて、山岳部の部報『登高行』第五年の編集を担当すると、数々の力作を登載した。

この中に前号「山上所観」以後の経過をまとめた「単独登山についての一言」の一篇を加えたことは、立派な業績として敬服したい。単独行は登山の正統派を自認する側からみれば異端者かもしれないが、単独行そのものの考え方や行為は、数こそ少ないが、登山の生起とともに古くからあった、と冒頭でふれ、ヨーロッパの単独行者ゲオルク・ウィンクラーを寡黙実践の徒とよび、あえて彼等について言ってみれば、彼等は全く自己の主観のうえ、個性のうえに立脚して山を登り、いつもその山登りは自己の個人的な登山思想——と言い得べきものがあるならば——を背景としているのである。だから登山術のうえの法則と単独登山というこのふたつのものの間に何らの一致点がないのは、実に当然すぎるほど当然なわけである、といい切っている。単独行者は、いろいろな危険、労力の過大、無駄なことがらなどをよく知っている。知っていてもなお行為をやめようとしない。彼等にとっては登山の安全性、能率性は第二義的なものなのだ。

「私は信ずる。正統的登山はいつも正統的で存在する。そして単独登山は単独登山として立派に存在するとおもう。なぜならこのふたつのものは全く立場を異にしたものだからだ」と単独行を正統化し、その存在性を力説した大島は、単独登山の実行、その拡大による自己の完成こそ最も崇高であり、最後の目標である、と礼讃してやまなかった。

しかし、その理想達成への中途で穂高の雪中に逝ったことは、まことに千秋の恨事というほかはない。こうして思想的に単独行の門戸は開かれたが、その衣鉢をしっかり引き継ぐ人材は関東ではなくて、関西のしかも市井のサラリーマンであったとは、大島にとっても意外だったかもしれない。厳しい冬山の自然条件に抗して至難な単独行をやってのけるには、衆に優れた特別な体力と天性的に強靭な精神の持ち主でなければならない。それが「生まれながらの単独行者」の資格であった。

但馬人《たじま》は俗に但馬牛のようだといわれ、ねばり強さを長所の第一としてきた。その雨や風に刻まれた但馬の風土で加藤文太郎は生まれ育った。筆者は、先年山陰に旅して漁港浜坂を眼下にする城山に登り、加藤文太郎記念碑を訪れた。碑面上部右側に「不撓不屈の岳人」と記し、中央に大書して「加藤文太郎」、その左に「ふるさとの碑」とあって、建立は昭和四五年八月。碑面下部の碑文は、

「加藤文太郎は明治三十八年三月十一日浜坂町浜坂に生まれた　浜坂尋常高等小学校高等科を卒業後　大正八年三菱内燃機神戸製作所に入社設計課員として精励するかたわら　神戸工業専門学校に勉学し技能の向上に専念しつつ健全なるスポーツに徹し　六甲山　但馬連山　日本アルプス等の単独登山を続け「不死身の加藤」とよばれ国宝的存在とまで賞賛されるに至ったが昭和十一年一月槍ヶ岳北鎌尾根を経て天上沢に三十一歳の青春を終えた　ここに有志相図ってその沈着と用意周到かつ独創的にして勇猛果敢　不屈の岳人として日本山岳界に不滅の足跡を残した故人の遺徳を偲び永

世に伝えんがためこの碑を建立する」

単独行を山のタブーと信じる人や、英雄扱いを心配する人達の反対をよそに、ふるさとの善意は故人の生前における独創性、慎重性、勇敢さをたたえ、誇りとしているのだ。登山界の組織づくりに熱心な岳連関係者や山岳団体からみれば、単独主義者は異端者であるはずだ。自分本位に考え、独りで山に登り、他人のことに冷淡だとすればそうであろう。ところが加藤文太郎にこの種の非難が少ないのは事実だ。

相互協力や援助ができないから単独行は危険だ、と文句をいっても、弱いパーティーやバランスを欠いたパーティー、均衡のとれたパーティーでも事故は起きるし、他人に迷惑をかけず、登山の純粋性、自由性を求めるが故の主義であったとしたら、なんと批判できようか。人はたいてい一生のうちに何度かの単独行を経験しているだろうし、この後しないとは言い切れまい。加藤文太郎とても同じこと。とくに最後の北鎌尾根が、単独行ではなかったのは印象的ではないか。

加藤文太郎は北鎌尾根に向かって忽然と世を去った。槍ヶ岳は彼の登山略歴を調べればすぐ明らかなように、主要な登山の中核を占めている。よもや槍ヶ岳で不覚を取ろうとは夢にも思わなかったと思う。運命の昭和一一年一月三日、この日の状況を語るには、『吉田・加藤両氏遭難報告』が詳しい。

「一月二日、七時ごろ目を覚すと外はゴウゴウと物凄い唸りをたてている。大吹雪だ。仕様がないので籠城と腰を決めて寝ていると、加藤、吉田の両君はまめまめしく働いて二つのコッヘルに粥をたいてくれたので四人で頒けて、喰い足らぬところはパンや菓子を喰って補った。食糧節約のため……ところが昼過ぎごろ、吉田、加藤の両君は北鎌の偵察をしてくると、かなりひどい吹雪の中を出ていった。約三時間もしたころ、ふたりは真白く雪まぶれとなって帰って来た。そして槍の頂上まではさほど困難なく登れる。また、北鎌の降りは相当悪いが、中途まで降りて偵察をして来た。ザイルは二〇メートルでよかろう、などといっていた」

こうしていよいよ、運命の一月三日を迎える。

「一月三日、待望の夜は明けた。今日はいよいよ槍を征服するのだと思うと、身も心も緊張する。さて天候は、と外を見れば完全な晴れとはいえないが、時々青空を見せて大槍が見えつ隠れつしていた」

彼らは加藤文太郎だけを残して槍ヶ岳を登頂し、小屋に帰ってきた。そして、

「間もなく加藤、吉田両君は残りの食糧を携えて峻嶮北鎌へと向かって出発した。時は正に午前十一時三十分。

食糧は左記の通り、わずかのものであった。

一、小豆の甘納豆　一罐

一、リンゴ　二個

一、板チョコレート　二枚

一、クリームチョコレート　少量

ほかにアルコールをバーナーに一杯とコッヘル等で、吉田君はサブザックに右の品を入れて肩にかけ、加藤君はザイルを首に引っかけていとも元気に出かけて行ったのである。ああ、神ならぬ身の、これが最後の別れになろうとは知る由もなかった。この時分から天候は再び崩れはじめ、また

吹雪となってきた」

と、克明に当時の模様を報告している。

（関西徒歩会会報『ペデスツリアン』一八四号別刷）

自然の猛威の前には、加藤文太郎といえども「超人」ではあり得べくもなかった。驚くべき精力家、冬山単独登山の猛者であろうとも、限界の壁を克服することは不可能であったのだ。しかし、いささかも他人の助力をうけない単独行者の彼に、こんどは同行者がいたというところに、北鎌尾根における遭難の原因に、いろいろの億測を生じさせるのである。

加藤文太郎が本格的な登山を開始したのは三菱神戸造船所へ入社以後で、大正一三年から兵庫県内の県・国道をつぶさに、しかも夜通しかけて踏破したという有名な話は、このときに端を発している。一二年間にわたって、次々につくられたすばらしい登高記録の根底をなしたものは、この単純な国道リレー歩きによって培養された。

彼は非常な熱情の持主で、容易には自説を曲げない頑固さがあったが、しかし、自己の誤謬を覚ったようなときには男らしく自説を撤回するだけの淡泊さを失わなかった。立派な登山家となるためには、よく読書をしなければならないということで、彼は先輩と二時間も議論して負けたとき、翻然としてそれからは読書に没頭するようになった。山に関した文献は広く読破し、丹念にノートをとることを忘れない．氷雪技術の関係書はとくに反覆熟読し、登山者は岩登りをしなければいけない、と主張するまでになった。

つねに新しい時代の摂取に敏感で、アルピニズムと正面から取り組んでいた。すべて物事は徹底的にやるという強い意志こそ、彼に熱烈な登高を実践させたエネルギーではあったが、その半面においては、流れる雲に悠久の時流を盛り、大気の中に古詩を口ずさむ人間的ゆとりを多分に持っていた。後半『RCC報告』や『登山とスキー』に寄せた文章がめきめき上達した陰には、こうしたひたむきな読書の成果をみるが、それにも増して熱情溢れる人間性を見逃してはならない。

遺著『単独行』は、登山者の間では、ある畏怖と尊敬の念とが入り混じった半英雄的崇拝をもって読まれている。これほど版を重ねている山の本は、ほかに見当たるまい。

筆者自身、多情多感な若き日に愛読したのは『霧の山稜』（加藤泰三）と『単独行』であった。それは前者からは山の美しさを、後者からは山への勇気を教えられたためである。

加藤文太郎が北鎌尾根で斃れた年（そのころの谷川岳は一ノ倉岩壁の開拓期であったが）、昭和一一年発行の雑誌『登山とスキー』（「世界の山々登攀物語」特集号）に杉本光作「一ノ倉を最初に登った人々」があって、この中に一人の単独行者、のちの登歩渓流会員・山口清秀の超人ぶりが紹介されている。単独で第六ルンゼを登攀し、第二ルンゼの杉本一行と同高度に初めて姿を見せたあと、彼らがようやく国境稜線に達した時分には一ノ倉岳、谷川岳、西黒沢と下って帰京の車中にいたという。しかも単独での一ノ倉入りは、二、三年前からの記録がある。

一ノ倉を中心にしばしば単独登攀した昭和山岳会員・小林隆康の『岩壁登高』（昭和一七年）は、戦中から戦後にかけて貴重な参考文献になったが、冒頭からのすさまじい敢闘精神に読者は圧倒される。

「私は単独行に因って敢闘精神を確保せんとした。そしてアルピニストの完成、鞏固なる敢闘精神は単独行において最も力ありという結論を経験に基いて得たのである。しかし岩壁登攀は単独行のみで光輝ある足跡を印する事は甚だ困難である。ザイル、ピッケル、ハーケン等登攀の三ツ道具を使い、一個のパーティーが一致協力、団結融合して行動する時こそ、その力は単独に数倍し、輝かしき精華を収め得るのである。また単独行で敢闘精神を充実させて置かなければ数人がパーティーを組んでも精神的また活動的に登攀は困難を増し、失敗の因となろう」

小林隆康は、最初から一ノ倉へ入ったのではない。二年有余の間、丹沢などへ単独行をつづけ、憧れの谷川岳へは、まずマチガ沢、ヒツゴー沢を小手調べしてから本谷を登った。そして無事に完登したときのよろこびを、

「登った。無事に一ノ倉を登ったのだ。自分の実力で登ったのだ。感激も歓喜も錯綜して唯夢中だ。ああ！

私の山登り生活中一つの記念さるべき日であった。今日の感激、今日の闘志は私の岩登りを急速に発展せしめた」

（『岩壁登高』）

と率直に述べている。やがてそれは谷川岳の目ぼしいルートを完登後、穂高屏風岩、甲斐駒摩利支天、雲竜七滝沢へと拡大されてゆく。

「海の単独行」では、かつて堀江青年の「太平洋ひとりぼっち」のヨットの例があるし、そのあと「冒険野郎」こと植村直己が一万三千キロの北極圏単独犬橇旅行をやってのけている。実質走行日数は三一二日。これほど孤独と忍耐を要した壮大で苦闘の旅行は、冒険史上に例がない。

小林隆康は太平洋戦争に出征して二三歳の若さで戦没し、植村直己は冬のマッキンリーに消えた。

昭和二年、甲南高校二年生伊藤愿《すなお》は、他の仲間達に穂高への単独行を発表した。二年前にＲＣＣの藤木九三、早大の両パーティーが初登攀を競って以来、どこのパーティーも登っていない北穂高の滝谷と、まだ処女性を失わない小槍へ大胆にも単独行を試みようというのであった。

この当時の高山では、まだ案内人を雇用するのが常識で、早大等ごく一部の先鋭的学生のあいだにやっと無案内主義が勃興しつつあり、岩登りは概念の範囲にとどまっていた。慶大が槇有恒をリーダーに涸沢生活からようやく一本立ちになったばかりで、どちらかといえば、冬山主義の色彩が濃かった。関西では藤木九三を盟主とするＲＣＣが、ゲレンデを巣立ちして本格的な岩登りに向かったころだ。

伊藤愿が単身、バリエーション・ルートを目指したことは、だから驚異的な計画だった。彼はそれまで滝谷に入った三組のパーティーが、いずれも案内人を連れていたのに対し、自分だけが単独登攀するのだと心中深く期していた。

ついに滝谷を登りきった伊藤は、いったん槍平へ下り、飛騨乗越を経て肩ノ小屋へ入ったが、甲南パーティーと合流できず、今度は小槍を単独で登った。

「一人でやる岩登り。正統ではないだろうが、また別の愉快もある。小屋へ引き揚げるには槍の西側を回ったから、丁度大槍も一周したわけだ」

甲南高校の部報に、このように書いている。上高地で水野祥太郎と合流し、ふたたび槍付近の岩登りをやろうと肩ノ小屋へ戻ってきたとき穂高で遭難があり、雨の中を殺生小屋から南岳まで四二分で飛ばしたのは、このときの記録だ。七月九日に大阪を発って入山以来一か月、八月八日に上高地を引き揚げた伊藤だが、この単独行は、はからずも伊藤愿の名前を天下に知らせることになる。大阪放送局は、わずか高校二年生の若者に「厳粛なる山の姿と犠牲者」と題した放送をやらせたのだ。

昭和三年三月、積雪期の槍・穂高を踏んで涸沢に入ったとき、彼は生涯忘れることのできない大事件にぶつかる。

「涸沢のスキーデポからプリズムで眺めると、前穂高北尾根の第五峰に四人の姿が見えた。……自分達は北穂高に向かったが濃霧で引返し、スキーデポで休息していると、慶應の人達が三人降りてくるのに出遭い、大島亮吉氏の遭難を知った」（『甲南高校山岳部報告』）

敬愛してやまぬアルピニストの劇的な死は、ただ外面的に山の世界に没頭していた彼に、大きな感銘と教訓を与えた。登山をはじめて三年、若き単独者のうえに、早くも求道的な転機が訪れた。『関西学生山岳連盟報告』一号に寄せた「雪中露営の諸問題」は、積雪期縦走の新方面をまず雪中ビバークの大きな課題から解決する労作であった。そして京大に進学後、早月尾根、ジャンダルム、鹿島槍北壁へ勇名を馳せ、京大のヒマラヤ計画の現地調査もつとめた。

昭和二六年、土木関係で欧米出張の際、マッターホルンを単独登頂し、若き日の単独行者の片鱗をみせた。

伊藤愿は理論家であり、実践家であり、猛烈な頑張り屋だった。身体はあまり丈夫でなかったが、人の二倍も荷物をかつぎ、ハアハア息をはずませながら一歩一歩、力強く歩いた。友人はそうした彼を、「コッテ牛」とよんだ。

「命長ければ恥じ多し、五〇、六〇まで生きる必要はない。おれは人生を太く短く生きるのだ」といっていたとおり、彼は四〇代でこの世を去っている。

六　仙境尾瀬の景観

人は口癖に〝日本は狭い〟という。

だが日本の隅々まで隈なく歩いた人は、ほとんどいないだろうし、まだまだ私達の知らない土地や、越えたことのない峠路はいくらでもある。

島々から上高地へ越す徳本峠、青梅から甲州街道へと抜ける大菩薩峠、栃本と三富村を結ぶ秩父往還の雁坂峠などはみんな昔からの美しい峠路だ。日光湯本から上州片品村へ出る金精峠、田代と信州上田を跨ぐ鳥居峠、万座と佐久を繋ぐ武州街道の十石峠なども趣に富んだ峠といえよう。

今までに越えた峠はいくつもあるが、これからも越えてみたい峠は、また無数に近い。

峠は人里と人里とを結ぶ。それゆえに私達は峠の向こうの自然を考え、そこの人家の造りがどんなものか、どんな人達がどんな暮らし方をしているかを頭に浮かべる。

近年、峠は大きく変わった。峠を避けた新道、トンネル、橋梁、緩勾配への付け替え工事は急速に山の向こうの生活を都市化し、もはや昔をしのぶよすがは残り少ない。

峠は、その文字どおりに山を上り下りするのが常だが、その一方しかない峠もある。盆地の中の〈会津〉に入るには、必ず峠を越さなくてはならないが、宮下から只見川を上流に向かい、左岸の険路を登って沼沢沼を西まわりして川口方面へ越す尻吹峠は下りだけだし、上州の沼田から尾瀬沼へ出る途中の三平峠は、上り一方だけの峠なのである。

只見川は、源を尾瀬沼に発して沼尻川となって北流し、大津岐川・中ノ岐川・北ノ又川などを入れて奥只見湖となり、なおも下って田子倉湖を経て只見で伊南川を合流、蜿蜒八キロの果てに日本海に注ぐ阿賀野川に入る。水量が豊富なため発電によく利用されている。

夏がくれば　思い出す
はるかな尾瀬　遠い空
霧のなかに　うかびくる
やさしい影　野の小径
水芭蕉の花が　咲いている
夢みて咲いている水のほとり

歌は「夏の思い出」という。昭和二四年ラジオ歌謡となって全国に広まったもの。美しい高原、澄んだ水、さわやかな空気の尾瀬湿原を有名にした歌だ。作詞は江間章子。

尾瀬は治承四年（一一八〇）秋、尾瀬中納言がこの地に卒去し、その遺骸を納めたという伝説を秘めているが、徳川時代の古文献のいくつかに尾瀬の名がみえる。それというのは、尾瀬が当時、奥州と関東を結ぶ一つの通路に当たっていたからだ。この道を沼田街道、または会津街道とも呼び、戸倉には関所を設けていた。明治維新のさい、官軍がここから会津になだれこみ、激しい戦が行われた。

そうした歴史上の往来を別にすると、尾瀬の美しい景観を初めて世に紹介したのは、明治二七年（一八九四）の『太陽』創刊号に掲載の「利根水源探検紀行」（渡辺千吉郎）だ。

「燧岳は岩代国に属し巍峨《きが》として天に秀で、その麓凹陥して尾瀬沼をなし、沼の三方は低き山脈をもって囲繞せり。

翻々たるカルガモは捕猟の至るなきため悠々として水上に飛翔し、一面琉球藺《い》は伐採を受けざるため茸々《じょうじょう》として繁茂し、沼辺の森林は欝乎《うっこ》として水中に映じ翠緑滴るごとく、燧岳の中腹は一帯の雲煙に鎖され夕陽これに反照す」

利根水源を探検して上越国境に出た群馬県の一行二七人は、尾瀬沼を発見して戸倉へ下ろうとし、今しも眼前に展開した秘境の絶景に息をのんだ。双眼鏡で遠い沼の対岸を探すと、無人の小さな板小屋が見えた。これこそ岩代—上野を結ぶ街道の傍らにあるという会津檜枝岐村と上州戸倉村との交易所なのだった。檜枝岐から会津の名酒をここに運んでおけば、戸倉村から他の物品を担ぎ上げて交易する風習があり、正直と約束が昔から守られていたのである。

「なんという変化に富む植物景！　そしてまた何という美しい風景！　単に珍品を蔵するに止まらないこの宝庫！　私はただただ驚嘆してしまった。拙い筆ではとうてい写すことは出来ない」。当時の二〇万分の一地図にはアテ坂も鳩待峠も、それに至仏山も出ていないが、武田久吉は人夫のあとを追って暮色迫る頃、鳩待峠を越えて燧ヶ岳西麓の檜枝岐小屋に着いた。時に明治三八年七月のことだった。

『植物雑誌』の早田文蔵「南会津笠に其の附近の植物」に北海道以外に知られていない数種の植物が尾瀬に生えているという記事を見て、たまらずやって来たのだ。それまでは日光の諸山や八ヶ岳、甲斐駒、戸隠、妙高くらいしか登っていないので、奥上州から会津境の深山には恐怖を感じた。だが山ノ鼻に達し、広漠とした尾瀬ヶ原の風景と足下に咲き乱れる花の群落を見たとき、夢をさまようかと思った。

武田久吉は早速、採集実記を『博物之友』に寄稿し、創立したばかりの日本山岳会の『山岳』創刊号にもこの紀行を執筆した。このため尾瀬の美しい風光は、一躍登山界に知れわたるようになった。『太陽』の利根水源探検記は、尾瀬の部分は付録のようなものだったが、そうではなくなった。日清戦争後、若い人達の間に徒歩旅行や山地探検熱が盛んになるにつれ、自然と尾瀬にも人が入るようになり、早田文蔵はその一人だが、ここに紹介する水彩画家大下藤次郎もその一人だ。

「私はこの記事を読んだ時より、その尾瀬沼を是非探って見たいと思った。そして会津方面の人に逢う毎に、地勢を問い、順路を問うた」

地図上では確かに道があるが、実際は僅か一尺そこその細径で、夏は人よりも高い草に覆われ、冬は一〇余尺の深雪が降る。山道一〇里の間に人家はなく、一夏僅かに一〇数人の往来があるくらい。とても都会人の行ける所ではなく、野宿になるとの答えしかなかった。しかし『山岳』に武田久吉の尾瀬紀行が出た。野宿しなくてもすむ小屋があり、戸倉で準備すれば大丈夫と分かった。前年は上高地へ行ったし、その前には裏磐梯の湖水をたずねている。

「山小屋は先年信州地方で見たものは、なかなか完備したものであったが、尾瀬沼の山小屋はいかにも憐れなもので、少しく用意の不充分であったのを知った。周囲三里の山湖、これを尾瀬沼といい、宿舎を去ること僅かに二丁、風光極めて幽静である。ここに泊まること五夜、その間出来るだけスケッチをした」

大下藤次郎は帰京後、東京で展覧会を催し、尾瀬の勝景を披露する一方、主宰の『みづゑ』にも「尾瀬沼」特集号を発行するなどし、武田久吉とともに初期の尾瀬紹介の双璧とまでに賞された。

燧ヶ岳（二三四六メートル）は、山頂はハイマツ帯、中腹は針葉樹つまり黒木《くろき》が密生し、山麓は巨大なブナの原生林帯が包んでいる。残雪の美には恵まれないが、森を愛する人ならその翠巒《すいらん》を尾瀬の象徴として忘れないだろう。

燧ヶ岳は明治二二年、檜枝岐の人、平野長蔵（当時二〇歳）が道を開いて頂上に石祠を建立した。当初は燧岳教会開設や尾瀬沼参籠所、檜枝岐燧岳神社などの建築を行い、自ら神官となって同地方民の敬神に意をそそいだが、後年、沼尻の高地に長蔵小屋を建て、当時の登拝者はここで斎戒沐浴して登山した。

大正四年、長蔵は沼の東岸奥沢の南に居を移した。尾瀬を人が盛んに訪れるようになったのは、この地の風致保護に孤軍奮闘した尾瀬沼山人こと平野長蔵翁の功績なのだ。

七　銀山平の盛衰

明治三五年（一九〇二）六月五日付で、次のような銀山平探検の案内状が新潟県北魚沼郡郡長名で関係者に配られた。

「本月二十日より向こう一週間と相定め候に付、当日湯の谷村大字大湯東栄館へ集合、翌二十一日未明登山の予定」とある。

いよいよ当日、大湯温泉東栄館へ集合した一行は、北魚沼郡郡長萬千野定之助を隊長にして、郡下町村長、県林業技師、県水産技手、新潟・高田両師範学校教諭、水晶採掘家、鉱業家、新聞記者ら三二人、案内一一人、人夫一七人を加えて総勢六〇人。見れば洋装あり和装あり、帽子の者、笠の者、夏服の者、冬服の者、六〇人が六〇色の珍妙な扮装だが、六時半、めざす銀山平の探検に向かった。

銀山平へは永禄年間（一五五八〜七〇年）から湯之谷村の人達がマス漁やゼンマイ採りに入山していたが、寛永一八年（一六四二）湯之谷村の源蔵が赤川表（只見川）から銀の垂柱を発見して持ち帰り高田城主に注進に及んだ。幕府は高田藩に対して採掘の命を下した。

だが、ここにはからずも銀山平開発をめぐって越後領対会津領の国境争いが起こり、会津側から幕府へ直訴が行われた。それは銀山が魚沼郡八海山の地続きで越後領分だとの主張への抗議であった。

かの銀山は別の所にあり、越後から容易に越えてこられる場所でなく、越後との境界は昔から志織峠(枝折峠)と定めてあるばかりか、入山して冬のカモシカ猟、夏のマス漁などの時は、運上(税金)を会津藩主に納めていた。だから無断勝手は許せないと、一時は槍、鉄砲まで持ち出して大勢で押し寄せ、険悪な雰囲気につつまれた。いろいろ取り調べた結果、正保三年(一六四六)、只見川が国境と裁定され、次の記録が残った。

「越後国よりは、赤之川(注:阿賀野川)半分境目と申上候得共、会津よりは赤之川を越え、西の山峰を境と申上候。前々より近年迄、右之場所、越後より仕置申付候証拠数多有之也、会津より申上候証拠一円無之、其上、上野と会津の境目、尾瀬沼と云沼有之、南は上野国、北は会津、沼半分宛、先代より定り来候。赤之川は右の沼より水出候川下に付今度不動滝より大鳥沢迄は赤之川半分境に相定候。並浅草山より大鳥沢迄は先規双方申分無之候。但みしゃう岳は山の峯切たるべく候伝々」とある。つまりこれによると、尾瀬沼は北半分が会津領なのだから沼を源とした只見川(阿賀野川)の不動滝(三條ノ滝)から下流の大鳥沢までの間は、川を半分にして越後と会津の境界、未丈ヶ岳から先の浅草岳へは従来どおりの峰つづきを境界にしたわけだ。肝心の銀山平は、会津側の主張は却下され、越後側を上田銀山、会津側を白峯銀山に区分した。

元禄二年(一六八九)になると銀山は公儀のご用金となり、江戸の名高い実業家河村瑞軒を銀山支配奉行に起用、出来高の半分を与えた。人の住む所には神と仏はついてゆく。浪拝《なみおがみ》上流には十二山神社や寺院三ケ寺が建立され、傾城沢には娼家が軒を並べ、酒香空に漂った。銀山千軒の繁盛とはいささか誇張のきらいがないでもないけれど、大規模な採掘・精錬が行われ、元禄四年には人口一万四〇〇〇内外の堂々たる鉱山町にまでなった。

しかし国境争いまでして利権を奪い合った銀山は、宝永三年（一七〇六）、坑内が崩壊して多数の死傷者を出して請負制に変わり、やがて地下に掘り進んだ坑道が只見川の川底をつき破り、一挙に三〇〇余人の犠牲者を出し、鉱山銀山平の歴史は終わった。

八　秘境檜枝岐

明治三五年（一九〇二）、北魚沼郡あげての探検隊は、今は荒れ果てた銀山平地方の資源開発調査のためで、八年前に群馬県が行った利根水源探検とはちがった意味で、それに匹敵する大事業というべきものだった。

「頂上には未だ雪もあり、眼界俄に改まり、駒ヶ岳（越後）、中岳、荒沢岳、平ヶ岳、燧岳、赤城山、白根山、伊北山、大鳥未丈岳などという高山が四面に屏風のように順序よく列び、景色といい、涼味といい、まことに形容すべき言葉がない」

六月二四日、探検隊一行は上田銀山を発って檜枝岐までの七里半の道のりを歩いたが、只見川源流を取り巻く山々を一望し、その高さと深さに驚いた。辿り着いた南会津の檜枝岐村は戸数七〇、四方とも三里の険隘を越えなければ隣村へ出られない最奥の僻地だった。

この地の特産は曲物《まげもの》で、黒檜板を曲げて木皮で縫綴して手桶、柄杓、飯入などを拵えていた。何のまぜ物もない生ソバを、袴をはいた妙齢の婦人が巧妙に切るのには感心したが、大便所に紙代わりの麻幹《おがら》を一人二、三寸に揃えて置いてあったのは異様であった。

翌三六年九月から一〇月にかけて、第二回の銀山平探検がつづけて行われた。今度も郡長を隊長に五〇人が出かけた。銀山平を調査してから只見川本流の遡行を試みたが、大白沢付近まで行って残念にも引き返した。

尾瀬沼から尾瀬ヶ原へかけての一帯は、日光国立公園の奥院と称されている。地形・植物等の景観に頗る特異なものが多く、しかもその原始的な点が珍重され、登山者、画家その他が他にかけがえなき国家の至宝として随喜するところだ。文部省方面でも速やかに保存の施策を講じようと奔走し、国有林当局はこの点に着眼して保護林に編入して一切の施業を禁止、専ら現状の維持に努めてきた。

しかし一面、尾瀬地方はその地形上水力電気事業側にとって最も有力な水力開発地点であった。地形は天然の偉大なる貯水池であり、高度も高くて、大いなる落差を利用するに適している。さらに加えて雨量も大である特色があるので、電気当局は国家の重大な資源として大正一〇年代以来尊重してきたのだ。とくに土地の過半は東京電灯がすでに買収して私有地に属し、水利権も設定してある。

尾瀬の発電計画は、尾瀬沼と尾瀬ヶ原とに貯水池を設ける案であるからそのまま実現すれば、少なくとも一帯の原始的景観は破られることになり、誇りとする処女性は破壊される。尾瀬ヶ原一帯は一千町歩に至る我が国第一の大湿原なのに、ともに水底に没し、湿原の景観と珍貴な植物とが滅亡する結果となるのは誰の眼にも明白だ。

文部省は事の重大性に考慮し、同地域に対し天然記念物指定を行う旨を内定した、との確かな情報が流れた。

昭和一〇年九月一二日付けの東京朝日新聞は（奇しくも富士登山ケーブル問題報道の翌日）早速これを取り上げた。尾瀬ヶ原一帯が水力発電計画を有している東京電灯会社は、右指定が確定したら重大な支障を来すのだ。内務、逓信省から水利権を賦与されていることを理由に、当局に陳情している、との報道だ。

尾瀬の名が広く世に知られ、その風光を慕って多くの人がここを訪れるようになったのは大正の初期からである。一高の旅行部が率先して毎年この方面に旅行班を送り、従来あまり知られていなかった山や峠や沢や温泉を紹介したことは、尾瀬を世に知らしめるに大いに役立ったと思う。それを『山岳』第一年第一号に所載の「尾瀬紀行」こそ、尾瀬の植物景観と風光とを世に紹介した最初のものだった。

水力計画国営の第一歩として、国策審議会が立案した尾瀬水力発電の計画が議会を通過したのは昭和一三年である。当時文部省方面、主として植物学者、地質学者、山岳界等から猛反対の声が起こったが、戦時下生産力の培養に決定的な動力を約束するものとして、電気庁では万難を排しても、昭和一七年中に精密調査を完了し、昭和一八年度に起工して、昭和二三年には第一期工事を完成しようと計画を進めたものである。

群馬・福島に跨がる千古の幽邃を包む神苑尾瀬沼（標高一六六五メートル）の両端を裂き、燧岳の南麓溶岩流を削り、瀬となり、瀑と飛び六キロ余の樹間を貫く沼尻《ぬじり》川は、西流して尾瀬ヶ原下田代で八木沢を呑み、猫川、ヨッピ川と合し、県境を北上して只見川となり、平滑の滝の急潭を落下すること三キロ半、燧岳の西麓の熔岩の堰流により生ぜる尾瀬ヶ原湖水の溢水が、溶岩流の末端にかかって堂々落下する三丈余の三丈瀑の壮観を呈している。

この沼尻、ヨッピ川を平滑の滝上方の尾瀬ヶ原北口の峡谷で堰止め、東は燧岳の腰から西は至仏山の中腹まで浸し、新潟・福島・群馬三県境の短径二キロ、長径五キロに渉るこの尾瀬ヶ原大湿原を水底に沈めて大湖水を再現し、至仏の北麓から利根川支流楢俣川へ落とし、渇水時の東京水道、奥利根発電用水補給とする。また六〇〇メートルの落差を利用して五〇万キロワットの電力を起こすという日本発送電尾瀬発電計画は、すでに一〇余年の昔から東京電灯が測量に着手していた。だが当時から各方面の反対論で幾度か中止の建議を繰り返してきた曰くつきのものだった。

この発電所の特長は、単に規模の大きさでなく、その設計の科学的精巧さにあった。尾瀬ヶ原貯水池から利根川に落ちる水は、当時日本最大の落差の約四倍で、しかも水路は僅か九六〇〇メートル、落差を有利に利用できるので電力価格は極端に安くなる計算だ。

だが国はいかにして風景と発電事業とを両立させられるか、の方法には全然触れていない。すなわち尾瀬の風景問題は依然として大きな懸案として残されたままなのだ。

沼を犠牲にして原を助けるか、あるいは原を犠牲にして沼を救うかの問題については、東電側でも一応考慮し、後者の場合を希望していた。しかしこれは自然保護風景の維持の立場からすれば、他にかけがえのない原の特異性を尊重すべきであるから、反対に前者の方を希望したい。現にそうした意見を漏らしている学者も少なくなかった。

こうした大きな問題をかかえたまま、日本は大きな戦争へと突入してゆくのである。

九　富士とケーブルカー

昭和一〇年（一九三五）九月一一日付けの東京朝日新聞は、「富士山特急征頂、モグラ式ケーブルカー計画」というセンセーションな見出しを掲げた。読んで見ると富士山の横ッ腹に大穴を開け、山頂まで隧道をつくり、登山者は、座ったままで山頂へ運ばれるという大ケーブルカー敷設が計画されている。許可願はすでに計画者から山梨県庁を経て近く鉄道省に提出される段階にあったのだ。

出願者の説明を聞くと、こうだ。

山梨県の吉田口を起点とし、富士の横腹に入口の大穴を開け、山麓から山頂まで直径十六メートルぐらいのコンクリート隧道を作り、五合目の山腹で乗換所を作り、途中下車をさせて観光気分を満喫させ、さらに山頂まで運び上げるのに、所要時間は、大したスピードも出さずに四〇分ぐらいで済む見込み、車両は一台八〇人乗りの、流線型を使用するとして、総工費は五〇〇万円足らず。乗車賃は一人往復五円として吉田口からの登山者毎年一〇万人を下らぬから、十分の採算が出来る、とある。

右に対して、内務省衛生局の見解として、ケーブルカー敷設に同感出来ない。国立公園の見地からも、この計画に賛成出来ない、という簡単な反対説が出ていた。

ところが、同紙上九月一九日より三日間にわたり、長文の賛成論が掲載されて「富士山のケーブルカー」をめぐって賛成論を展開したのである。議論には、内務省が〝感心出来ぬ〟との意見で、びっくりした、大分からかい気味の茶目っ気がうかがえた。

賛成論の勇者（名は秘す）の教示によれば、霊験あらたかなる浅間神社へは、足の強い、体力の旺盛な人間だけしか参れないというのは、神の御思召とは思えない。老人でも、婦人でも、信仰あるものは、皆参れるようにする方がよいと思う。何でも歩いてゆかねば不敬に当たるという事なら、伊勢神宮には、東海道を、膝栗毛、興津蒲原を、てくてくと、大井川は肩車で渡らねばならないか。乗物に乗っても、神怒に触れない証拠は、高尾山や比叡山が、先鞭をつけている、というのだ。

登山界の長老小島烏水は、「富士山ケーブルカー反対」の先頭に立った。

「富士浅間神社奥の院は官幣大社として、絶頂に鎮座しているが、そこまで行かずとも御殿場、須走、吉田、大宮等諸登山口にあっては、その中に廟宇壮麗をきわめ、保護建造物に指定されているものもあり、信仰者の参拝も、そこで敬神奉賽の目的も達せられている。奥の院の頂上まで、鉄道架設行為によって、山体を毀損してまでも弱体なる老人小児等を運搬することは、利益を数でこなす資本家の御思召には協うであろうが、シッペイ返しをしたくなる」

と語を強めていう。

「乗物に乗っても神怒に触れない、とは神仏を愚弄した言語だ。神体仏像を足蹴にして見たが、未だに足が曲がらない、という放言と同じだ」と一蹴。

天然記念保護の主唱者三好学は二〇年前（大正四年）の著書『天然記念物』の中で、

「適当なる美化は、名所の保存上に必ずしも不可能ではないが、その程度と方法とを誤ると、俗化に陥るから、注意しなければならぬ。市街は十分に美化し、便利にする必要があるが、山谷の勝を集めた勝地では、やはり山は山とし、谷は谷としての、自然の風致を、保たせなければならぬ。……将来わが国において、各地に名勝保護区域を造る場合は、よくこの点に注意して、美化に過ぎ、俗化に陥ることの無いようにしなければならぬ」と警告した。

反対論者は説く。

「富士山は世界無比の霊峰で伝統的に日本国民の景仰措く能わざる神聖な山であるから、観念上ケーブルカーの如き機械的存在のあり得べからざる所である。従ってケーブルカーは霊峰富士の精神的価値を毀損し、その伝統的徒歩登山に抵触を来たし、且つ風致を破壊することにより国民精神に相反する」

と。賛成論は言う。

「観念上の理由は実際問題として杞憂にすぎない。ケーブルによって大多数の国民の登山を可能にし、霊感を享受できるので国家的見地よりして大いに可なり」

と。これではまったくの水かけ論だ。

何もケーブルに限らず、自動車でもロープウェーでも登山用の交通機関なら同じことだ。現在最高八合目まで通っている乗馬については問題にされていない。乗物がいけないのではなくて、機械的存在がいけないのか。しかし現在富士山頂には永年気象観測所という素晴らしく機械的な存在があり、また電話線の柱は山麓から山頂まで立っているが、これは別段問題にされなかった。こちらは機械的存在がいけないのではなくて、短時間に登れるような交通機関がいけない、という訳だ。

昔は山麓の大宮なり三島なり、或いは吉田、御殿場、須山、須走等から徒歩で（乗馬は昔の馬返しまで）行ったものが、昭和一一年頃には大宮口一合目、御殿場口太郎坊、須走口馬返し、吉田口馬返しまで皆自動車が通うようになっていた。

交通機関によって精神的価値が毀損されるというのは、その交通機関によって運ばれる人と人との行為によって生ずる問題を予想するためである。すなわち自動車人種によってお山が汚される心配だが、これは富士山のみに限った問題ではなく、至る所の山で経験させられている。徳川時代から富士講によって隆盛を極めて来た徒歩登山に代わって吉田口等の主要登山口から登山者は年々増加の一途を辿る。今度の名誉ある禁止は、徒歩登山をますます奨励することになるかも知れない。

アルプス数百峰の中に、ユングフラウの一山に登山鉄道が架かったからといって、なぜ日本一の霊峰富士山に、ケーブルカーを架けなければならないのか。富士山の上に立って六〇余州を眺め渡したら、どんな気持ちがするだろう、とまるで資本劇場の札売場に立って、公衆に〝いらっしゃい〟をまくし立てるように聞こえるが、もちろんこれは冗談だろう。ケーブルカーが出来たら高層気象の完全な観測所が出来るとか、重い機械が運べるとか航空灯台も建設されるとか、種々学術上の附帯利益も挙げられているが、これも比較上の程度問題だ。もしケーブルカーが完成しなければ、これらの事業が一切成り立たないというわけではない。

昭和一一年、世間から注目を浴びていた富士山ケーブルカー問題が一年ぶりに解決した。新聞の報道によれば、富士山鉄道株式会社の事業認可申請は、内務省においては国民保健、国立公園の趣旨に基づき、文部省においては名勝保存の見地より、何れも却下した、との朗報である。

ケーブルカー敷設が世上の問題となって以来、日本山岳会をはじめ有識者はいろいろな方面から多くの見解を聴く機会を持った。国立公園、鉄道関係、あるいは山岳関係の諸雑誌の上で賛否両論が闘わされたことも一再に止まらない。過去一年にわたる論議は確かに一つの記録すべき事件であり、内務、文部両省の裁決は重大な意義を持っている。

だが、第一のケーブルカー問題の解消は、必ずしも第二のケーブルカー問題の発生を不可能にするものではない。これと形を異にし、しかも自然を冒涜することでは変わらない計画が将来起こらないとは、何人も保証することは出来ないのである。

「今回の経緯を仔細に検討し、将来に向かって何をなすべきかを熟考する必要に迫られているのは、このためであり、決定を如何に生かし、より有意義ならしめるかに関しては、われわれの今後の努力だ」

と、松方三郎は結ぶ。

果たせるかな一九六三年、今度は北アルプス西穂高ケーブル問題が起きたのだ。

【や】

【ら】

【わ】

【ま】

【な】

【は】

【た】

桑田英次 ㊦137

【さ】

【か】

人名索引

【あ】

斎藤 一男（さいとう・かずお）

東京生まれ。登山家、山岳文化研究者。

主な経歴◎（財）自然公園美化管理財団理事、（財）日本体育協会評議員、国際山岳連盟名誉会員（アジアで最初）、（社）日本山岳協会会長、日本山岳文化学会初代会長など。

主な著書◎『日本のアルピニズム』（朋文堂）、『谷川岳・越後三山』（山と渓谷社）、『日本岩壁登攀史』（東京新聞社）、『日本の名山を考える』『山をよむ』『山の文化とともに』『世界の温泉・日本の温泉（共著）』（アテネ書房）、『幕末三国志』（論創社）、『日本の岳人たち』『北の雷鳴（上下）』（岩峰社）など。

その他◎「北方の開拓者」と題してNHK文化センター、北海道で講演。NHK第1・第2から全国放送など。

山　その日　この人（上）

2015年1月10日　初版第1刷印刷
2015年1月20日　初版第1刷発行

著　者　斎藤　一男
編　者　太田　忠行
発行者　森下　紀夫
発行所　論　創　社
　　　　東京都千代田区神田神保町2-23　北井ビル
　　　　tel. 03(3264)5254　fax. 03(3264)5232
　　　　http://www.ronso.co.jp/
　　　　振替口座 00160-1-155266
装　幀　野村　浩
印刷・製本　中央精版印刷

ISBN978-4-8460-1402-5　C0075